O MÉTODO CÉTICO DE OPOSIÇÃO NA FILOSOFIA MODERNA

CONSELHO EDITORIAL
Ana Paula Torres Megiani
Eunice Ostrensky
Haroldo Ceravolo Sereza
Joana Monteleone
Maria Luiza Ferreira de Oliveira
Ruy Braga

Copyright © 2015 Plínio Junqueira Smith

Grafia atualizada segundo o Acordo Ortográfico da Língua Portuguesa de 1990, que entrou em vigor no Brasil em 2009.

Edição: Joana Monteleone/Haroldo Ceravolo Sereza
Editor assistente: Gabriel Patez Silva
Assistente acadêmica: Bruna Marques
Projeto gráfico e diagramação: Maiara Heleodoro dos Passos
Capa: Camila Hama
Revisão: Gabriel Ryal Dias
Assistentes de produção: Camila Hama e Jean Freitas

Imagem da capa: <freepik.com>

Este livro foi publicado com apoio da Fapesp.

CIP-BRASIL. CATALOGAÇÃO NA PUBLICAÇÃO
SINDICATO NACIONAL DOS EDITORES DE LIVROS, RJ

S64M

Smith, Plínio Junqueira
O MÉTODO CÉTICO DE OPOSIÇÃO NA
FILOSOFIA MODERNA
Plínio Junqueira Smith. - 1. ed.
São Paulo : Alameda, 2015
350 p. ; 23 cm

Inclui bibliografia
ISBN 978-85-7939-310-5

1. Filosofia moderna - Filósofos; 2. Ceticismo; Dogmatismo 3. Ciências Humanas; Filosofia; História da Filosofia I. Título.

15-23931
CDD: 190
CDU: 1(4/9)

ALAMEDA CASA EDITORIAL
Rua Treze de Maio, 353 – Bela Vista
CEP 01327-000 – São Paulo – SP
Tel. (11) 3012-2403
www.alamedaeditorial.com.br

O MÉTODO CÉTICO DE OPOSIÇÃO NA FILOSOFIA MODERNA

Plínio Junqueira Smith

A Eunice Ostrensky
E a Eduardo, Helena, Estela e Inácio

"As pessoas que eu amo
eu amo bastante"

Luiz Melodia

Qualquer coisa sugerida é bem mais eficaz do que qualquer coisa apregoada. Talvez a mente humana tenha uma tendência a negar afirmações. Lembrem o que dizia Emerson: argumentos não convencem ninguém. Não convencem ninguém porque são apresentados como argumentos. E então os contemplamos, e refletimos sobre eles, e os ponderamos, e acabamos decidindo contra eles.

Jorge Luis Borges, *Esse ofício do verso*

A lógica e os sermões nunca convencem,
O orvalho da noite penetra mais fundo em minha alma.

Walt Whitman, *The song of myself*

Sumário

Referências 11

Apresentação 15

Introdução 19

Capítulo 1: Montaigne 39

O método cético da oposição e as fantasias de Montaigne 41

Capítulo 2: Bacon 73

Por que Bacon pensa que o ataque cético 75
ao dogmatismo é insuficiente?

Capítulo 3: Pascal 107

A invenção do ceticismo puro 109

Capítulo 4: O ceticismo francês do século XVII 133

Ceticismo, crença e justificação 135

Capítulo 5: Bayle 159

Bayle e o pirronismo: antinomia, método e história 161

Capítulo 6: Hume 181

Como Hume se tornou cético? 183

Capítulo 7: Kant 207

A *Crítica da razão pura* em face dos ceticismos 209
cartesiano, humeano e bayleano

Pistas 257

Memorial: Concurso de livre docência 279

Observações iniciais 283

Formação 285

Docência 293

Pesquisa 306

Observações finais 329

Referências bibliográficas 331

Referências

"O método cético da oposição e as fantasias de Montaigne" foi publicado em *Kriterion*, 126, Belo Horizonte: UFMG, 2012, p. 375-395. Uma versão em espanhol saiu em Ornellas, Jorge; Cíntora, Armando (orgs.) *Dudas filosóficas: Ensayos sobre escepticismo antiguo, moderno y contemporáneo*, México: Gedisa/UAM, 2014, p. 127-152.

"Por que Bacon pensa que o ataque cético ao dogmatismo é insuficiente?" foi publicado originalmente em português na *Revista Latinoamericana de Filosofía*, Buenos Aires: SIF, 2012, p. 31-63. Uma versão prévia desse artigo, com algumas diferenças, foi posteriormente publicada, com o título "O ataque cético ao dogmatismo e a recusa baconiana da tradição", em: Silva Filho, Waldomiro José; Smith, Plínio J. (Orgs.). *As consequências do ceticismo*. São Paulo: Alameda Editorial, 2012, p. 113-143.

"A invenção do ceticismo puro" foi publicado originalmente em francês como "Pascal et l'invention du scepticisme pur" em Charles, Sébastien; Malinowski-Charles, Syliane (eds.), *Descartes et ses critiques*, Québec, Canadá: les Presses de l'Université de Laval, 2011, p. 115-134.

"Ceticismo, crença e justificação" foi publicado originalmente em inglês como "Scepticism, Belief, and Justification" em Maia Neto, José Raimundo; Paganini, Gianni; Laursen, John-Christian (eds.). *Skepticism in the Modern Age: Building on the Work of Richard Popkin*, Leiden: Brill, 2009, p. 171-190.

"Bayle e o pirronismo: antinomia, método e história" foi publicado originalmente em inglês como "Bayle and Pyrrhonism: Antinomy, Method, and History" em Charles, Sébastien; Smith, Plínio J. (Org.). *Scepticism in the Eighteenth Century: Enlightenment, Lumières, Aufkläung*, Dordrecht: Springer, 2012, p. 45-70.

"Como Hume se tornou cético?" foi publicado originalmente em espanhol como "?Cómo Hume se volvió escéptico?" em *Daimon*, 17, Espanha: Universidad de Murcia, 2011, p. 71-84.

"A *Crítica da razão pura* em face dos ceticismos cartesiano, humeano e bayleano" foi publicado originalmente em francês como "La *Critique de la Raison Pure* face aux scepticismes cartésien, humien et baylien" em *Dialogue*, Canadá: Canadian Philosophical Association, 2008, p. 127-183.

Apresentação

Este livro é, basicamente, a minha tese de livre docência apresentada à Universidade Federal de São Paulo (Unifesp), em dezembro de 2013. A única diferença é o capítulo final, "pistas", uma espécie de conclusão redigida após as arguições e um diálogo com a banca. Graças a seus comentários e críticas, pude organizar algumas ideias dispersas nos vários capítulos e enfatizar alguns pontos importantes que poderiam passar despercebidos. Nessas arguições, a banca, de um modo geral, ressaltou a unidade entre a tese e o memorial e Roberto Bolzani Filho, em particular, insistiu na ideia de que esses dois textos se complementam, permitindo ao leitor entender por que eu me dediquei ao método cético de oposição na filosofia moderna e mostrando como, na prática, eu alio minhas reflexões filosóficas a meus estudos sobre a história da filosofia. O memorial, portanto, conferiria sentido à tese e a tese serviria de exemplo às minhas concepções filosóficas. Nessa mesma direção, um amigo, Waldomiro José da Silva Filho, sugeriu que eu publicasse o memorial junto com a tese. Tendo em vista o que foi dito pela banca, pareceu-me uma boa ideia. Tirei algumas partes com menos conteúdo filosófico do memorial e fiz uma pequena revisão em função dos comentários da banca, adaptando-o para uma publicação. No essencial, ainda é o mesmo memorial apresentado no concurso de livre docência.

Introdução

As filosofias helenísticas no contexto da modernidade

Recentemente, a historiografia vem se debruçando sobre a importância da retomada das principais filosofias helenísticas pelos filósofos modernos.[1] Epicurismo, estoicismo e ceticismo, todas essas três vertentes contribuíram de maneira decisiva para dar forma à nova filosofia que surgia nos séculos XVI e XVII. Muitos dos temas, preocupações e argumentos da nova filosofia têm vinculação direta com alguma dessas três vertentes do helenismo.

Uma característica crucial da nova filosofia é a apropriação do materialismo antigo, em particular do epicurismo. Gassendi foi, certamente, quem mais contribuiu para o ressurgimento da doutrina atomista de Epicuro, dedicando-lhe um longo e importante livro.[2] Hobbes é outro filósofo que se encontra fortemente ligado a esse ressurgimento do materialismo antigo. Não há exagero em dizer que o mecanicismo da nova ciência é fortemente tributário dessa importante filosofia helenística. A esse respeito, apesar de todas as diferenças de suas filosofias e mesmo da concepção de matéria, Gassendi, Hobbes e Descartes aparecem lado a lado, como três grandes defensores da nova física contra a física aristotélica, distinguindo rigorosamente, na esteira de Galileu, entre as qualidades primárias e as secundárias.

---

1 Ver, por exemplo, as coletâneas organizadas por Miller e Inwood (2003), Sorell (1995), Moreau (1999) e Moreau (2001), dedicadas especificamente a esse tema.

2 Gassendi (2006). Sobre o projeto epicurista de Gassendi, ver Osler (1995) e Osler (2003).

Também o estoicismo tem presença marcante na nova filosofia. O pensamento de Descartes ecoa diversos temas estóicos. O critério de verdade proposto por Descartes, as ideias claras e distintas, é uma reformulação, por certo bastante original, do critério estóico de verdade, a saber, as impressões claras e distintas. Mas é sobretudo em questões morais que a retomada do estoicismo é preponderante. Enquanto algumas características centrais da moral provisória cartesiana testemunham o legado do estoicismo, a filosofia moral de Espinosa talvez constitua o exemplo mais claro dessa retomada do pensamento estóico.[3]

A redescoberta do ceticismo antigo foi igualmente fundamental na constituição da filosofia moderna. Certamente, um dos papéis desempenhados pelo ceticismo residiu no fato de ter servido como aliado na rejeição da ciência e da metafísica aristotélicas, preparando o terreno para o advento de uma nova ciência e de uma nova filosofia. Mas seu papel foi bem além de mero auxiliar no combate ao aristotelismo. Entre outras coisas, o ceticismo constituiu um poderoso desafio a ser superado por aqueles mesmos filósofos modernos que se utilizaram dele. Era preciso mostrar que, se o aristotelismo não foi capaz de resistir aos argumentos céticos, suas próprias filosofias resistiriam. E os críticos dessas novas filosofias logo se apressaram em examinar se, de fato, elas respondiam satisfatoriamente ao desafio cético. Por exemplo, muitos julgaram que Descartes seria um cético *malgré lui* e, em vez de dar cabo à assim chamada crise pirrônica, somente a teria aprofundado. Assim, o ceticismo colocou para esses novos filósofos algumas de suas questões constitutivas. Portanto, uma parte importante, embora talvez não a principal e certamente não a única, da filosofia moderna consistiu na elaboração de sofisticadas teorias do conhecimento que lidassem com os problemas suscitados pelo ceticismo. A forte presença do ceticismo nesse cenário contribuiu decisivamente para colocar a teoria do conhecimento no centro das preocupações filosóficas.

---

3 James (1995). Ver, também, Long (2003) e Miller (2003).

A importância do ceticismo para a constituição da filosofia moderna não se limitou às questões de teoria do conhecimento. O cenário filosófico do começo da modernidade, apropriando-se do legado das filosofias helenísticas e, em particular, do ceticismo, propiciou um ambiente fértil para novas metafísicas, pois as velhas respostas, progressivamente questionadas de diversos lados, também não tinham mais como se sustentar diante dos desafios céticos renovados. A redescoberta do ceticismo contribuiu decisivamente para fazer ruir metafísicas que já não mais satisfaziam os filósofos dessa época. Respostas a esse desafio cético epistêmico levaram a formas tipicamente modernas de metafísica, como o dualismo cartesiano e o materialismo hobbesiano. Cabe destacar, por exemplo, os argumentos céticos contra o critério de verdade e, mais especificamente, contra os sentidos. Essa argumentação cética está na base da concepção aceita por muitos filósofos modernos segundo a qual as qualidades secundárias estariam somente no sujeito que percebe o mundo, mas as qualidades primárias representariam propriedades objetivas das coisas. A ideia antiga de que as coisas têm cor, cheiro, gosto e outras qualidades sensíveis tornou-se inaceitável diante dos argumentos céticos e da nova ciência.

Além disso, o ceticismo moderno não foi somente um desafio a ser respondido, mas também foi a posição adotada por muitos filósofos modernos importantes, apresentando-se como uma postura filosófica plenamente conforme ao espírito da época. Num contexto cristão, e não pagão, e no qual surgia com força a nova ciência dos modernos, era natural de se esperar que o ceticismo florescesse de maneira original. Ora, as novas formas de dogmatismo logo forneceram material para uma reflexão cética genuinamente moderna, que progressivamente foi criando sua própria tradição cética. Por exemplo, uma das formas modernas de ceticismo foi gerada precisamente dentro do anticartesianismo. Essa forma de ceticismo somente pode brotar no seio das discussões sobre as consequências do cartesianismo que os próprios cartesianos se recusavam a extrair. A distinção entre dois tipos de qualidades (primárias e secundárias) que serviria para garantir um conhecimento objetivo do mundo como este é em si mesmo ou, ao contrário, somente poria mais lenha na fogueira do ceticismo? Eis uma questão longamente debatida no contexto da filosofia moderna. Filósofos modernos trataram de mostrar que os mesmos argumentos céticos que valiam contra as qualidades secundárias também valiam contra as qualidades primárias. Dessa maneira, a apropriação moderna do ceticismo antigo engendrou formas de ceticismo que surgiram como rivais poderosas dos novos dogmatismos modernos. E essa tradição cética moderna, de início bebendo diretamente das fontes antigas e posteriormente alimentado-se de si mesma, fez-se progressivamente, numa nova dinâmica, na confrontação com esses dogmatismos modernos.

Embora seja inegável que o ceticismo tenha desempenhado um papel fundamental na formação da filosofia moderna e que o dogmatismo moderno acabou por propiciar novas condições para uma atualização do ceticismo, ainda não está suficientemente claro o significado exato que essa vertente teve no período que vai de Montaigne a Kant,[4] nem quais são exatamente essas novas formas de ceticismo. Esse é um campo de investigação que vem atraindo cada vez mais a atenção dos historiadores da filosofia moderna. De fato, nas últimas décadas, a historiografia sobre o ceticismo moderno cresceu bastante, com inúmeros estudos sobre pensadores e momentos anteriormente pouco investigados e com algumas interpretações de caráter genérico sobre todo o período. Entre os novos campos de investigação, está, por exemplo, a presença do ceticismo nos manuscritos clandestinos[5] e nas Luzes francesas[6] e, entre os assuntos já conhecidos, mas nunca antes tão estudados, está o ceticismo de filósofos como Charron, Gassendi, La Mothe Le Vayer,

---

4   No prefácio de Rutherford (2006), delimita-se a filosofia moderna (*early modern philosophy*) como o período que vai do final do século XVI até o fina do século XVIII, de Montaigne a Kant. Esse é o período abraçado por este livro.

5   Ver, a esse respeito Benitez, Paganini e Dybikowski (2002) e Paganini (2005a).

6   Ver, a esse respeito, os trabalhos de Sébastien Charles: Charles (2003) e Bernier e Charles (2005).

Huet, Foucher, Bayle, entre outros.[7] Contribui para o surgimento dessa historiografia erudita sobre o ceticismo moderno edições críticas recentes[8] e um acesso fácil a muitos textos originais.[9] Diante dessa nova produção de conhecimento histórico, o estudioso não pode ficar indiferente e deve, para bem compreender o ceticismo moderno, realizar uma ampla investigação. Nossa imagem do ceticismo moderno não somente está se tornando cada vez mais precisa e detalhada, como também está sendo alterada em alguns pontos importantes. Como dizem Benitez e Paganini, "certas conclusões da pesquisa nos dois últimos decênios modificaram profundamente o quadro histórico no qual é possível integrar as temáticas céticas dos séculos XVII e XVIII."[10] Assim, é uma tarefa indispensável para aquele que se interessa pelo ceticismo e sua história fazer um novo balanço do significado do ceticismo moderno. Este livro insere-se claramente no contexto da nova historiografia que destaca o papel da tradição helenística e do ceticismo na constituição da filosofia moderna.

Os estudos sobre o ceticismo moderno

Em seu clássico livro, *História do ceticismo de Erasmo a Espinosa*, posteriormente ampliado para *História do ceticismo de Savonarola a Bayle*, Popkin estabeleceu definitivamente que o ceticismo foi um dos pilares da filosofia moderna. Mais especificamente, a redescoberta das obras de Sexto Empírico teria sido fundamental para o impacto do pirronismo na filosofia moderna: primeiro, num contexto religioso, o do conflito entre e Reforma e a Contra-reforma, em que se debatia o critério de verdade em questões de fé e o questionamento da autoridade surgia com toda força; depois, com

---

7   Entre as coletâneas significativas, estão Moreau (2001), Paganini (2003), Maia Neto e Popkin (2005), Maia Neto, Paganini e Laursen (2009).

8   Um exemplo é a edição crítica do *Teophrastus redivivus*.

9   O acesso a inúmeras obras no site da Gallica é de valor inestimável para o pesquisador do período.

10   Benitez e Paganini (2002), p. 10.

Montaigne, o impacto do pirronismo alcançaria todas as esferas do saber, abalando a filosofia, as ciências, a moral e as humanidades (2003, p. 55); também nessas outras esferas a autoridade da Igreja e de Aristóteles seria duramente abalada.

Popkin, com invejável erudição e enorme riqueza de fontes e detalhes, propõe uma tipologia para classificar algumas formas básicas do ceticismo moderno. Como se trata de uma tipologia, um mesmo filósofo pode ser classificado em mais de uma forma. Entre essas, cabe destacar, como a forma inicial e fundamental, o "novo pirronismo", que incluiria Montaigne e seus discípulos, como Charron, e também os libertinos eruditos, como Gabriel Naudé, La Mothe Le Vayer e Gassendi. Duas reações dogmáticas importantes foram a aristotélica, que não teria produzido nenhuma ideia especialmente original, e, posteriormente, as de Herbert Cherbury, Jean de Silhon e Descartes. Também houve respostas ao novo pirronismo que teriam suscitado outras formas de ceticismo. Uma reação religiosa importante é o assim chamado "ceticismo fideísta", no qual se inserem os que aliam o ceticismo à fé religiosa ou que defendem a fé atacando a razão humana: Montaigne (outra vez), Pascal e muitos outros cairiam sob essa rubrica. Uma segunda reação cética é o "ceticismo construtivo ou mitigado", que incluiria Marin Mersenne e Gassendi. A reação dogmática de Descartes teria criado, contra a expressa intenção de seu inventor, uma forma radicalmente nova de ceticismo, o "ceticismo cartesiano". Finalmente, haveria uma espécie de "ceticismo religioso", do qual Isaac la Peyrère e Spinoza seriam os principais representantes.

Essa interpretação de Popkin é o ponto de partida das investigações mais recentes, sendo estendida, complementada, ampliada ou contestada por diversos pesquisadores. Um dos trabalhos mais importantes que estendem a tese de Popkin é Watson (1987). Watson mostra como a metafísica cartesiana foi sendo progressivamente destruída na filosofia moderna e que Simon Foucher, um cético acadêmico, teve papel de destaque nesse processo. "As contradições expostas por Foucher refletem as contradições básicas do cartesianismo." (1987, p. 27). Mais especificamente, tendo identificado que o cartesianismo se apóia em dois princípios, o de semelhança causal e o de semelhança epistemológica, Foucher "mostra que os princípios de semelhança não podem ser satisfeitos pelo cartesianismo" (1987, p. 51). Assim, trabalhos como os de Watson permitiram enriquecer o quadro traçado por Popkin.

A ideia de um "cartesianismo cético" adquiriu uma importância significativa nos estudos mais recentes. Não somente Foucher foi considerado um cético cartesiano (Maia Neto (2003) se refere a um "cartesianismo acadêmico"), como também Huet foi recentemente caracterizado dessa maneira por José Raimundo Maia Neto (2008a e 2008b). Também Pierre Bayle foi interpretado como um cético cartesiano por Todd Ryan (2009). Ryan procura mostrar, de um lado, que Bayle aceita o dualismo cartesiano e, de outro, que há sérios problemas mesmo na versão malebranchista do cartesianismo. Assim, há, inegavelmente, estudos que examinam a reação cética de alguns filósofos ao cartesianismo.

Uma forma de complementar os estudos de Popkin é investigar o impacto que o ceticismo acadêmico teve na formação da filosofia moderna. Os trabalhos pioneiros de Charles B. Schmitt (1972 e 1983) são fundamentais nesse sentido. Mas muita coisa tem sido feita nessa direção. José Raimundo de Maia Neto (2004, p. 13), por exemplo, procura mostrar, no caso de Montaigne, que, ao lado do pirronismo, também o ceticismo acadêmico desempenhou um importante papel na constituição do seu ceticismo. Além disso, Maia Neto ressalta que Montaigne tinha uma visão bastante positiva da suspensão do juízo, com importantes implicações morais e antropológicas. De um modo geral, Maia Neto alinha-se à interpretação de Popkin, ressaltando apenas aspectos que teriam sido negligenciados ou minimizados por Popkin. "A interpretação de Popkin permanece, no final das contas, plausível, pois existem elementos em Montaigne que parecem tornar a *epoché* compatível com a fé cristã" (2004, p. 14).[11]

---

11 Ver também Maia Neto (1994). Luiz Eva também destaca a importância do ceticismo acadêmico na filosofia de Montaigne; ver, sobre isso, o capítulo 1.

28   PLÍNIO JUNQUEIRA SMITH

Outro ponto que resulta dos trabalhos de Popkin é investigar de maneira mais precisa quando as preocupações filosóficas com o ceticismo começaram, ampliando o período no qual o ceticismo é importante. Primeiro, deve-se reconhecer que o próprio Popkin encarregou-se de ampliar, a cada nova edição de seu clássico livro, o período abarcado por seus estudos, de incluir novos filósofos e de rever suas interpretações, ao menos em seus detalhes. Seguindo esse mesmo espírito, sabe-se, já há algum tempo, que essas preocupações começaram muito antes do que se imaginava, já que muitos filósofos da Idade Média tardia, como Henrique de Gand, Sigério de Brabante, Nicolau d'Autrecourt e Duns Scot, lidavam com questões céticas.[12] Também tem sido objeto de investigação a questão do ceticismo em filósofos como Pedro Ramos e Omer Talon. O pirronismo não desempenha nenhum papel no surgimento do ceticismo nesse período e é fundamental recorrer ao *Contra os acadêmicos*, de Agostinho, e aos *Acadêmicos*, de Cícero. Assim, ao ampliar o período estudado, deve-se também complementar a perspectiva de Popkin com aquela que sublinha o papel desempenhado pelo ceticismo acadêmico.

Na outra ponta, percebeu-se, contra o que Popkin (1997a) ao menos inicialmente sustentou, que o Iluminismo não constituía uma interrupção na tradição cética. Os trabalhos de Ezequiel de Olaso, Giorgio Tonelli e Keith Baker mostraram que também na tradição iluminista o ceticismo se fazia presente.[13] Popkin (1997b), reconhecendo a importância desses estudos, mudou sua posição a respeito do Iluminismo e, talvez exagerando no sentido oposto, veio a pensar que o ceticismo era fundamental no Iluminismo. Estudos recentes parecem apontar numa direção mais moderada, reconhecendo a presença constante do ceticismo, sem entretanto atribuir-lhe uma força decisiva.[14]

---

12 Para uma coletânea de textos medievais sobre o ceticismo, ver Bosley e Tweedale (1997).

13 Alguns artigos de Olaso e Tonelli encontram-se em Popkin, Olaso e Tonelli (1997).

14 Para uma avaliação das mudanças de Popkin, ver Charles (2013). Uma coletânea sobre a presença do ceticismo no Iluminismo é Charles e Smith (2013).

Todas essas novas investigações acabaram por levar os estudiosos do ceticismo moderno a reavaliar as interpretações originais de Popkin. Por exemplo, muitos estudiosos notaram uma mudança promovida no século XVIII quanto às relações entre o ceticismo e a fé. Popkin tratou basicamente do período que vai de 1450 a 1710, mas o "prolongamento até o século das Luzes permitiu nuançar e corrigir, ao menos em parte, a identificação muito estrita entre a história do ceticismo e do fideísmo, entre pirronismo e propaganda religiosa, que tinha sido o núcleo duro da *Historia do ceticismo* [de Popkin]".[15] Talvez se possa dizer que, se, num primeiro momento, a hipótese de Popkin é plausível quando restrita ao período por ele estudado, quando aplicada ao século XVIII essa mesma hipótese já não parece mais sustentável, pelo menos aos olhos da historiografia mais recente.

Esse é, certamente, um ponto de difícil compreensão e, ao mesmo tempo, crucial para quem lida com o ceticismo moderno: qual a relação exata do ceticismo com a fé religiosa? A interpretação de Popkin, que identifica uma ampla tradição de fideístas céticos, foi atacada por alguns historiadores mais recentes. Não é difícil descobrir qual é o argumento principal contra Popkin: como poderia um cético, que não tem crenças dogmáticas, crer em Deus, tendo, assim, uma crença dogmática? A ideia mesma de um "fideísmo cético" parece contraditória. Nesse sentido, de um lado, cabe destacar, entre nós, os trabalhos de Luiz A. A. Eva sobre Montaigne.[16] Eva critica a interpretação de que Montaigne era um cético fideísta, mostrando como certas passagens aparentemente fideístas devem ser desqualificadas por uma argumentação claramente cética. E, de outro, os de Maia Neto sobre Bayle. Maia Neto (1996, p. 78) sustenta que, para entender Bayle, não se pode recorrer ao modelo montaigneano, que conciliaria ceticismo e fideísmo, pois "há vários pontos de diferença e alguns mesmo de oposição entre a posição de Bayle e a dos fideístas céticos".[17] Portanto, dois dos "fideístas céticos" de Popkin,

---

15 Benitez e Paganini (2002), p. 9-10.

16 Eva (1996) e Eva (2004).

17 No mesmo artigo, Maia Neto mostra que tampouco o modelo pascaliano se aplica a Bayle.

30 PLÍNIO JUNQUEIRA SMITH

no período mesmo em que tal expressão teria sentido, talvez não sejam, se corretamente interpretados, fideistas céticos.[18]

A questão, entretanto, não se deixa resolver facilmente. Aparentemente, os pirrônicos teriam admitido a crença em Deus. Bayle, citando La Mothe Le Vayer, na observação C do artigo "Pirro", diz que "se pode ver em Sexto Empírico que eles [os pirrônicos] admitiam a existência dos deuses como outros filósofos, que eles os adoravam da maneira costumeira e que não negavam sua providência." De fato, Sexto Empírico sustenta, em duas passagens,[19] o que Bayle e La Mothe Le Vayer lhe atribuem. Os próprios pirrônicos, assim, afirmavam a existência de deuses e da providência divina, bem como seguiam ordinariamente os cultos religiosos. De um ponto de vista histórico, portanto, não parece incorreto atribuir aos pirrônicos a crença em deuses e os céticos modernos parecem reconhecer isso.[20] Por que, então, não poderiam existir fideístas céticos, isto é, filósofos cristãos que, mesmo sem dispor de provas racionais para suas crenças religiosas, aceitariam a existência de Deus, como o próprio Sexto Empírico parece fazer nessas duas passagens?

Não é somente na relação do ceticismo com a religião cristã que a interpretação de Popkin vem sendo aprofundada, corrigida e modificada. Um dos exemplos dessa tentativa de uma revisão mais global do significado do ceticismo moderno é oferecido por Brahami (2001b), que propõe uma nova interpretação. Ao contrário de Popkin, Brahami entende que o ceticismo moderno lida, sobretudo, com a crença, procurando naturalizar a razão e animalizar o homem, de modo a propor uma ciência do homem:

> Com Montaigne, a crença se torna irredutível tanto à opinião como à fé e ao saber. Ao dar autonomia ao conceito de crença

---

18 Para um belo estudo desse assunto em Montaigne, Charron e La Mothe le Vayer, ver Loque (2012).

19 HP 3.3 e AM 7.49.

20 Os pirrônicos teriam, ainda, uma ideia tradicional dos deuses. Por exemplo, no artigo "Espinosa", N, Bayle diz que os pirrônicos tinham uma ideia monstruosa das divindades, atribuindo-lhes uma vida feliz, enquanto Espinosa atribuiria uma vida miserável a Deus.

em relação à teologia e em relação à epistemologia, Montaigne lhe confere o estatuto de uma verdadeira categoria que lhe permite colocar o homem como objeto único da investigação filosófica. Assim, a crítica da teologia destitui a razão em benefício da crença (2001b, p. 11).

Bayle e Hume retomarão e aprofundarão o que Montaigne teria iniciado, já que também Bayle "faz do homem um animal que crê" (2001b, p. 13) e, quanto a Hume, "não é por seu empirismo, mas é por seu ceticismo que Hume é conduzido a fazer da natureza humana o objeto único da filosofia, transformada em antropologia" (2001b, p. 4). Não há, nessa interpretação, a restrição do ceticismo à questão da justificação racional, nem se ignora o problema da crença. Bem ao contrário, para Brahami, é fundamental entender que o ceticismo moderno se opõe à teologia cristã e traça uma distinção, inexistente para os céticos antigos, entre crença e opinião (2001b, cap. 1).

Parece-me claro, portanto, que uma das questões importantes da historiografia sobre o ceticismo moderno é, após os estudos seminais de Popkin, examinar as novas propostas e equacionar de maneira precisa o significado do ceticismo moderno. Essa, entretanto, não é tarefa fácil, tanto por ser um vasto campo de investigação, quanto por ser bastante complexo. Talvez não esteja errado dizer que os estudos mais recentes contribuiram mais sobre o conhecimento detalhado do que forneceram uma visão geral. Em certo sentido, o esquema interpretativo oferecido por Popkin não foi substituído por outro mais exato e rigoroso, pois, mesmo quando houve correções de suas hipóteses, essas tratavam mais de questões pontuais. Essa característica da historiografia talvez se deva ao fato de que quase sempre temos somente artigos e coletâneas sobre o ceticismo moderno, poucos se propondo uma tarefa mais ambiciosa. Há, certamente, alguns livros abrangentes sobre o ceticismo moderno, como Paganini (2008), mas também não se vê neles uma visão unificada e abrangente do ceticismo moderno. A meu ver, essa modéstia da historiografia recente é natural, pois é difícil, se não impossível, tratar com rigor histórico e conceitual essa quantidade imensa de informação e análise dos céticos e anticéticos modernos.

PLÍNIO JUNQUEIRA SMITH

Este livro insere-se na linha dos trabalhos de Popkin, levando em conta os estudos mais recentes. Mesmo sem pretender uma visão abrangente e global do ceticismo moderno, propõe o estudo de alguns filósofos cruciais sobre um tópico muito preciso e fundamental: o método cético de oposição. Esse método cético de oposição permite identificar uma forma básica de ceticismo moderno, que retoma o ceticismo antigo, ao mesmo tempo em que possibilita formas especificamente modernas. O exame de seu desenvolvimento ao longo da história da filosofia revela as mudanças pelas quais passou, seja nas mãos de céticos, como nas mãos de adversários dos céticos. É possível, ainda, contrastá-la com outras formas de ceticismo, dando pistas para uma visão mais ampla do ceticismo moderno. Espero, assim, ajudar a iluminar de maneira menos pontual, mas ainda suficientemente focada, o significado do ceticismo moderno e suas múltiplas formas.

Apresentação geral do livro

O objetivo deste livro é estudar como alguns filósofos modernos retomaram o que Sexto Empírico chamou de o "princípio constitutivo" (HP 1. 12) do ceticismo antigo. Esse princípio, tanto para os pirrônicos, como para os céticos acadêmicos, é o de que se pode opor a todo discurso um discurso contrário com igual força persuasiva. Para os céticos antigos, o resultado natural e inevitável de um uso imparcial da razão seria a suspensão do juízo. Assim, a razão estaria dividida entre a tese e a antítese, incapaz de se decidir por uma dessas, sustentando simultaneamente ambas, e acabaria por anular-se a si mesma. Esse princípio constitutivo do ceticismo antigo é o que chamarei neste livro de método cético de oposição. A questão é não somente saber como, exatamente, o ceticismo moderno se utilizou desse método, adaptando-o ao contexto da filosofia moderna, mas também como o dogmatismo moderno reagiu a esse novo uso, procurando responder-lhe de modo a neutralizá-lo.

Talvez se deva dizer, desde já, que a aplicação desse princípio constitutivo pelos céticos antigos se dá de diversas maneiras. Os pirrônicos, por exemplo, alegam que os céticos acadêmicos são muito prolixos e não o empregam de maneira sistemática; consequentemente, eles pretendem aplicá-lo de maneira organizada e mais eficiente. Mas é preciso reconhecer que a obra de Sexto Empírico parece apresentar diferentes maneiras de estabelecer oposições, o próprio Sexto sugerindo que os pirrônicos estabelecem oposições de todas as maneiras possíveis (HP 1.8). Não está claro que as oposições indicadas nos 10 modos de Enesidemo, nos 5 modos de Agripa e na argumentação dialética específica sejam aplicações do método cético no mesmo sentido. Mesmo na argumentação dialética específica contra a lógica, a física e a ética ou contra as artes podem ser encontrados padrões argumentativos diferentes. Assim, embora exista algo como um "princípio constitutivo" do ceticismo (ou método cético de oposição), deve-se ter em mente que esse método é passível de múltiplas variações e usos.

Para compreendermos a filosofia moderna, diz a historiografia mais recente, é preciso estudar também os filósofos "menores" e situar os "grandes" filósofos nesse contexto mais rico e detalhado, fazendo-os dialogar uns com os outros.[21] Esse preceito da historiografia mais recente também vale para a história do ceticismo moderno. Assim, novamente em conformidade com essa historiografia sobre a filosofia moderna, creio ser indispensável lidar com autores que, durante um certo tempo, foram considerados "menores": Montaigne, Bacon, Pascal, La Mothe Le Vayer, Foucher, Huet e Bayle. Dos "grandes", tratarei somente de Hume e Kant. Deixarei de lado filósofos cruciais para o ceticismo moderno em geral, como Descartes e Berkeley, pois nenhum deles, a meu ver, deu a devida atenção ao método cético de oposição.[22] Obviamente,

---

21 Rutherford (2006, p. 1-4).

22 Essa é a principal razão pela qual Descartes e Berkeley não fazem parte deste livro. Embora esse ponto mereça mais discussão, julgo que tanto o assim chamado ceticismo cartesiano, como o imaterialismo de Berkeley se apoiam em argumentos independentes do método cético de oposição ou, pelo menos, que têm somente conexão indireta com este. Para uma opinião diferente no caso de Descartes, ver Lammenranta (2013). Outras duas razões para que eles não sejam estudados neste livro são: primeira, Kant, não sem boas razões, tende a diminuir a importância

34   PLÍNIO JUNQUEIRA SMITH

é impossível traçar aqui um quadro completo dessa questão. Mesmo limitando o estudo do ceticismo moderno ao papel do método cético de oposição, o número de autores a ser investigado é muito grande.[23] Apresentarei, a seguir, um esboço geral deste livro, com os filósofos sobre os quais me deterei, e, em seguida, resumirei o conteúdo de cada capítulo.

O método cético de oposição foi retomado com particular ênfase e reelaborado num novo contexto por Montaigne. Sua "Apologia de Raimond Sebond", na qual incorporava o ceticismo antigo e explorava seu potencial crítico, causou grande impacto na filosofia moderna subsequente. La Mothe Le Vayer, por exemplo, se apoiará inteiramente nesse método cético, por vezes seguindo à risca os textos de Sexto Empírico. Não apenas os céticos modernos usaram-no exaustivamente, mas também os dogmáticos trataram de explorar suas potencialidades em benefício de suas próprias filosofias. Bacon e Pascal, de maneiras muito diferentes, reagirão ao uso do método cético de oposição tal como praticado por Montaigne. Como já vimos, também Descartes procurou refutar os céticos e, contra sua intenção, teria fornecido a eles novas armas. Simon Foucher e Pierre-Daniel Huet tentarão extrair uma forma de ceticismo a partir da própria filosofia cartesiana: o método da dúvida seria, no entender deles, o essencial do cartesianismo. Dessa forma, ambos tenderão a mesclar o ceticismo antigo com a dúvida cartesiana para combater o dogmatismo cartesiano. Por sua vez, Bayle e Hume, à luz

---

filosófica dessa forma de ceticismo idealista, chegando mesmo a negar-lhe um caráter verdadeiramente cético (vejam-se o item sobre o ceticismo cartesiano no capítulo sobre Kant e o item 2 do último capítulo); segunda, o ceticismo cartesiano e suas consequências idealistas já foram discutidos à exaustão. Deve-se enfatizar, de outro lado, que suas filosofias são absolutamente indispensáveis para a compreensão do ceticismo moderno como um todo.

23 Para se ter uma ideia dessa difusão do ceticismo no período, deve-se dizer que um estudo completo deveria incluir também os escritores. Só sobre Shakespeare, há uma diversidade de livros e artigos sobre o ceticismo em sua obra. Também a principal tragédia de Marlowe, *Fausto*, é considerada cética por diversos estudiosos dela. Neste livro, restringi-me a filósofos e somente àqueles que julgo serem os mais importantes para essa questão, independentemente de serem "grandes" ou "menores".

da crítica de Bacon, Descartes e Pascal, insistirão sobre esse método cético, o primeiro de maneira mais original, o segundo com avaliação mais crítica e apresentando uma nova rota para o ceticismo. Kant, finalmente, discutirá o ceticismo e o método cético de oposição tendo em vista, sobretudo, o tratamento que lhes dá Bayle, e distinguirá cuidadosamente essa forma específica de ceticismo, daquelas apresentadas por Descartes em sua primeira *Meditação* e por Hume.

Passemos, agora, aos capítulos que compõem este livro.

Montaigne é uma figura crucial para o desenvolvimento do ceticismo moderno. Sua recepção e reelaboração do material legado pelo ceticismo antigo servirá de matéria prima para boa parte da tradição cética moderna. A partir da ideia de que filosofar é duvidar, o primeiro capítulo examina a relação do ceticismo de Montaigne com o ceticismo antigo. De um lado, mostram-se os elementos do ceticismo antigo de que Montaigne se apropria, como a divisão da filosofia em três seitas e o método cético da oposição. De outro lado, identificam-se as inovações introduzidas por Montaigne nesses mesmos elementos céticos. Finalmente, procura-se mostrar que Montaigne, com o projeto de pintar-se a si mesmo, teria desenvolvido uma maneira própria de duvidar.

Cruzando o canal da Mancha, as ideias de Montaigne encontrarão eco na recusa que Bacon fará de toda a tradição. Bacon revela um conhecimento detalhado do ceticismo de Montaigne, sem deixar, entretanto, de marcar distância com relação a ele. Tal como Montaigne adaptara e transformara o método cético de oposição, Bacon fará algo similar com a reflexão cética de Montaigne. O segundo capítulo parte de duas interpretações principais a respeito da relação entre Bacon e o ceticismo na parte crítica de sua filosofia. Enquanto a interpretação tradicional afirma que Bacon pouco se interessou pelo ceticismo, a mais recente sustenta que a *pars destruens* é cética. Procuro defender uma posição intermediária, em que o ceticismo é um interlocutor privilegiado para a elaboração da recusa baconiana da tradição filosófica, mas que essa recusa não é cética. Para sustentar minha interpretação, primeiro examino a importância do ceticismo e seus sentidos nas obras de Bacon; depois, apresento e avalio os argumentos dessas duas interpretações principais, mostrando suas deficiências; finalmente, exponho as análises de Bacon das proposições "nada é conhecido" e "nada pode ser conhecido" para mostrar as muitas semelhanças e as diferenças cruciais entre Bacon e os céticos.

É em França que o ceticismo de Montaigne germinará de modo mais fecundo. Essa fecundidade, no entanto, não deve causar surpresa, pois o ceticismo moderno é em grande parte um fenômeno francês. Pascal será um leitor assíduo e atento do ceticismo de Montaigne. Mas não se pode esquecer que, entre Montaigne e Pascal, se interpõe ninguém menos do que Descartes. É, portanto, da combinação do ceticismo de Montaigne e do assim chamado ceticismo cartesiano que se alimentam as reflexões pascalianas sobre o ceticismo. O terceiro capítulo trata de mostrar como, associando essas duas formas de ceticismo, Pascal inventa o "ceticismo puro" e, integrando à sua própria filosofia o método cético de oposição, procura transcender a perspectiva cética e, assim, a própria filosofia. A meu ver, a importância histórica do tratamento dispensado por Pascal ao ceticismo ainda não foi suficientemente reconhecida. Ao menos Bayle e Hume se deterão longamente sobre esse "ceticismo puro" e se utilizarão de muitos dos elementos concebidos por Pascal.

Como vimos acima, o contexto religioso foi decisivo para a retomada do ceticismo antigo, dando-lhe grande impulso. Ainda na esteira de Montaigne, muitos céticos franceses do século XVII, como La Mothe Le Vayer, Simon Foucher, Pierre-Daniel Huet e Pierre Bayle, discutiram as relações entre a dúvida cética e a fé cristã. O quarto capítulo investiga uma questão tradicional: até que ponto a fé cristã pode conviver com o ceticismo? Pode o cristão se servir do método cético de oposição para preparar o caminho para a fé? Ou, antes, a crença religiosa deve ceder diante da aplicação desse método altamente destrutivo? A ideia mesma de um "fideismo cético", como um fenômeno da filosofia moderna, merece uma discussão específica.

Bayle talvez seja o filósofo moderno que tenha aplicado de maneira ao mesmo tempo mais fiel e mais original o método cético de oposição às questões filosóficas. É certo que, em muitos de seus textos, La Mothe Le Vayer seguiu Sexto Empírico de perto, reproduzindo de maneira detalhada a argumentação dos antigos pirrônicos, sendo mais "fiel" do que Bayle. Nas mãos de Bayle, entretanto, o método cético de oposição receberá um novo tratamento, sem perder suas características essenciais. O quinto capítulo contém duas partes para tentar entender o que Bayle preserva do método cético, o uso que ele faz e as modificações que nele introduz. Na primeira, procuro entender o papel desempenhado pelo método de oposição sobretudo na tarefa de historiador da filosofia tal como Bayle a entende no *Dicionário*. Na segunda, investigo o papel desse mesmo método na reflexão filosófica de Bayle. Tanto no caso de seu trabalho como historiador da filosofia, como nas suas reflexões próprias, Bayle foi capaz de elaborar uma versão do ceticismo que teve fortes repercussões na filosofia do século XVIII. Até onde posso julgar, o método cético tal como reelaborado por Bayle terá ressonância em muitos dos filósofos posteriores. Neste livro, limito-me a dois deles: Hume e Kant.

O ceticismo de Hume é o objeto do sexto capítulo. Nele, será investigado como Hume se tornou cético, dado que ninguém começa por ser um cético, mas se reconhece como tal somente depois de refletir sobre as questões filosóficas de uma certa maneira. Ver-se-á que o papel desempenhado pelo método cético de oposição nesse itinerário rumo ao ceticismo, embora não negligenciável, é menor do que se poderia supor. As reflexões de Pascal e Bayle sobre o ceticismo serão centrais na reflexão de Hume sobre esse método e, em geral, sobre o ceticismo. Hume apresentará argumentos originais e extraídos sobretudo da filosofia moderna, como os de Berkeley, para chegar ao ceticismo. Curiosamente, a forma cética que assume o pensamento de Hume tem semelhanças mais fortes com a parte destrutiva da filosofia de Bacon, tratada no segundo capítulo.

O sétimo capítulo dedica-se às reflexões de Kant sobre o ceticismo moderno. Kant, herdeiro desses dois séculos de discussão sobre o ceticismo, revela-se bastante sensível às nuances das várias formas de ceticismo. A meditação madura e rigorosa da filosofia kantiana pode ajudar a entender melhor o ceticismo moderno, assim como o conhecimento da riqueza deste último pode contribuir para destrinçar a primeira. Não há, a meu ver, uma resposta simples acerca da relação de Kant com o ceticismo. O próprio Kant confessou que a *Crítica da razão pura* é uma resposta a Hume; e também disse, em carta, que as antinomias estão na origem de sua filosofia crítica; além disso, tem sido exaustivamente debatida a refutação que Kant dirige ao ceticismo cartesiano. O último capítulo, portanto, debruça-se sobre como Kant concebeu, elaborou e respondeu a três formas eminentemente modernas do ceticismo: o ceticismo cartesiano; o ceticismo humeano; o ceticismo bayleano. A meu ver, Kant fornece um quadro geral muito útil sobre o ceticismo moderno, no qual o método cético de oposição ocupa um lugar privilegiado.

Este livro se encerra com algumas "pistas" soltas, não com conclusões gerais. Não se trata de extrair um sentido histórico para o ceticismo moderno, nem estabelecer verdades filosóficas com base numa história da filosofia. A intenção é somente retomar algumas ideias que me pareceram fecundas e interessantes, mas que podem ter ficado escondidas em meio às análises históricas nas quais aparecem. São, no melhor dos casos, hipóteses a serem mais bem investigadas, tanto do ponto de vista histórico, como do ponto de vista da reflexão pessoal.

Capítulo 1
Montaigne

O método cético da oposição e as fantasias de Montaigne

Introdução

Discutiu-se muito sobre o ceticismo de Montaigne. Para alguns, o ceticismo antigo fornece a chave para entender a forma específica de seu ceticismo. A esse respeito, há três variedades de interpretação: ou Montaigne seria um pirrônico,[1] ou, tendo sido pirrônico, aproximou-se posteriormente dos céticos acadêmicos,[2] ou, ainda, elaborou desde o princípio um amálgama de pirronismo e ceticismo acadêmico.[3] Há quem sustente que Montaigne

---

1   Essa interpretação começa já com Pascal (ES, p. 29-36). Ver também Conche (1996).
2   Villey (1978, p. 437) afirma que a "crise pirrônica" de Montaigne teria sido passageira e que Montaigne não teria lido Sexto após a edição de 1580 (1923, p. 218). Popkin (1979, p. 43) segue Villey ao atribuir a Montaigne uma *crise pyrrhonienne*, mas estende-a no tempo, uma vez que "como Frame mostrou, o pirronismo de Montaigne antecede e continua esse ensaio [a "Apologia"]". Limbrick (1977) diz que Montaigne se aproxima do ceticismo socrático (ou acadêmico). Essa interpretação baseia-se sobretudo no fato de que Montaigne insere posteriormente inúmeras passagens sobre o ceticismo acadêmico. Para uma crítica da ideia de que Montaigne estaria simplesmente redescobrindo o ceticismo antigo, ver Hartle (2000).
3   Eva (2004, p. 89-106, e 2007, p. 29-37) apresenta a defesa mais consistente dessa interpretação nos dias atuais. O principal argumento para essa posição é o que diz que, embora Montaigne leia os *Acadêmicos* de Cícero com mais atenção somente

é um cético, mas não nos moldes do ceticismo antigo.[4] Finalmente, muitos negam que o pensamento de Montaigne possa ser caracterizado como um cético.[5] Sem ter a pretensão de resolver essa questão, eu gostaria de tratá--la de uma perspectiva específica, a fim de contribuir para uma possível solução. Em particular, eu gostaria de sugerir que a variedade de ceticismo apresentada por Montaigne, embora incorpore muitos elementos do ceticismo antigo, tanto de sua forma pirrônica, como acadêmica,[6] não pode ser identificada com elas, não somente por modificar esses elementos, mas também por desenvolver uma forma de duvidar bastante original, ainda que não desprovida de alguma proximidade delas.[7]

A dúvida como essência do filosofar

Num capítulo sobre o suicídio, Montaigne se refere à ideia de que filosofar é duvidar. Aparentemente, ele se alinha a essa concepção, pois o que faz, "entreter-se com ninharias e fantasiar", também "deve ser duvidar" (E II, 3, p. 350/29). Permanecer na dúvida cabe aos aprendizes, enquanto os catedráticos a resolveriam.[8] Noutro capítulo, "Dos livros", Montaigne tam-

---

após a edição de 1580, compreendendo-o melhor, observam-se, desde a primeira edição, diversos elementos acadêmicos já presentes na exposição do ceticismo.

4   É o caso de Brahami (2001a e 2001b).

5   Um exemplo recente dessa posição parece ser o de Sève (2007, p. 11-16), quando ele diz que o pensamento de Montaigne não pode ser reduzido ao ceticismo e que ultrapassa este de pelo menos duas maneiras.

6   Creio que os trabalhos de Eva (2004 e 2007) estabelecem definitivamente esse ponto.

7   Como o leitor notará, limitei-me a usar os capítulos do livro II, sem preocupar-me com as referências [A], [B] e [C], ainda que, para uma interpretação mais refinada, essas referências sejam indispensáveis. Creio, no entanto, que as eventuais correções que se poderiam fazer não terão implicações para a interpretação defendida neste artigo.

8   Eva (2007, p. 55) comenta que "a distância do 'fantasiar' ao 'filosofar' é inscrita no desnível que haveria do aprendiz ao mestre." Embora critique essa interpretação logo a seguir, ele não parece rejeitar a identificação do filósofo com o mestre ou catedrático. Essa identificação não me parece correta. Claramente, a meu ver, ambos (Montaigne e o filósofo) são aprendizes, em oposição ao catedrático, que deteria a autoridade

bém contrasta os mestres com os aprendizes, novamente alinhando-se com os aprendizes. "Não tenho dúvida de que frequentemente me ocorre falar de coisas que são mais bem tratadas pelos mestres do ofício, e mais verdadeiramente" (E II, 10, p. 407/114). Montaigne não pretende falar das coisas com conhecimento de causa ou verdadeiramente, mas, como um aprendiz,[9] ele duvida.

O que, no entanto, Montaigne entende por "duvidar"? Nessa passagem, não está claro o que seja, precisamente, duvidar. Uma coisa parece certa: duvidar, seja como filosofar, seja como entreter-se com ninharias e fantasiar, é "investigar e debater" como um aprendiz, e não "resolver" como um catedrático (E II, 3, p. 350/29). Uma dúvida pode ser respondida de maneira que obtenhamos uma resposta certa e verdadeira; é isso o que faz um catedrático ou mestre. Mas uma dúvida pode ser longamente elaborada, pois é possível aprofundar a dúvida, examinando-a cuidadosamente, amadurecendo as dificuldades e os pontos obscuros e difíceis. Um aprendiz, antes de tentar responder a uma dúvida, decidindo e resolvendo, deve compreender adequadamente o sentido e a dimensão da dúvida. É o que a filosofia e Montaigne fazem.

A continuação do capítulo sobre o suicídio sugere que duvidar, concebido como investigar e debater, é produzir contradições ou contestar, uma vez que a autoridade divina, que resolve e não duvida, nos rege "sem contradição", situando-se acima das "contestações humanas e vãs" (E II, 3, p. 350/29). Pode-se inferir, então, que, no caso das questões humanas, que são investigadas e debatidas, há contradição e contestação e, portanto, não há autoridade inquestionável. Assim, duvidar sobre as coisas humanas seria examinar o que se disse sobre o assunto e debater as opiniões, isto é, estabelecer oposições entre elas.

---

divina. Por outro lado, parece certo que quem se entretém com ninharias e fantasia duvida "com mais forte razão", o que parece implicar algum desnível entre as duas dúvidas: seria Montaigne um aprendiz ainda mais iniciante que o filósofo?

9   E III, 2, p. 804-805/27-28.

Montaigne também não explicita quem pensa que filosofar é duvidar e que duvidar é, fundamentalmente, investigar e debater. Mas não é difícil descobrir quem são esses filósofos. Na "Apologia", com efeito, Montaigne apresenta a divisão proposta por Sexto Empírico (HP 1.1-4), segundo a qual a filosofia se divide em três seitas: a dos dogmáticos, a dos acadêmicos e a dos céticos pirrônicos. Enquanto os dogmáticos pretendem ter descoberto a verdade e os acadêmicos, que a verdade não pode jamais ser descoberta, os céticos pirrônicos continuariam investigando-a, "de modo que a profissão dos pirrônicos é de abalar, duvidar e investigar, não garantir nada, nada responder." (E II, 12, p. 502/255) O que caracterizaria especificamente a posição pirrônica seria, nessa apresentação tomada de empréstimo a Sexto Empírico por Montaigne, a dúvida e a investigação.

A identificação daqueles que dizem que filosofar é duvidar com os céticos acomoda-se bem com a ideia de que duvidar é contradizer ou contestar. Afinal, os céticos pirrônicos "não temem a contestação em sua disputa. Quando dizem que o pesado vai para baixo, ficariam bastante aborrecidos se se acreditasse neles e procuram que se os contradiga para gerar a dúvida e a suspensão do juízo, que é seu fim" (E II, 12, p. 503/255). A dúvida nasce precisamente dessa capacidade de produzir contradições entre as proposições. A contradição não se limita às proposições, mas envolve também os argumentos empregados para sustentar as proposições contrárias ou contraditórias, de modo que argumentar tanto a favor da afirmação como da negação produz igualmente uma dúvida. Por exemplo, "se você estabelece que a neve é preta, eles argumentam ao contrário que ela é branca" (E II, 12, p. 503/256). A maneira pela qual os pirrônicos investigam e debatem é aplicando o que estou chamando de método cético da oposição, isto é, uma técnica por meio da qual os pirrônicos produzem infindáveis contradições entre as opiniões que se pretendem verdadeiras. "Não há razão que não tenha uma razão contrária a ela, diz o mais sábio partido dos filósofos" (E II, 15, p. 612/419), isto é, o dos céticos. Assim, parece bastante seguro dizer que a filosofia dubitativa é, por excelência, a pirrônica.[10]

Montaigne pensa que a essência da filosofia, por assim dizer, é duvidar e, portanto, investigar e debater. A esse respeito, ele corrige Sexto Empírico, embora pareça somente retomá-lo.[11] Segundo Sexto (HP 1.1-4), somente os pirrônicos investigam e se encontram em aporia. Tanto os acadêmicos como os dogmáticos interromperiam sua investigação, pois teriam chegado a um resultado definitivo, seja que é possível conhecer ou que não é possível conhecer. Embora parta desse divisão tripartida da filosofia, Montaigne acaba, a meu ver, por abolir as distinções traçadas por Sexto. Primeiro, ao expor a posição cética, ele acaba por combinar elementos pirrônicos e acadêmicos. Por exemplo, mistura a probabilidade acadêmica com a aparência pirrônica. De maneira talvez um tanto irônica, diz-se que o pirronismo é a opinião mais verossímil (E II, 12, p. 506/260). A exposição do ceticismo conclui dizendo que "das três seitas da filosofia, duas fazem profissão expressa de dubitação e ignorância" (E II, 12, p. 506/260). Em particular, pode-se dizer que o princípio pirrônico de opor a todo discurso um discurso oposto de igual força é endossado pelos acadêmicos.[12] A fronteira entre pirronismo e ceticismo acadêmico é, assim, se não apagada,[13] ao menos bastante matizada.

E quanto ao dogmatismo? Talvez se possa dizer o mesmo, ainda que com menos clareza. Segundo Montaigne, "é fácil descobrir que a maioria assumiu a face da segurança somente para ter melhor semblante. Eles não pensaram tanto em estabelecer para nós alguma certeza como em mostrar-nos até onde foram nessa caça da verdade" (E II, 12, p. 506-507/260). A sequência do texto procura sustentar essa opinião um tanto surpreendente

---

10 Sexto (HP) 1.8, 1.11, 1.12.

11 Eva (2007, p. 29-33), por exemplo, parece entender que Montaigne endossa a divisão de Sexto.

12 A esse respeito, ver Cicero (Ac) I, 45-46. Portanto, o método cético da oposição inclui tanto pirrônicos, como acadêmicos.

13 Considerações desse tipo estão na base da afirmação de Eva (2004, p. 89-106) de que haveria um "amálgama de ceticismo".

46   PLÍNIO JUNQUEIRA SMITH

e desconcertante, embora certamente contenha alguma dose de ironia.[14] O fato é que Montaigne interpreta boa parte dos dogmáticos como se também eles estivessem sobretudo investigando e duvidando. E explora expedientes que esconderiam a dúvida sob a roupagem da certeza: dar razões prováveis, como Sócrates; empregar a forma do diálogo, como Platão; usar uma linguagem obscura, como Aristóteles. A dúvida se insinua no discurso dogmático das mais diferentes maneiras. Poucos, entretanto, lançarão mão do método cético de oposição.[15] Assim, os filósofos desta terceira seita "têm uma forma de escrever duvidosa na substância e um desígnio investigativo mais do que instrutivo" (E II, 12, p. 509/264).

A diferença entre ceticismo e dogmatismo seria mais de grau do que de natureza. O pirronismo seria a seita em que essa característica essencial do filosofar é mais evidente, "pois estes ganham sempre o ponto alto da dúvida" (E II, 12, p. 587/382); o ceticismo acadêmico, de maneira talvez um pouco incoerente, mal se afastaria dessa dúvida; e, embora talvez oculta em parte, a dúvida estaria presente também nos mais variados dogmatismos. Cada seita, à sua maneira, poria em prática a dúvida filosófica, mas em graus diversos.[16]

Uma consequência curiosa desse apagamento das distinções, ou pelo menos da ausência de fronteiras precisas, é que também as filosofias céticas (pirrônica e acadêmica) podem ter opiniões. Veremos mais adiante como

---

14 Para uma interpretação diferente, ver Eva (2004, p. 106-112).

15 Cicero (Ac I, 46) atribui a origem desse método a Platão, após referir-se, nesse contexto, a Sócrates (Ac I, 45).

16 Parece-me, portanto, ter razão Schaeffer (1990, p 83-84), quando diz que "é antes da essência de toda filosofia, que estritamente falando é uma *busca* da sabedoria... De acordo com essa interpretação da tradição filosófica, a classificação tripartida das doutrinas filosóficas que Montaigne tomou de empréstimo a Sexto colapsa quase inteiramente. Os filósofos, como um todo, concordam sobre a incerteza das opiniões humanas, inclusive a deles próprios. A única diferença real entre 'dogmáticos' e 'céticos' parece dizer respeito à questão retórica de como o filósofo deveria apresentar-se diante do publico". Note-se que Bacon (2008, p. 199) aceitará essa concepção montaigneana da história da filosofia. A esse respeito, ver, capítulo 2, item 3.

Montaigne incluirá os céticos na *diaphonía* entre os filósofos, já que também os céticos opinariam. Portanto, se o verso da moeda é que os dogmáticos também duvidam, investigam e debatem como os céticos, embora em grau menor, o reverso é que os céticos também opinam como os dogmáticos, embora talvez com menos ênfase e segurança, pois assim como há graus de dúvida, também há graus na formulação de uma opinião. Enquanto os dogmáticos tendem a simplesmente afirmá-las, os acadêmicos as enunciam como meramente "prováveis" e os pirrônicos, não somente não as afirmam como fazem os dogmáticos, como sequer as consideram "prováveis", à maneira dos acadêmicos.

Se essas considerações estão corretas, Montaigne tende a enfraquecer as distinções traçadas por Sexto. As três seitas, todas elas, seriam simultaneamente, de um lado, dubitativas e investigativas e, de outro, opinativas. É próprio da filosofia, em qualquer uma de suas formas, o duvidar, não o decidir.

Ora, se Montaigne se inclui entre aqueles que duvidam e, entre os filósofos que duvidam, estão em primeiro lugar os pirrônicos, então parece haver uma estreita afinidade entre Montaigne e esses céticos. Não somente por duvidar, entendido como investigar e debater, ou por elogiar o ceticismo como o "mais sábio partido dos filósofos", mas também por confessar sua ignorância, Montaigne se aproximaria dessa seita filosófica: "quem me surpreender na ignorância não fará nada contra mim, pois dificilmente responderei a outrem por meus discursos, eu que não respondo a mim por eles, nem estou satisfeito com eles" (E II, x, p. 407/114). A livre e despreocupada confissão da ignorância, o afastamento de qualquer compromisso mais sério com o conteúdo do que se afirma seriam indícios de sua aproximação com o ceticismo; afinal, os céticos, quando afirmam ou negam, é somente com espírito polêmico, sem comprometer-se com o que é enunciado. Creio que não há a menor dúvida a respeito das afinidades entre o pensamento de Montaigne e o dos pirrônicos e demais céticos.[17]

---

17 Eva (2007, p. 68) afirma que "não faltam razões, portanto, para instruir nossa desconfiança das aparências de novidade filosófica". A seu ver, muitas das aparentes

Correspondentemente, o fato de Montaigne frequentemente opinar deixa de ser um problema para aproximar seu pensamento da filosofia cética. Afinal, a principal diferença entre os céticos pirrônicos e acadêmicos com relação aos dogmáticos não seria propriamente a de que os últimos opinariam e os primeiros não, já que todas as seitas opinam, mas seria somente a maneira pela qual se opina. Montaigne não opinará à maneira dogmática, de forma mais assertiva; sua maneira de sustentar uma opinião é mais próxima da dos céticos: sem vaidade, sem afirmação, ora restringindo-se à mera probabilidade, muitas vezes nem mesmo dessa maneira acadêmica. Não é o momento, entretanto, de perseguir esse fio, que será retomado mais adiante.

Por ora, cabe apenas ressaltar a aproximação do pensamento de Montaigne à filosofia entendida como dúvida e, embora todas as filosofias duvidem em algum grau, é o pirronismo, por excelência, secundado pelo ceticismo acadêmico, que leva adiante essa característica essencial do filosofar.

Apropriação e uso do método cético da oposição

Examinemos, então, o que Montaigne pensa da maneira pirrônica de investigar e debater e que uso ele faz desse método cético da oposição.[18] Montaigne, numa passagem, reconhece-se como um "*filósofo* impremeditado e fortuito" (E II, 12, p. 546/320; itálico meu). Poder-se-ia dizer que Montaigne chegou como que por acaso à dúvida cética, após o desenvolvimento de sua própria concepção. Essa sugestão não é implausível; ao

---

novidades do ceticismo de Montaigne são, no fundo, retomadas dos elementos do ceticismo antigo.

18 Conche (1996, p. 27) diz que Montaigne "não pode 'ser' nem estóico nem epicurista, pois seu método de leitura e reflexão é antissistemático e antidogmático, ele é comparável somente com o ceticismo." E, logo a seguir (p. 28), lemos que "se ele [Montaigne] não é cético pelo conteúdo de sua filosofia, ele só pode ser pelo método. A questão do ceticismo de Montaigne nos *Ensaios* convida-nos a colocar em primeiro plano o problema do método." Finalmente (p. 33): "nossa tese é, portanto, que ele [Montaigne] é inteiramente pirrônico no seu método." É essa tese que será examinada a seguir.

O MÉTODO CÉTICO DE OPOSIÇÃO NA FILOSOFIA MODERNA 49

contrário, Montaigne interessou-se profundamente por Sexto Empírico e a filosofia pirrônica pode ter ajudado a dar forma ao seu pensamento.[19] A dúvida pirrônica ter-lhe-ia, assim, servido de modelo para ajustar seu próprio procedimento ou teria sido incorporada às suas reflexões, enriquecendo-as. Assim, Montaigne não somente se teria alinhado nas fileiras dos que duvidam, mas, dizendo-se "filósofo", teria empregado, não raro, esse método cético da oposição.[20]

Encontramos, na "Apologia", diversas passagens importantes que parecem a aplicação do método cético, pois exploram a "infinita confusão de opiniões" e o "debate perpétuo e universal sobre o conhecimento das coisas" (E II, 12, p. 562/345). Montaigne, na esteira dos céticos antigos, entende que "não existe nenhuma proposição que não seja debatida e controversa entre nós" (E II, 12, p. 562/345). Por exemplo, os argumentos para mostrar que não podemos conhecer Deus (E II, 12, p. 513-536/270-304) incluem o argumento da *diaphonía*, em que Montaigne faz uma enumeração das concepções sobre a divindade (E II, 12, p. 514-516/272-275). Ao tratar da diversidade de dialetos e línguas, Montaigne se refere à "infinita e perpétua altercação e discordância de opiniões e de razões que acompanham e embaraçam a vã construção da ciência humana" (E II, xx, p. 553/331). São inúmeras as passagens de Montaigne em que a diversidade e a contradição das opiniões são invocadas contra o dogmatismo e a pretensão de ter descoberto a verdade. Montaigne relembra, nessas passagens, os tópicos céticos da falta de critério para resolver o conflito ou os modos de Agripa, como a circularidade (por exemplo: II, 12, p. 600-601/402), a hipótese ou regressão

---

19 Essa é a interpretação de Schiffman (1984), para quem Montaigne teria nunca passado por uma "crise pirrônica", como alegam Villey (1978) e Popkin (1979); ver nota 2 anteriormente..

20 Em geral, quando Montaigne fala da filosofia, dos filósofos ou do filosofar, ele está se referindo aos pagãos, como Demócrito, Sócrates, Platão, Aristóteles, Epicuro, os estóicos, Pirro, Carnéades etc. Por isso mesmo, creio, ele costuma distanciar-se da filosofia, como se esta pertencesse a outra época. Curiosamente, nessa passagem, contra seu costume, Montaigne assume a posição de um filósofo.

ao infinito (por exemplo: II, 12, p. 601/402-403), que impediriam a escolha racional entre as opiniões. Diante da diversidade de opiniões, não há juiz imparcial. "De resto, quem será adequado para julgar essas diferenças? Como dizemos, nos debates sobre religião, que é preciso um juiz não ligado a um nem ao outro partido, isento de escolha e de paixão, o que não é possível entre os cristãos, ocorre o mesmo aqui" (E II, 12, p. 600/401-402). Montaigne repete o argumento de que não há juiz imparcial para emitir um veredicto entre as opiniões conflitantes.

Outro argumento cético empregado por Montaigne é o modo da relatividade, o mais geral entre os 10 Modos de Enesidemo, de acordo com Sexto (HP 1.39), que também se faz presente nos Modos de Agripa. "Vemos muito bem que as coisas não se alojam em nós em sua forma e em sua essência, nem entram com sua força própria e autoridade... Os objetos externos, portanto, rendem-se à nossa mercê; eles se alojam em nós como nos agrada" (E II, 12, p. 562/345). Esse tópico, o da relatividade, emerge nas mais diferentes partes da "Apologia", por exemplo, quando diz que "nós recebemos as coisas diferentes e diferente, conforme somos e como nos parece" (E II, 12, p. 598/399).

E assim como Sexto dividia os 10 Modos em três tipos (HP 1.38), aqueles baseado em quem julga, aqueles baseados no objeto julgado, aqueles baseados em quem julga e na coisa julgada, Montaigne também traçará uma distinção nos argumentos empregados referindo-se a quem julga e à coisa julgada.

> Finalmente, não há nenhuma existência constante, nem de nosso ser, nem daquele dos objetos. Nós, nosso julgamento e todas as coisas mortais vamos todos escoando e rolando sem cessar. Assim, não se pode estabelecer nada de certo, e o julgador e o julgado estando em contínua mutação e movimento (E II, 12, p. 601/403).

Mais especificamente, muitos dos 10 Modos de Enesidemo encontram-se presentes nas considerações de Montaigne. Por exemplo, o primeiro Modo, que mostra a divergência entre as percepções dos homens e a dos animais, sendo impossível preferir as nossas às deles. "Se os sentidos são nossos primeiros juízes, não são os nossos os únicos que é preciso chamar para conselho, pois nessa faculdade os animais têm tanto direito, ou mais, que nós" (E II, 12, p. 596/396). Logo a seguir, Montaigne invoca a diversidade perceptiva entre os próprios homens, o que corresponde ao segundo Modo de Enesidemo. "Para o julgamento da ação dos sentidos, portanto, seria preciso que estivéssemos primeiramente de acordo com as bestas e, em segundo lugar, entre nós mesmos. O que não estamos de maneira nenhuma" (E II, 12, p. 598/398-399). Em terceiro lugar, ainda seguindo a ordem dos Modos de Enesidemo apresentada por Sexto, Montaigne mostra que, mesmo se os homens estivessem de acordo uns com os outros, os sentidos não estariam de acordo entre si. "O que dizer disso: nossos sentidos mesmos se impedem uns aos outros?" (E II, 12, p. 599/399). E, relembrando alguns exemplos conhecidos, contrasta a percepção entre os diversos sentidos.[21]

No entender de Montaigne, uma investigação cuidadosa e completa de um determinado assunto parece levar à suspensão do juízo. "Neles [nos negócios] nos perdemos ao considerar tantos aspectos contrários e formas diversas... Quem busca e abarca todas as circunstâncias e consequências impede sua eleição" (E II, xx, p. 675/513-514). O resultado de todo esse uso do arsenal cético, pirrônico e acadêmico, não pode ser senão a abstenção de julgar a respeito das coisas. "Não temos nenhuma comunicação com o ser, porque toda a natureza humana está sempre no meio entre nascer e morrer, cedendo de si somente uma obscura aparência e sombra, e uma incerta e débil opinião" (E II, 12, p. 601/403). Ao fechar as cortinas, no final de sua "Apologia", é a lição do ceticismo antigo que parece triunfar. Nada nos restaria senão a suspensão do juízo e "nada certo pode ser estabelecido" (E II, 12, p. 601/403).

---

21 Certamente se poderia aproximar outras passagens de Montaigne a outros modos de Enesidemo, mas não é necessário insistir mais nesse ponto. Ver, a esse respeito, Eva (2004 e 2007).

Essas considerações todas tornam inegável uma proximidade de Montaigne com os céticos antigos. Não há nenhuma dúvida de que Montaigne usa, ao menos na "Apologia", mas também noutros capítulos, as armas empregadas pelos céticos antigos, sobretudo os pirrônicos, contra o dogmatismo.[22] A maneira pela qual os pirrônicos, em particular, combatem os filósofos dogmáticos é muitas vezes retomada por Montaigne de maneira cuidadosa, ainda que pareça ter somente uma longínqua inspiração. Não por acaso ou sem razão, portanto, Montaigne se inclui entre aqueles que duvidam, afastando-se daqueles que decidem. Cabe perguntar, entretanto, até que ponto, ao retomar esses velhos tópicos céticos, Montaigne é fiel à letra e ao espírito do ceticismo antigo.

Peculiaridades do uso feito por Montaigne

Há, entretanto, algumas peculiaridades no uso montaigneano do método cético da oposição. Uma primeira peculiaridade é que Montaigne nem sempre faz acompanhar uma opinião de sua argumentação. Não raro, o que encontramos, na "Apologia" ao menos, é somente uma lista de opiniões. O contraste com Sexto Empírico é evidente. Tomemos o exemplo de Deus. Sexto apresenta uma tese filosófica ("Deus existe") e fornece uma diversidade de argumentos em seu apoio (AM 9.60-136); em seguida, ele apresenta a tese oposta ("Deus não existe") e reproduz os argumentos que a sustentam (AM 9.137-190); o resultado do embate dessas duas argumentações, como se poderia esperar, é a suspensão do juízo (AM 9.191-194). O procedimento de Montaigne é diferente, pois ele simplesmente enumera uma diversidade enorme de opiniões conflitantes e conclui, sem maiores considerações, que nenhuma é verdadeira. Embora, nos dois casos, há uma abstenção sobre qual seria a opinião verdadeira, o caminho parece diferente: num caso, os discursos opostos se anulam mutuamente, já que são igualmente fortes; no outro

---

22 Embora eu não tenha feito comparações com os acadêmicos, muitas poderiam ser indicadas. Para muitas delas, ver Eva (2004 e 2007).

caso, parece que a sucessão infindável de opiniões conduz o leitor a desistir de achar a verdadeira opinião.[23]

Não é difícil, entretanto, conciliar esse primeira peculiaridade com o método cético da oposição. Montaigne poderia estar supondo que cada opinião, em seu lugar de origem, tem um discurso que a sustenta, e, por isso, dispensa-se de fornecer a seu leitor esses argumentos. O próprio Sexto Empírico parece pressupor, em muitas ocasiões, o discurso dogmático positivo e somente apresenta os argumentos negativos, destinados a contrabalançar o discurso dogmático e, equilibrando as forças, suspender o juízo. Por que Montaigne não poderia somente fornecer a lista de opiniões, sem precisar expor todos os argumentos envolvidos? Nesse caso, a retórica pode ser diferente, mas o fundo filosófico da questão poderia ser o mesmo. De qualquer maneira, à primeira vista, o procedimento retórico de Montaigne é diferente do de Sexto e de Cícero.

A esse respeito, percebe-se uma segunda peculiaridade na exposição de Montaigne. Enquanto para os pirrônicos a posição mais coerente é a que estabelece uma estrita equivalência entre a força das opiniões conflitantes, Montaigne parece aceitar que algumas opiniões são mais verossímeis do que outras, aproximando-se dos acadêmicos. Novamente, a questão sobre Deus serve como exemplo. Montaigne parece aceitar que há uma opinião mais verossímil que as demais (E II, 12, p. 513/270). E, numa passagem um tanto irônica, Montaigne diz que a opinião dos pirrônicos é mais verossímil do que a dos acadêmicos (E II, 12, p. 506/260). Assim, embora os pirrônicos levem a dúvida a seu mais alto grau, os acadêmicos parecem estar numa

---

23 Essa interpretação também é sustentada por Brahami (2001a, p. 125-126): "2. Encontra-se, em particular na 'Apologia', uma escritura de acúmulo. Montaigne pratica, no caso de Deus (514-515), da alma (542-543), do mundo (572), dos costumes e opiniões (573-574) listas ou catálogos constituídos de uma simples sucessão, sem crítica, nem comparação explícita. O efeito buscado é, antes que a equipolência, uma astenia." Veja, na nota 30 posteriormente, a citação, que apresenta uma interpretação similar de Sève (2007, p. 186-187).

situação mais confortável, quando se trata de extrair uma opinião com base na aplicação do método cético da oposição.

Mas Montaigne também rejeita a verossimilhança em muitas passagens. Indicarei somente duas, ambas num contexto em que o ceticismo está em questão. Na primeira passagem, Montaigne adere à posição pirrônica, que rejeita o verossímil, com base no tradicional argumento de que, sem a posse da verdade, não se pode comparar uma opinião com outra e dizer qual é mais verossímil. A noção de verossimilhança pressuporia, assim, a de verdade; e se não há verdade, não há verossimilhança (E II, 12, p. 561-562/343-344). Uma segunda crítica, de natureza diferente, dirige-se à ideia de que, na vida prática devemos seguir o mais verossímil, que é seguir leis e costumes. Mas isso, diz Montaigne, torna a vida impossível (E II, 12, p. 578-579/369-371).

Assim, não está claro até que ponto Montaigne acha que o método cético da oposição conduz à suspensão pirrônica do juízo ou à verossimilhança e probabilidade acadêmicas. Até que ponto Montaigne aceita opiniões prováveis ou verossímeis, mesmo depois de dizer que os pirrônicos são mais coerentes do que os acadêmicos, isto é, depois de recusarem sua noção de probabilidade? Às vezes, Montaigne parece estar do lado pirrônico e suspender o juízo; às vezes, ele parece julgar de forma modesta, somente emitindo um juízo verossímil ou provável. Serão ambas as noções compatíveis e pode a suspensão do juízo conviver pacificamente com a probabilidade? Ou terá Montaigne rejeitado as duas noções? Neste caso, sua divergência com o ceticismo antigo seria clara. Trata-se de um ponto delicado na interpretação de Montaigne, que não posso resolver aqui. Tal como a primeira peculiaridade, esta segunda não apresenta uma inovação clara em relação ao ceticismo antigo.

Talvez a mais notável peculiaridade seja a inclusão das opiniões céticas (pirrônicas e acadêmicas) no conflito das filosofias. Como entender essa surpreendente inclusão dos céticos no debate entre os filósofos? Não estaria o desacordo restrito aos filósofos *dogmáticos*? Afinal, Montaigne havia enfatizado que "mais vale suspender sua persuasão do que se misturar nessas divisões sediciosas e belicosas" e que os céticos se mantinham "fora dessa refrega" (E II, 12, p. 504/257). Há, aparentemente, um paradoxo aqui: ora os céticos estão fora da disputa, ora estão dentro dela. Uma solução é dizer que os céticos, do seu ponto de vista, estão fora das disputas dogmáticas, já que não afirmam, nem negam nada; mas, do ponto de vista de Montaigne, os céticos integram essa disputa filosófica, mesmo que sem afirmar nada. De qualquer forma, é um fato que Montaigne frequentemente coloca os céticos ao lado dos dogmáticos, sem traçar uma distinção nítida entre as três principais seitas. Ao apagar essa distinção, ou pelo menos ao sugerir que não há fronteiras nítidas entre elas, Montaigne não somente defendeu que a dúvida era a essência da filosofia, inclusive da dogmática, como também pareceu aceitar que também o ceticismo poderia ter opiniões. Noutras palavras, Montaigne aceitou que há um uso da razão, que é o de investigar e debater, no qual se podem sustentar opiniões.[24] Não surpreende, assim, que os céticos acadêmicos, com suas opiniões prováveis, mas igualmente os pirrônicos, com suas "aparências", passem a incluir o conflito das filosofias. Vale a pena explorar esse ponto mais de perto.

Há uma importante passagem sobre a "infinita confusão de opiniões" (E II, 12, p. 562/345). Se Montaigne estivesse somente aplicando o método cético das oposições, então natural seria esperar que somente as opiniões dogmáticas estariam incluídas nesse "debate perpétuo e universal sobre o conhecimento das coisas" (E II, 12, p. 562-563/345). Surpreendentemente, constata-se que, nesse debate, os céticos também estão incluídos, pois Montaigne diz que não há equipolência entre as seitas, mas pirrônicos e acadêmicos triunfam sobre os demais.

> Aqueles que duvidam de tudo [os pirrônicos] duvidam também disso [que o céu esteja sobre nossa cabeça]; e aqueles que negam que possamos apreender alguma coisa [os acadêmicos]

---

24 Vimos, mais acima, como Montaigne tende a apagar as distinções traçadas por Sexto entre pirronismo, filosofia acadêmica e dogmatismo.

dizem que não apreendemos que o céu esteja sobre nossa cabeça; e essas duas *opiniões* são, em número, sem comparação *as mais fortes* (E II, 12, p. 563/345; itálicos meus).

Qual das duas formas de ceticismo seria a mais forte? É difícil dizer, pois a passagem de Montaigne é deliberadamente ambígua. Pode parecer que, assim como o pirronismo é a seita que leva a duvida a seu ponto mais alto, também aqui vemos sua superioridade sobre o ceticismo acadêmico, afinal "a *opinião* dos pirrônicos é mais ousada e, ao mesmo tempo, mais verossímil" (E II, 12, p. 561/344; itálico meu). No entanto, dizer que o pirronismo é mais "verossímil" parece indicar uma adesão ao ceticismo acadêmico. Em suma, uma vez incluídos no debate filosófico, os céticos o desequilibram, pois os céticos pirrônicos e acadêmicos parecem ter a opinião mais forte.[25] Essa consideração, ao mesmo tempo em que aproxima Montaigne dos céticos antigos, já que lhes confere primazia sobre os dogmatismos, também o afasta deles em alguma medida, já que, no conflito filosófico concebido por Montaigne, em que os céticos estão incluídos, não há equipolência.

Vejamos outro exemplo em que Montaigne inclui os céticos no conflito das filosofias e qual a sua posição específica. Segundo Montaigne, uma das questões mais debatidas entre os filósofos é a do soberano bem; haveria, segundo Varrão, 288 seitas! (E II, 12, p. 577/367). Eis a *diaphonía* elevada aos píncaros. Curiosamente, Montaigne introduz, entre as tantas opiniões filosóficas, as opiniões de Arcesilau e dos pirrônicos: para o primeiro, o juízo seria um mal e a suspensão do juízo um bem; os pirrônicos, discordando de Arcesilau, defenderiam que o fim é a *ataraxía* (e o não admirar-se com coisa nenhuma) (E II, 12, p. 578/368). Assim, as opiniões dos acadêmicos e pirrônicos integrariam o conflito das filosofias, não se situando fora dele, mesmo que os pirrônicos expressem sua opinião de uma forma não-afirmativa.[26]

---

25 Já vimos, mais acima, que Montaigne considera o partido cético como o mais sábio partido da filosofia (E II, 15, p. 612/419).

26 A esse respeito, cabe lembrar a observação de Montaigne, segundo a qual os pirrônicos têm muita dificuldade com a linguagem, que é afirmativa, para expressar

Montaigne não se colocará ao lado, nem de Arcesilau, nem dos pirrônicos. É certo que Montaigne diz que "toda glória que pretendo de minha vida é tê-la vivido tranquilamente" (E II, 16, p. 622/434). No entanto, acrescenta ele, "tranquila não segundo Metrodoro, ou Arcesilau, ou Aristipo, mas segundo eu mesmo. Visto que a filosofia não soube encontrar nenhuma via para a tranquilidade, que cada um a busque de maneira particular!" (E II, 16, p. 622/434). Também Pirro será criticado por Montaigne (E II, xxix, p. 705-706/558-559). Tudo leva a crer, então, que, de acordo com Montaigne, os céticos não estão em melhores condições do que os demais filósofos em nos dizer o que é o bem supremo, nem em como poderemos alcançar a tranquilidade.[27] Uma vez incluídos no conflito da filosofia, Montaigne poderá eventualmente tomar distância de suas opiniões céticas.

Cabe perguntar, agora, se o método cético de oposição é empregado por Montaigne com frequência ou como a principal forma argumentativa. Minha sugestão é a de que, apesar de tudo o que vimos até aqui, Montaigne não costuma empregar o método cético da oposição e sua maneira de argumentar é diferente da dos céticos antigos.[28] É o que se diz numa passagem em que o filósofo discute quando se deve usá-lo. Usar a razão para destruir a razão ou abandonar a própria razão para que o adversário não tenha razão, eis o que só se deve usar em ocasiões muito específicas. "É um golpe desesperado, pelo qual é preciso abandonar vossas armas para fazer vosso adversário perder as suas, e um passe secreto, do qual se deve servir-se raramente e com reserva" (E II, 12, p. 558/337). De maneira coerente, Montaigne acon-

---

seu pensamento (E II, 12, p. 527/291). Noutra passagem, Montaigne já havia se queixado da dificuldade de compreender adequadamente os pirrônicos (E II, 11, p. 505/258).

27 Outro exemplo seria a questão de saber se as aparências sensíveis opostas estão no objeto ou não. Também aqui os céticos (pirrônicos) aparecem no meio da enumeração de opiniões filosóficas (E, II, 12, p. 587/382).

28 Segundo Brahami (2001a, p. 125), "raramente se encontra, sob a pluma de Montaigne, um pensamento propriamente isostênico que culmina numa *epokhé* que se exibiria como tal."

58 PLÍNIO JUNQUEIRA SMITH

selha sua provável leitora a seguir os caminhos usuais na argumentação e na opinião. "Todas as vias extravagantes me desagradam" (E II, 12, p. 558/338). Segundo essa passagem, o método cético seria "extremo", "desesperado", uma "temeridade", "vicioso" e "extravagante". Acho pouco provável que toda essa caracterização expresse a real avaliação de Montaigne do método cético, mas, de outro lado, parece suficiente para atestar que, de fato, ele deve ser usado com moderação e parcimônia, limitando-o às circunstâncias que o exigem.

Quando examinamos outros capítulos, vemos que Montaigne pouco emprega esse método cético, embora ocasionalmente possa fazer referência a ele. Darei alguns exemplos para mostrar que, nos diversos capítulos, e também na "Apologia", Montaigne não costuma aplicar o método cético da oposição.[29]

Concentremos nossa atenção no capítulo sobre o suicídio. Sua estrutura argumentativa é bastante clara. Após a breve introdução sobre a dúvida, que investiga e debate, Montaigne argumenta a favor do suicídio (E II, 3, p. 350-352/29-32) para, logo em seguida, argumentar contra o suicídio (E II, 3, p. 352-354/32-35). Se estivesse praticando a dúvida cética, Montaigne mostraria equipolência entre elas e suspenderia o juízo. Ele, entretanto, não faz nenhuma referência à suposta igualdade de força desses dois discursos.[30]

---

29 Poder-se-ia, pensar talvez, que toda a resposta à segunda objeção, na "Apologia", consiste numa aplicação em bloco do método cético da oposição. Num certo sentido, isso é verdade, pois toda essa resposta parece usar a razão para destruir a razão. No entanto, se considerarmos dessa maneira a segunda resposta, então toda ela deveria ser meramente dialética e não expressar, em nenhum momento, a opinião de Montaigne. Mas essa consequência me parece falsa. É preferível examinar cada argumento particular empregado na segunda resposta e examinar se cada um deles é uma aplicação desse método.

30 Concordamos, assim, ao menos no que diz respeito ao sentido geral, com a análise feita por Sève (2007, p. 186-187), para quem "a argumentação em três tempos desse capítulo 'Do costume...' inova profundamente em relação ao ceticismo antigo. O cético grego se compraz em relevar as contradictões dos costumes e preconiza viver segundo esses mesmos costumes. A diversidade dos costumes conduz o cético

Ao contrário, a continuação do capítulo sugere que ele defende o direito do suicídio, inclusive com a sugestão final de que deveria existir uma regulamentação legal pelo Estado. "A dor insuportável e uma morte pior me parecem as incitações mais desculpáveis" (E II, 3, p. 362/47). O seu duvidar, portanto, não consiste na oposição dessas duas posições com seus respectivos argumentos, estabelecendo a igualdade de força entre elas e gerando, assim, a suspensão do juízo. A sua maneira de duvidar é compatível com a adesão a um dos lados de uma questão; neste caso específico, com o juízo de que o suicídio é aceitável em alguns casos.[31]

Esse procedimento de instituir uma oposição e julgar que um lado é mais aceitável pode ser observado em muitos outros capítulos. Tomemos como um exemplo importante o capítulo sobre a crueldade (E II, 11). Neste, Montaigne distingue três concepções da virtude. De acordo com a primeira concepção, a virtude seria uma "alta e divina resolução" por meio da qual se pode "impedir o nascimento das tentações" e se estaria formado pela virtude de tal maneira "que as sementes mesmas dos vícios estejam desenraizadas" (E II, 11, p. 426/141) – a virtude seria um hábito implantado em nós que impediria o surgimento do vício; a segunda concepção afirma que a virtude é a superação da força das paixões desregradas, pois não haveria virtude sem um obstáculo a ser vencido; conforme a terceira concepção, a virtude seria uma espécie de inclinação natural para a bondade. Se praticasse a dúvida cética com seu método da oposição, Montaigne certamente suspenderia o juízo entre essas três concepções, pois os argumentos a favor e contra cada uma delas se

---

a suspender seu julgamento sobre a natureza e os critérios do 'bom' e do 'mau', a viver portanto sem opinião... Ele [Montaigne] não se contenta em opor friamente os costumes uns aos outros numa espécie de refutação cuja regra é, em Sexto Empírico, a subtração (uma 'autoridade' menos uma 'autoridade' de sentido contrário é igual a zero, a operação isostênica é uma operação de anulação); ele justapõe alegremente os costumes mais disparatados numa espécie de refutação cuja regra é a adição (os setenta costumes heteróclitos compilados em I.23)."

31 Não por acaso, então, Montaigne distingue a dúvida cético-filosófica de sua própria maneira de duvidar no começo desse capítulo. Voltarei ainda a esse ponto.

equivaleriam e seria impossível escolher racionalmente alguma. Mas não é isso o que ocorre. Montaigne claramente endossa a primeira concepção, rejeitando as duas outras. A terceira, ele mal a considera uma concepção da virtude, "pois me parece que ela torna um homem inocente, mas não virtuoso" (E II, 11, p. 426/142; II, xi, p. 422-423/135-138). Também a segunda é problemática e tem consequências indesejáveis, pois, se fosse verdadeira, Sócrates e Catão não seriam homens virtuosos (E II, 11, p. 423-425/138-141). O exemplo desses dois homens virtuosos, e Sócrates ainda mais que Catão, faz com que Montaigne adira à primeira concepção da virtude.

Creio que os exemplos poderiam se multiplicar.[32] Em vários capítulos Montaigne apresenta mais de uma opinião, na verdade expõe opiniões contrárias ou contraditórias e, longe de suspender o juízo, invocando a equipolência entre as partes conflitantes, prefere uma em detrimento das demais. Montaigne parece rejeitar a ideia mesma de uma equipolência. "Antes se poderia dizer, parece-me, que nenhuma coisa se apresenta a nós na qual não exista uma diferença, por leve que seja, e que, para a visão ou tato, existe sempre algo mais que nos atrai, mesmo que seja imperceptivelmente" (E II, 14, p. 611/417-418). Correspondentemente, Montaigne julga.

Temos um bom exemplo disso na própria "Apologia". Após apresentar a primeira objeção a Sebond e dizer que os objetores são muito piedosos, merecendo uma resposta respeitosa e doce, e que caberia aos homens versados em teologia responder-lhes (pois desse assunto ele diz não saber nada), Montaigne introduz suas considerações com as seguintes palavras: "Entretanto, eu *julgo* assim" (E II, 12, p. 440/164; itálico meu). Não me parece que Montaigne esteja pensando que a primeira objeção a Sebond e as considerações em defesa de Sebond tenham a mesma força e, equivalendo-se, destruam-se mutuamente, como preconiza o método cético da oposição. Muito ao contrário, parece-me razoavelmente certo sustentar que Montaigne emite um juízo e, segundo esse juízo, suas considerações são as corretas e que o objetor está do lado mais fraco dessa questão. Segundo o

---

32 Um exemplo é II, 16.

julgamento de Montaigne, embora a graça divina seja necessária e embora o entendimento humano seja insuficiente, não se segue que é inútil recorrer a razões humanas para sustentar os artigos de fé. Trata-se de um caso claro de *non sequitur*. A seu juízo, a posição mais correta é a de que se deve empregar a razão humana na defesa da fé.

Façamos uma breve retrospectiva do que se disse até aqui. Primeiro, distinguimos dois tipos de dúvida, ambas implicando a investigação e o debate. Como Montaigne sugeria uma proximidade entre a sua maneira de duvidar e a dúvida cético-filosófica e se disse um "filósofo impremeditado e fortuito" (E II, 12, p. 546/320), foi necessário considerar até que ponto ele praticava essa dúvida cético-filosófica. Vimos, em seguida, que ele o emprega em diversas ocasiões de maneira compatível com o que apregoava o ceticismo antigo, mas que também parecia apropriar-se dele com alguma liberdade, introduzindo certas peculiaridades. Em seguida, notamos que Montaigne ampliava essa oposição, de modo a abarcar também os ceticismos pirrônico e acadêmico. Essa ampliação do conflito e a inclusão das duas formas de ceticismo no conflito das filosofias correspondia ao apagamento das distinções traçadas por Sexto entre as três principais seitas filosóficas. Dessa maneira, Montaigne afasta-se progressivamente dos céticos em geral e dos pirrônicos em particular. Finalmente, vimos que Montaigne não recorre com muita frequência ao método cético da oposição.

Uma outra forma de duvidar

Ao se reconhecer como alguém que duvida, Montaigne coloca-se ao lado do filósofo, sem com ele identificar-se. Embora tenha, numa passagem, se assumido como um filósofo impremeditado e fortuito, noutras passagens, Montaigne afirma explicitamente que não é filósofo.[33] Essa recusa em identificar-se como um filósofo tem, certamente, vários sentidos, mas um deles pode ser o de que ele não entra nessas disputas como um filósofo, e mesmo

---

33 Por exemplo, III, 9, p. 950/247.

62 PLÍNIO JUNQUEIRA SMITH

um cético (a seu ver), entra nelas. O que Montaigne faz não é "filosofar", mas "entreter-se com ninharias e fantasiar" (E II, 3, p. 350/29; "*niaiser et fantastiquer*"). O que significa isso?

Note-se que, de acordo com Montaigne, esta segunda atividade que se distingue do filosofar é "com mais forte razão" duvidar. Creio que essa passagem sugere que duvidar é a atividade do aprendiz e, assim como o filósofo, na condição de aprendiz, busca a sabedoria, aquele que se entretém com ninharias e fantasia está num estágio ainda mais inicial do aprendizado e, por isso, dúvida com razão ainda mais forte. É como se Montaigne admitisse sua condição de completa ignorância, uma ignorância ainda maior do que a do filósofo que anseia pelo conhecimento. Mas há um outro lado nessa passagem, pois ela talvez diga respeito não somente à condição de um aprendiz principiante, mas também sobre o que se busca saber. Enquanto o filósofo, mesmo que aprendiz, busca a sabedoria, Montaigne ainda se entreteria, como uma criança, com coisas pequenas, sem importância, infantis e pueris, bem como com suas fantasias, imaginações, devaneios.

Montaigne diz que seu duvidar consiste em "entreter-se com ninharias e fantasiar". Um estudo sistemático dos usos de *niaiser* et *fantastiquer* pode nos ajudar a compreender a maneira específica pela qual Montaigne pratica a dúvida. Ao que eu saiba, Montaigne pouco usa o termo *niaiser* e seus correlatos. Há uma passagem (E II, 3, p. 353/35), em que Montaigne se refere a uma "vaidade" no sentido de uma "puerilidade"; ora, *niaiser* tem o sentido de ser uma tolice, uma infantilidade. Essa passagem, embora não seja especialmente significativa e não nos ensina nada sobre a maneira montaigneana de duvidar, ao menos aproxima a *niaisairie* da futilidade produzida pela vaidade. O termo "fantasiar" e seus correlatos, no entanto, são usados com enorme frequência.[34] Naturalmente, nem todos esses usos servirão para esclarecer nosso ponto. Por exemplo, Montaigne fala, no capítulo sobre o

---

34 Eva (2007, capítulo VII) faz um estudo detido e minucioso do termo "fantasia" e seus correlatos, com resultados bastante interessantes, mas que não podem ser discutidos aqui.

suicídio, de "humores fantasiosos" (E II, 3, p. 354/36), mas creio que esse uso não tem relação direta com o fantasiar que consiste num duvidar.

No aviso "Ao leitor", Montaigne parece associar novamente algo como a *niasairie* e a fantasia, pois, ao dizer que "é o eu que pinto", reconhece que se trata de um "assunto tão frívolo e tão vão" (p. 3/3). Há, portanto, uma constelação de termos aparentados a *niaiser*, que apontam para a pintura de si, como aquilo que Montaigne faz e que "dever ser duvidar". A associação entre termos dessa constelação e a dúvida se faz presente na "Apologia". Por exemplo, numa passagem em que a referência ao ceticismo é evidente, pois afirma que a razão produz inumeráveis discursos contrários sobre um mesmo assunto e atribui a decisão e escolha de um deles ao instinto fortuito, Montaigne sugere que, para emitir um bom juízo, é preciso escutar-se de perto, coisa que a maioria não faz. "Eu que me espio de mais perto, que tenho os olhos incessantemente atentos a mim, como quem não tem muito o que fazer alhures... eu mal ousaria dizer a vaidade e a fraqueza que encontro em mim" (E II, 12, p. 565/349).[35]

Embora próximo do ceticismo, Montaigne não deixa de indicar suas diferenças com essa vertente da filosofia. Segundo Sexto, a filosofia como um todo se caracteriza por buscar a verdade; mas Montaigne diz, aos filósofos, que não se deve esperar encontrar a verdade em seus escritos, pois "quem está em busca da ciência, deve pescá-la onde ela se encontra; não há nada que de que eu faça menos profissão" (E II, 10, p. 407/114). Creio

---

35 Como já indicado, um contraste similar ao decidir/duvidar, do qual partimos, aparece em "Do arrependimento". Nesse capítulo, Montaigne diz que "os outros instruem o homem, eu o descrevo" (E III, 2, p. 804/27). Ora, sendo inconstante e mudando incessantemente, Montaigne pinta a diversidade dos acontecimentos e de seus "pensamentos indecisos e, quando acontece, contrários" (E III, 2, p. 805/27). A descrição fiel e precisa de um assunto tão mutável (ele mesmo) faz com que ele chegue, por vezes, a se contradizer. Mas "se minha alma pudesse firmar-se, eu não me ensaiaria, eu me decidiria: ela está sempre aprendendo e em prova" (E III, 2, p. 805/28). No entanto, Montaigne introduz o vocabulário da verdade em sua pintura de si mesmo: "a verdade, como dizia Dêmades, eu não a contradigo" (E III, 2, p. 805/28); "Digo a verdade" (E III, 2, p. 806/29).

que essa passagem não quer dizer somente que Montaigne, como os pirrô-nicos, não alcançou a ciência e, portanto, não tem nenhum conhecimento verdadeiro a oferecer. Parece-me que se diz algo mais do que isso, embora, obviamente, Montaigne confesse sua ignorância da verdade. O que ela diz a mais é que Montaigne não está "em busca da ciência" tal como os filósofos estão, os céticos inclusive. A continuação dessa passagem, crucial para nos-sos propósitos, parece atestar que Montaigne não está buscando a verdade: "Estão aqui minhas *fantasias*, pelas quais não tento dar a conhecer as coisas, mas a mim" (E II, 10, p. 407/114; itálico meu). Ora, a ocorrência da palavra "fantasia" num contexto de aproximação e distanciamento do ceticismo sugere que essas passagens todas estão articuladas e expressando uma mesma concepção do que Montaigne está fazendo. Ele se esforça por dar-se a co-nhecer ao leitor ao apresentar suas fantasias.

O capítulo sobre o suicídio permite descobrir uma característica da dúvida de Montaigne. Após apresentar as duas posições contraditórias sobre o suicídio, Montaigne diz que "entre os da primeira opinião houve grande dúvida sobre isso: quais ocasiões são suficientemente justas para fazer um homem entrar no partido de se matar?" (E II, 3, p. 354/35). A partir daí, Montaigne se dedica a discutir essa "dúvida". Eis, portanto, um exemplo de como Montaigne entende a dúvida: não como oposição entre duas opiniões conflitantes, mas como dificuldade inerente a uma opinião. É justo matar--se em certas ocasiões, mas quais? E Montaigne se dedica a investigar quais seriam essas ocasiões. O estudo da história apresenta uma enorme gama de situações que permitiriam tentar resolver essa duvida ou, ao menos, dar-se conta da dificuldade em se respondê-la. Uma dúvida, portanto, não é uma hesitação entre duas posições, mas uma questão sobre a possível adesão a um dos lados.

No capítulo sobre a crueldade, vemos outro exemplo de "fantasiar" diretamente ligado à questão da dúvida. Montaigne começa por expor e criticar a concepção da virtude como inclinação natural para a bondade. Há algo na virtude que não pode se limitar a tão pouco: sem vencer uma resistência forte, não haveria, propriamente falando, virtude. A seu ver, essa argumentação contra a primeira concepção de virtude é trivial.

> Cheguei até aqui bem comodamente. Mas, no final desse discurso, cai-me na *fantasia* que a alma de Sócrates, que é a mais perfeita que chegou ao meu conhecimento, seria, a meu ver, uma alma de pouca recomendação, pois não posso conceber nesse personagem nenhum esforço de concupiscência viciosa" (E II, 11, p. 423/138; itálico meu).

Trata-se, evidentemente, de levantar dúvidas sobre uma concepção da virtude sugerida pelo discurso que rejeitou "facilmente" uma concepção equivocada da virtude como inclinação natural para a bondade. E não se trata, como já vimos, de opor duas posições igualmente fortes que se anulariam mutuamente. Ao ser levado, por um discurso, a conceber uma segunda teoria sobre a virtude, como que se lhe impõe à sua fantasia, talvez independentemente de sua vontade, uma objeção, um problema, uma dificuldade específica dessa segunda teoria. Tudo se passa como se, ao investigar as concepções propostas e buscar saber quais são as suas próprias "fantasias", certas fantasias lhe ocorram ou venham à sua mente para duvidar da correção de certas concepções propostas. Na fantasia de Montaigne, Sócrates e Catão são homens virtuosos e nada que negue isso pode ser concebido, imaginado ou pensado por Montaigne no sentido de ser aceito por ele. Esse uso de "*fantasia*" corrobora o uso de dúvida como uma interrogação, que conduz a uma investigação, de uma concepção em particular.

Poder-se-ia dizer que Montaigne mais uma vez somente retoma elementos já presentes no ceticismo antigo, em particular no pirronismo.[36] Afinal, Sexto Empírico já havia dito que, ao expor a doutrina pirrônica, ele não fazia senão relatar o que lhe aparecia no momento, como um cronista ou historiador (HP I, 4). A meu ver, no melhor dos casos, se trata de uma semelhança

---

36 Eva (2007, p. 65: "é todo um conjunto de elementos pirrônicos que parece ecoar nessa alusão montaigniana à sua identidade intelectual, na forma de uma narrativa biográfica") e Tournon (2000, p. 46, nota 3).

superficial, pois existe somente uma remota semelhança na ideia de "descrever que aparece no momento como um cronista ou historiador." Não é preciso muita reflexão para perceber que relatar o que lhe aparece no momento, em Sexto, é algo muito diferente de pintar a si mesmo. Enquanto Sexto relata as opiniões ds outros filósofos, Montaigne fala de sua própria vida. Não temos nenhuma ideia de onde Sexto viveu ou quais eram suas crenças; Montaigne não se cansa de falar de sua vida e de suas opiniões sobre tudo. Quando relata o que lhe aparece, Sexto relata somente a oposição de teses e argumentos; quando relata o que lhe aparece, Montaigne fala de sua vida. Sexto nunca pretendeu que relatar a própria vida tivesse relevância filosófica.

Há um sentido, a meu ver correto, no qual Montaigne poderia estar elaborando, de maneira muito original, uma *nova fonte* para a *diaphonía* pirrônica. Uma maneira pela qual a investigação de Montaigne, que é a de pintar a si mesmo, produz a dúvida é ao descobrir em si mesmo todas as fraquezas. Não é preciso ficar examinando as opiniões alheias, fazendo a opinião dos estóicos contradizer a de Platão, nem contrastar a dos epicuristas com a de Aristóteles, como fazem os pirrônicos, mas basta examinar-se atentamente. Montaigne é matéria suficiente para engendrar dúvidas "com mais forte razão" (E II, 3, p. 350/29). Descrevendo suas alterações de opinião de acordo com as mais variadas situações e circunstâncias, seja do corpo ou da alma, ele encontra em si uma diversidade tão grande ou ainda mais que a encontrada entre os filósofos. "Acontecem em mim mil agitações inconsideradas e casuais" (E II, 12, p. 566/350). Não apenas em si mesmo, mas também em seus escritos, Montaigne muda frequentemente de opinião e, ao voltar sobre uma passagem anterior, nem sempre reencontra o sentido dela, dando-lhe um novo, na falta do velho. Assim, "somente vou e venho: meu julgamento nem sempre vai adiante; ele flutua, vagueia" (E II, 12, p. 566/350). E Montaigne dedica-se a investigar, após expor as variações pelas circunstâncias, também variações que se devem às paixões da alma (E II, 21, p. 567-576/351-365). Nesse proceder tortuoso, nota-se claramente a proximidade do ceticismo, pois Montaigne também defende "uma opinião contrária à minha" (E II,

12, p. 566/350-351). O resultado é sempre o mesmo: "Quantas diferenças de sentido e de razão, quanta contrariedade de imaginações nos apresenta a diversidade de nossas paixões!" (E II, 12, p. 568/353). Pintar-se a si mesmo equivaleria, assim, a descobrir em si a mesma diversidade que os céticos antigos descobriam no debate entre os dogmáticos, patente em seus livros.

Mas é preciso ver que, embora a diferença entre Montaigne e os pirrônicos pudesse dizer respeito somente à fonte da *diaphonía* (nos textos alheios ou em si mesmo), há também muitas outras diferenças que deveriam ser notadas. Uma diferença, pelo menos, é crucial, já que diz respeito à finalidade do método e à capacidade para empregá-lo. Enquanto Sexto pretende superar a precipitação dogmática por meio da oposição de argumentos, Montaigne, na descrição de si mesmo, isto é, na busca do conhecimento de si, precisa superar as distorções que a vaidade causa. Com efeito, a vaidade inerente a todo ser humano, portanto também presente em Montaigne, tem dois efeitos: estimar-se além da conta e não estimar suficientemente os outros (E II, 17, p. 633/452). Assim, dada nossa inevitável vaidade, temos um "julgamento perturbado e alterado", quando é preciso que "o julgamento deve manter por toda parte seu direito" (E II, 17, p. 632/449). Num certo sentido, pode-se dizer que a investigação de Montaigne exige uma técnica que lhe permita anular esse efeito nocivo da vaidade, ao passo que a técnica exigida pelo pirronismo combate a precipitação dogmática. O pirrônico caracteriza-se por dominar uma técnica particular, isto é, a capacidade para empregar adequadamente o método da oposição que conduz à suspensão do juízo; a pintura de si mesmo caracteriza-se por tentar evitar os efeitos nocivos da vaidade humana e chegar a juízos mais equilibrados sobre si mesmo.

Mesmo quando, nessa descrição de si, encontra infindáveis variações, no entanto, diferentemente do pirrônico, Montaigne o faz "por exercício e brincadeira" e, sobretudo, "aplicando-se e voltando para aquele lado, liga-me tão bem que não encontro mais a razão de minha primeira opinião e me separo dela" (E II, 12, p. 566/351). Não há, propriamente falando, uma equipolência de opiniões e razões, mas uma parece substituir a outra, numa sucessão inevitável. É certo que o exame detalhado de todas as circunstâncias e consequências de um assunto e seu esclarecimento sutil e profundo impediriam uma decisão (E II, 20, p. 675/513-514). Estaria Montaigne concedendo que a suspensão do juízo é o resultado inevitável de uma investigação imparcial e sem precipitação? Ora, o contexto parece indicar precisamente o contrário: em vez de suspender o juízo, Montaigne condena uma investigação desse tipo:

> As opiniões da filosofia elevada e refinadas mostram-se ineptas na prática. Essa aguda vivacidade da alma e essa volubilidade flexível e inquieta perturba nossas negociações. É preciso manejar os empreendimentos humanos mais grosseira e superficialmente e deixar boa e grande parte deles para os direitos da fortuna. Não é necessário esclarecer os negócios tão profunda e sutilmente (E II, 20, p. 675/513).

Não sendo a suspensão do juízo desejável do ponto de vista prático, devem-se investigar as coisas de maneira diferente daquela levada a cabo pelos céticos. A suspensão do juízo, esse capítulo parece indicar, também é impossível, pois uma "virtude assim simples, que... Pirro... tornava o objetivo de sua vida, não pode sê-lo sem composição" (E II, 20, p. 673/511). A constância da suspensão do juízo é um ideal inatingível na prática, embora Pirro tenha se esforçado como um verdadeiro filósofo nessa direção (E II, 29, p. 705-706/558-559). A investigação não deve ser sobre as coisas, desvendando-lhes todas as suas sutilezas e aspectos, em busca da suspensão do juízo, mas sobre si mesmo, descrevendo suas constantes mudanças, almejando um esclarecimento que permita a orientação prática na vida.

Montaigne não dizia coisa muito diferente quando, ao apresentar suas fantasias ao leitor, afirmava que não procurava conhecer as coisas, mas a si mesmo: "elas talvez venham por acaso a ser conhecidas por mim, ou o foram outrora, conforme a fortuna me levou a lugares nos quais elas foram esclarecidas. Mas eu não me lembro mais" (E II, 10, p. 408/114). Também aqui Montaigne, longe de ter os olhos voltados às coisas, olha-se a si mesmo e, se porventura as conheceu, delas já se esqueceu. O que lhe interessa não é enunciar uma suposta verdade sobre as coisas, mas expressar o seu conhecimento dos livros. Ora, mais uma vez, percebe-se uma nítida aproximação e um distanciamento do ceticismo. Como os céticos antigos, a investigação de Montaigne, ao menos em parte, é ler livros e ver o que os filósofos disseram sobre as matérias filosóficas. No entanto, Montaigne não o faz por buscar a verdade das coisas; seu saber, se é que tem algum, diz respeito a si mesmo. Assim, ao avaliar seu uso dos autores, devemos ver, não se é verdade o que toma de empréstimo, mas "se eu soube escolher com que realçar meu tema" (E II, 10, p. 408/115). Assim, a relação de Montaigne com os livros que lê é muito diferente da relação que os pirrônicos têm: estes tentam pescar uma verdade ou fazer as opiniões conflitarem para suspender o juízo, aquele se esforça por uma maneira melhor de expressão. São as fraquezas de Montaigne que o fazem tomar de empréstimo passagens de diversos autores. É preciso, nesse relato que faz de si mesmo, enfeitá-lo "para fazê-los sair em público um pouco mais decentemente" (E II, 12, p. 546/320).[37]

Não se deve identificar, entretanto, a posição de Montaigne com essa sucessão de opiniões ao saber dos ventos.[38] Em muitas passagens, Montaigne diz que a constância e a regularidade são preferíveis e que, de fato, a ciência mais difícil é justamente adquirir essa firmeza.[39] "Na verdade, aprendi outrora que o vício é somente desregramento e falta de medida e, consequentemente, é impossível ligar a ele a constância" (E II, 1, p. 332/5). Não é por outra razão, como vimos, que Montaigne concebe, a partir dos exemplos de

---

37 Comparar, entretanto, com III, 8, em que há convergências claras com o ceticismo.

38 Essa é a interpretação de Larmore (2004). Segundo Larmore, "Montaigne descreve-se como preso inteiramente nesse turbilhão de opiniões" (2004, p. 25), afirmando que, para Montaigne, "a inconstância é a marca indelével da condição humana" (2004, p. 29). Por isso mesmo, a seu ver, "toda tentativa de imobilizar o espírito, seja por uma suspensão do juízo ou pela tomada de posição inabalável, constitui uma traição de nossa natureza" (2004, p. 30). Sua conclusão é a de que "Montaigne não hesita em se lançar nas agitações do pensamento" (2004, p. 30).

39 III, 2, p. 809/34.

70 PLÍNIO JUNQUEIRA SMITH

Sócrates e Catão, a virtude como um hábito (E II, 29; II, 1, p. 336/10) e que "a irresolução me pareça o vício mais comum e aparente de nossa natureza" (E II, 1, p. 332/4). E, embora diga não ser capaz dessa virtude e, no melhor dos casos, tem somente uma inclinação natural para a bondade, Montaigne confessa uma aversão a essas flutuações e mudanças incessantes. Ao examinar um homem, ao examinar a si mesmo, "é preciso sondar até o interior e ver por quais molas ocorre o movimento" (E II, 1, p. 338/13). As variações não se dão somente ao sabor dos ventos, mas procedem igualmente de algum princípio que cada um traz dentro de si.

Ao olhar atentamente para si mesmo, investigando-se, ao constatar suas flutuações, identificando suas motivações, Montaigne evita que esses fatores aleatórios lhe imponham um juízo instintivo. "Ora, do conhecimento dessa minha volubilidade gerei em mim por acidente alguma constância de opiniões" (E II, 12, p. 569/355). Assim como não se segue, da variação e contradição das opiniões, a mera adoção da última opinião (quando Montaigne já se esqueceu das razões para opiniões anteriores), também não se segue a suspensão do juízo. Como em muitas outras ocasiões, Montaigne aceita uma opinião. Mas ele o faz sem "decidir" (pois não é mestre, e sim aprendiz): "posto que não sou capaz de escolher, tomo a escolha de outro e fico no lugar em que Deus me pôs. De outra forma, não poderia impedir de rolar sem cessar" (E II, 12, p. 569/355).

Poder-se-ia ler, nessas linhas, uma adesão cética à tradição e costumes e a aceitação de uma crença sem julgar por si, seguindo o tutor como um menino. As opiniões de Montaigne sobre o costume e a necessidade de obedecer as leis, o seu assim chamado conservadorismo, parecem confirmar essa interpretação.[40]

Creio que, apesar dessa semelhança, a opinião de Montaigne tem um fundamento diferente, pois Montaigne critica explicitamente a sugestão de

---

40 Inúmeros foram os comentadores que seguiram essa linha interpretativa, a começar por Villey (1923) e Popkin (1979). Para um desenvolvimento sobre esse ponto, ver Eva (2007, capítulo III). Uma crítica dessa interpretação encontra-se em Schaefer (1990).

que se deve seguir as leis "de nosso país" (E II, 12, p. 579/370). Seria interessante, diz Montaigne, reunir a diversidade dos costumes, ordenando-a por divisões e classes, numa única obra, mostrando que são produtos humanos. O que fazer diante dessa diversidade toda? "Se é de nós que tiramos a organização de nossos costumes, em que confusão nos metemos! Pois o que a razão nos aconselha de mais verossímil é genericamente que cada qual obedeça às leis de seu país" (E II, 12, p. 578/369; II, 12, p. 579/370). Essa é a opinião de Sócrates, mas é também certamente a dos pirrônicos, ainda que formulada no vocabulário acadêmico. No entanto, Montaigne rejeitará claramente esse conselho da filosofia. Se a filosofia tem razão, "nosso dever não tem outra regra que não fortuita" (E II, 12, p. 578/369). As leis, no entender de Montaigne, estão sujeitas à mais contínua agitação: "Desde que nasci, vi mudar três ou quatro vezes aquelas dos ingleses, nossos vizinhos, não somente em assunto político, que é aquele em que se quer mais constância, mas no mais importante assunto que possa existir, a saber a religião" (E II, 12, p. 579/369-370). Ora, a sugestão da filosofia lança-nos nesse mar flutuante das opiniões. Tal sugestão não será acatada por Montaigne: "Não posso ter o juízo tão flexível" (E II, 12, p. 579/371). Dessa forma, Montaigne rejeita explicitamente a posição da razão, que coincide com a dos pirrônicos, de seguir as leis do país porque essa posição, não somente acaba com a ideia mesma de justiça, mas também exige uma flexibilidade que ele próprio não tem.[41]

---

41 Em outros capítulos, Montaigne já deplorara a situação das leis e costumes franceses, que se contradizem mutuamente e mudam com frequência, assim como da necessidade de comandar as leis, e não obedecê-las quando a necessidade o exige, como era o caso, a seu ver, nas guerras de religião que acometiam a França (E I, 23; I, 31).

Capítulo 2
Bacon

Por que Bacon pensa que o ataque cético ao dogmatismo é insuficiente?

Introdução

Embora não completamente ignorado, o ceticismo é um assunto que ainda precisa de um tratamento mais aprofundado por parte dos comentadores de Bacon.[1] No volume organizado por Peltonen (1996), somente poucas observações dispersas aqui e ali mal tocam nele, sem que nenhum artigo lhe seja dedicado. Mesmo aqueles que estudam a história do ceticismo, como Richard Popkin (1979 e 2003) e Charles Larmore (1998), não despendem muita energia para entender cuidadosamente o que Bacon tinha a dizer sobre os céticos, nem consideram os detalhes de seu uso do ceticismo. Para boa parte dos comentadores, Bacon quase não teria se ocupado com o ceticismo na parte destrutiva e o teria praticamente ignorado na parte positiva, em que apresenta uma nova concepção de ciência. Ele não tinha tempo a perder com os céticos, mesmo em sua recusa da tradição, pois seu interesse residiria no fornecimento de auxílios para os sentidos e intelecto e na reconstrução da ciência, não no seu impedimento. Não haveria razão para desespero, uma vez que outra via para a verdade seria possível. Ao dizer que

---

1 Agradeço ao parecerista anônimo da *Revista Latinoamericana de Filosofia* que me permitiu rever e melhorar alguns pontos deste capítulo.

"Bacon jamais levou a sério o desafio cético como uma filosofia", Zagorin (1999, p. 36) resume bem essa posição.

A situação, contudo, progrediu nos últimos anos, pois vemos um número crescente de artigos, que, tomados coletivamente, sugerem uma nova leitura das relações de Bacon com o ceticismo.[2] Não somente se argumentou que o ceticismo é fundamental na *pars destruens*,[3] como também se sustentou que mesmo na tarefa positiva e científica o ceticismo seria um ingrediente importante de sua filosofia.[4] Assim, enquanto alguns estão inclinados a ver a parte destrutiva como cética, outros caracterizam a parte positiva como uma forma de ceticismo construtivo.[5]

O que me proponho a fazer aqui é examinar a relação de Bacon com o ceticismo no que diz respeito à parte destrutiva, deixando para outro trabalho o exame do suposto ceticismo ou de sua suposta rejeição na parte positiva. Defenderei uma posição moderada, a meio caminho da interpretação usual e da nova interpretação. Como a nova interpretação, sustento que o ceticismo é um interlocutor privilegiado de Bacon na sua recusa da tradição grega, tanto filosófica como científica. Contudo, veremos que o ataque cético ao dogmatismo, aos olhos de Bacon, é claramente insuficiente para os seus propósitos e a recusa da tradição filosófica.

Para mostrar isso, partirei da concepção de ceticismo apresentada por Bacon, relembrando algumas passagens em que Bacon se refere ao ceticismo, para atestar sua importância. Em seguida, discutirei criticamente algumas das principais interpretações propostas sobre a relação de Bacon com o ceticismo em torno de sua afirmação de que haveria uma semelhança inicial e uma oposição final. Em terceiro lugar, sustentarei minha interpretação à luz de dois pontos: de um lado, a atitude de Bacon e dos céticos com relação

---

2 O artigo de Prior (1968), originalmente publicado em 1954, já chamava a atenção para a importância do ceticismo em Bacon.

3 Entre os artigos mais recentes, ver Granada (2006), Eva (2008) e Eva (2011).

4 Manzo (2009) e Oliveira e Maia Neto (2009).

5 Ver Jardine (1985) para a ideia de que a interpretação da ciência baconiana como um cético é bastante antiga.

à proposição "nada pode ser conhecido" e, de outro, o método de rejeição da tradição ou do dogmatismo. Tecerei, então, algumas considerações sobre que tipo de filosofia é o ceticismo, na terminologia de Bacon. Finalmente, farei uma breve conclusão, resumindo minha interpretação e o que se pode aprender com ela.

Importância do ceticismo na obra de Bacon

Pode-se rejeitar rapidamente a ideia de que Bacon jamais levou o ceticismo a sério. Um exame, mesmo que superficial, da quantidade das passagens em que o ceticismo é claramente mencionado atesta sua importância para o pensamento de Bacon. Já no final do século XVI, em *The Praise of Knowledge*, Bacon aludia aos céticos.[6] Encontram-se inúmeras referências em obras da primeira década de 1600: *Valerius Terminus* (VT, VI, p. 65-66), *Temporis Partus Masculus* (TPM, VII, p. 30), *Redargutio Philosophiarum* (RP, VII, p. 88), *Cogitata et Visa* (CV, VII, p. 111-112) e *Sapientia Veterum* (DSV, XIII, p. 47). Todo um texto, o *Scala Intellectus*, é dedicado a esse assunto. No *Progresso do conhecimento*, há referências ao ceticismo tanto no Livro 1 como no Livro 2.[7] E após 1620, quando elabora a *Instauratio Magna*, Bacon continua a referir-se constantemente aos céticos: no prefácio à *Instauratio Magna* (IM, I, p. 202 (VIII, p. 29)), na *Distributio Operis* (IM, I, p. 226 (VIII, p. 52)), no *Novum Organum*, tanto no prefácio (NO, I, pref., p. 233 (V, p. 59)), como diversas vezes ao longo desse livro (NO, I, 37, 46, 67, 75, 92, 115, 126), na *Historia Vitae et Mortis* (HVM, III, p. 376 e p. 401), que compõe a parte 3, na introdução à parte 4 (SI, V) e, mesmo, na parte 5 (IM, I, p. 226 (VIII, p. 52)). Em muitas obras, ao longo de toda sua vida, Bacon se referiu com constância aos céticos.

Um exame qualitativo dessas passagens mostra de maneira ainda mais clara a importância do ceticismo para Bacon. Embora digam mais ou menos

---

6   Granada (2006), p. 3.

7   Ver as referências na nota 24 posteriormente.

78   PLÍNIO JUNQUEIRA SMITH

a mesma coisa, de forma que a quantidade de referências explícitas possa parecer indicar poucas ideias sobre o assunto, um exame mais cuidadoso revela não somente que Bacon conhecia diversas facetas do ceticismo, mas também que ele considerou o ceticismo como um interlocutor privilegiado em certos assuntos. Primeiro, vale a pena lembrar os diversos tópicos céticos mencionados por Bacon, como a suspensão do juízo, o método de argumentar a favor e contra uma doutrina, suas dúvidas, a denúncia da precipitação que conduz a erros e, finalmente, a *akatalepsia*.[8] E, como veremos mais adiante, o ceticismo certamente desempenha um papel de destaque na busca de uma forma para recusar a tradição filosófica nos textos de 1603-1608.

Deve-se ressaltar também o lugar estratégico ocupado pelo ceticismo na economia interna de seu pensamento, em particular no *Novum Organum*, Livro I, em que aparece em praticamente todos os tópicos e sempre em momentos cruciais do texto. Por exemplo, o ceticismo é mencionado na introdução à doutrina dos ídolos (NO, I, 37) e na passagem dessa doutrina para os signos e causas (NO, I, 67; ver também NO, I, 46). Além disso, é considerado a principal causa para o desespero e o que mais impediria a busca do conhecimento (NO, I, 92). O ceticismo aparece ainda na passagem da esperança para a preparação da mente (NO, I, 115) e, finalmente, perto da conclusão dessa preparação (NO, I, 126). A presença do ceticismo se estende para quase todas as partes da *Instauratio Magna*, inclusive as mais avançadas, quando a parte positiva já está bem adiantada e temos algumas partes da ciência. O texto *Escada do entendimento*, que trata extensamento do ceticismo, deveria ser incorporado na introdução da parte 4, na qual algumas aplicações preliminares do método baconiano seriam levadas a cabo. E mesmo na

---

8   O número de vezes que esses tópicos céticos ocorrem somente no *Advancement of Learning* nos dá uma ideia da recorrência do ceticismo em suas obras: i) a suspensão do juízo é mencionada em ADV, VI, p. 129 e, talvez, em ADV, VI, p. 302; ii) a argumentação dos dois lados de uma questão é mencionada em ADV, VI, p. 156 e p. 163; iii) as dúvidas são mencionadas em ADV, VI, p. 163, p. 232-235 e p. 292; iv) a menção à precipitação ocorre em ADV, VI, p. 265; v) o elogio à *akatalepsia* em ADV, VI, p. 266-268.

parte 5 há uma importante e talvez surpreendente referência ao ceticismo e à suspensão do juízo, pois nela se recolheriam alguns resultados, "coisas que eu mesmo descobri, provei ou acrescentei" (IM, I, p. 226 (VIII, p. 51-52)). É curioso notar que Bacon, ao tentar estabelecer uma correlação entre a longevidade e as filosofias, afirma que "as seitas de Carnéades e dos acadêmicos" contribuem para uma vida longa, enquanto "filosofias que lidam com sutilezas, dogmáticas," tendem a diminuí-la (HVM, III, III, p. 401).

À luz da quantidade, qualidade, diversidade e importância estratégica dessas passagens sobre o ceticismo, pode-se concluir que o ceticismo não pode ser negligenciado numa interpretação mais cuidadosa e abrangente da filosofia de Bacon, em particular da *pars destruens*. Como, então, Bacon concebe o ceticismo? E de que modo deveremos proceder para explicar essa relação que parece tão importante?

Duas concepções de ceticismo

Bacon tinha, ao menos, duas concepções de ceticismo, uma estrita, outra mais ampla. Às vezes, ele concebe o ceticismo de maneira rigorosa, porque parece ter se restringido ao ceticismo antigo, em particular ao ceticismo acadêmico, e mais especificamente ainda a Carnéades. Nesse sentido estrito, Bacon identifica a *akatalepsia* e o probabilismo como as duas principais doutrinas céticas. Bacon tece alguns comentários sobre a *akatalepsia*. Primeiro, a *akatalepsia* está associada à suspensão do juízo (NO, I, 126). O cético suspenderia o juízo quando sustenta "simplesmente que nada pode ser conhecido" (IM, I, p. 226 (VIII, p.52)), terminando por afirmar que as coisas não podem ser apreendidas, seja pelos sentidos, seja pelo intelecto. Com efeito, no *Sala Intellectus*, Bacon atribui aos céticos a "opinião rígida" (*decretum durum*) de que "nada é conhecido" (SI, V, p. 177 (p. 197)) e, logo a seguir, diz que os céticos afirmam "absolutamente" (*prorsus*) que "nada pode ser conhecido" (SI, V, p. 178 (p. 199)). Assim, a *akatalepsia* é formulada de duas maneiras: uma mais branda, afirmando somente o fato de que "nada é conhecido", mas também, de maneira mais forte, introduzindo a

80 PLÍNIO JUNQUEIRA SMITH

impossibilidade completamente geral de que "nada *pode ser* conhecido". Para Bacon, os céticos "afirmaram que absolutamente nada pode ser conhecido" (NO, I, pref., p. 233 (V, p. 59)).

Portanto, para uma compreensão adequada das relações entre Bacon e o ceticismo, deve-se focalizar principalmente a proposição "nada pode ser conhecido". Toda a questão reside em comparar as posições de Bacon e dos céticos (como Bacon a entende) diante dela. Segundo Bacon, os céticos, ao suspenderem o juízo, foram levados a sustentar de maneira completamente geral a tese de que o conhecimento é impossível, de que o conhecimento não pode ser alcançado. A respeito dessa proposição, os céticos não teriam suspendido o juízo, mas a teriam endossado plenamente. Assim, parece que Bacon interpreta a *akatalepsia* de maneira similar à maneira como Sexto interpretava a Nova Academia, como uma espécie de dogmatismo negativo.

Confirma-se a ideia de que a *akatalepsia* cética é um dogma por um comentário de Bacon sobre seu desenvolvimento histórico. Esta foi introduzida, num primeiro momento, como uma espécie de ironia e, depois, foi transformada num dogma (NO, I, 67; NO, I, pref., p. 233 (V, p. 59)). Assim, no período especificamente cético da Academia platônica, a *akatalepsia* é considerada por Bacon uma doutrina, uma tese, uma afirmação ou um dogma (NO, I, 37, 75; RP, VII, p. 88.). Há, naturalmente, uma ironia do próprio Bacon ao caracterizar o seu emprego cético dessa maneira, pois faz voltar contra os céticos a crítica que estes dirigem contra os dogmáticos. Percebe-se, portanto, que Bacon acusará os céticos de preservarem o que gostariam de rejeitar.

Segundo, Bacon está consciente de que os céticos falam de probabilidade, concebem a ciência como um empreendimento provável e entendem a ação como baseada em probabilidades que permitem fazer escolhas. A esse respeito, uma consequência importante (a ser analisada em outra oportunidade) é o divórcio entre verdade e probabilidade. Se não há absolutamente nenhum critério de verdade, se absolutamente nada pode ser conhecido, então a probabilidade diz respeito somente à ação e ao uso da ciência. Nesse sentido, Bacon parece seguir a interpretação de Carnéades oferecida por Cícero: a suspensão do juízo é compatível com a probabilidade.[9] Noutra passagem (NO, I, 67), Bacon distingue entre o ceticismo acadêmico e o pirronismo porque o último aboliria "toda investigação", enquanto o primeiro aceitaria o resultado da investigação como provável. Assim, num sentido estrito, "ceticismo" significa ceticismo acadêmico, especialmente o ceticismo carneadeano.

Há, ainda, um sentido mais amplo de ceticismo. Às vezes, Bacon assimila ceticismo acadêmico e pirronismo, pondo-os lado a lado, como se não houvesse diferença significativa entre eles (TPM, VII, p. 30; NO, I, 67; ADV, VI, p. 266-268). Essas passagens sugerem que, no fundo, a antiga controvérsia sobre pirrônicos e acadêmicos, de saber se eram duas correntes ou uma só, não lhe interessava muito, ora confundindo-as, ora distinguindo-as. Além disso, ele às vezes incluía na seita dos céticos, não somente essas duas correntes, mas também muitos outros filósofos que comumente não são vistos como céticos. Assim, Bacon inclui na categoria de céticos: i) aqueles que questionam e objetam da mesma maneira; ii) aqueles que proclamam a obscuridade das coisas; iii) aqueles que confessam-na na sua intimidade em silêncio (SI, V, p. 178-179 (p. 199)). Quem seriam esses filósofos "céticos", mas que usualmente não são considerados assim? No primeiro grupo, poder-se-ia talvez incluir Sócrates e, mesmo, Platão, já que este teria introduzido a *akatalepsia*, ainda que de maneira irônica (NO, I, 67); no segundo grupo, Demócrito certamente seria o mais importante de todos, mas também se deve incluir Empédocles (DSV, XIII, p. 47); no terceiro grupo, aparentemente Bacon incluiria todos os filósofos que "quando voltam a si mesmos, queixam-se da sutileza da natureza, dos esconderijos da verdade, da obscuridade das coisas, das complicações das causas, da fragilidade da mente humana" (IM, I, p. 202 (VIII, p. 29)). Entendida dessa maneira ampla, a seita

---

9   Com efeito, Bacon explicita suas fontes a respeito da filosofia grega. Para nossos propósitos, é interessante notar que ele cita Cícero e Diógenes Laércio; CV, VII, p. 117.

82   PLÍNIO JUNQUEIRA SMITH

dos céticos incluiria "de longe os maiores homens desde os tempos antigos, uma vez que a maioria afirmou sem confiança" (SI,V, p. 178 (p. 199)).[10]

Assim, quando se discute a relação de Bacon com o ceticismo, deve-se levar em conta não somente os céticos acadêmicos, mas também os pirrônicos (ainda que ele possa não ter conhecido as obras de Sexto Empírico diretamente);[11] não somente os céticos antigos, mas também os céticos renascentistas, como Agrippa, Sanches e, sobretudo, Montaigne;[12] e, finalmente, não somente os céticos confessos, mas todos aqueles dogmáticos que, num momento mais consciente e de franqueza, levantam dificuldades sobre suas próprias doutrinas e admitem que nada é certo. Neste último grupo, Demócrito é certamente o filósofo mais admirado por Bacon, mais talvez que os próprios acadêmicos. Com efeito, Bacon diz que Demócrito se queixava com moderação da obscuridade das coisas, enquanto Empédocles o fazia com veemência e os céticos acadêmicos teriam ido "longe demais nessa direção" (DSV, XIII, p. 47).

Discussão crítica de algumas interpretações

Uma vez estabelecida a importância do ceticismo, tanto antigo como moderno, para a filosofia de Bacon, passemos para a discussão de algumas das principais interpretações oferecidas sobre o sentido mais geral da posição de Bacon em face do ceticismo.

---

10 Vimos, no capítulo anterior, como Montaigne apagava as diferenças entre o ceticismo pirrônico e o acadêmico, bem como entre essas duas formas de ceticismo e o dogmatismo.Voltarei a esse ponto.

11 No entanto, convém notar, o pai de Bacon tinha um exemplar da tradução de Sexto Empírico feita por Hervet. É possível, portanto, que Bacon tenha travado conhecimento com o ceticismo desde jovem, o que explica as referências ao ceticismo já em seus primeiros textos. Hamlin (2005, p. 33) encontrou um registro da cópia dessa tradução na biblioteca da universidade de Cambridge, que teria sido doada por Nicholas Bacon, pai de Francis, antes de sua morte em 1579.

12 Villey (1973), Granada (2006), p. 2, Eva (2008) e Eva (2011).

O próprio Bacon indica quais são essas relações. De um modo geral, Bacon simultaneamente aponta semelhanças e restrições ao ceticismo, sugerindo que essa relação tem, ao menos, dois momentos. A esse respeito, uma passagem crucial é NO I, 37, na qual Bacon reconhece haver algum acordo no início, mas uma oposição no final. Como a passagem é extremamente importante para o tema em pauta, vale a pena citar esse aforisma na íntegra.

> O método dos que sustentaram a tese da acatalepsia segue, no início, em certa medida, uma via paralela ao nosso, mas se separa no fim e se opõe inteiramente. Com efeito, esses filósofos afirmaram sem restrição que não se pode saber nada, enquanto, de nossa parte, afirmamos que não se pode saber muita coisa sobre a natureza pela via ora em uso. Mas eles terminam por arruinar a autoridade dos sentidos e do entendimento, ao passo que nós elaboramos e fornecemos auxílios a essas faculdades.

É bastante evidente, de um lado, que Bacon assume uma posição relativamente ambígua em face da posição cética: se, de um lado, ele se aproxima dos céticos, não será sem a qualificação "em certa medida"; e se, de outro, há alguma aproximação inicial, não será sem uma oposição final. Duas questões, então, surgem imediatamente. Primeiro, no que exatamente Bacon concorda e discorda dos céticos? Segundo, o que se deve entender por "início" e por "no fim"? Naturalmente, as duas perguntas estão associadas.

Uma interpretação é a de que o contraste entre início e fim corresponde ao contraste entre uma primeira leitura e uma leitura mais atenta e cuidadosa. Assim, se no início há semelhança e no fim, oposição, isso significaria que, aparentemente, haveria similaridades entre a recusa baconiana da filosofia e o ataque cético ao dogmatismo, mas, no fundo, haveria somente oposição. Poderia parecer que a doutrina dos ídolos, por exemplo, é similar aos argumentos céticos ou, mesmo, uma reelaboração desses argumentos, mas, na verdade, a doutrina dos ídolos não teria nenhuma relação com a argumentação cética. Essa é, aproximadamente, a interpretação tradicional, que rejeita qualquer comparação mais detalhada entre Bacon e o ceticismo.

84 PLÍNIO JUNQUEIRA SMITH

Assim, o ceticismo não seria relevante para a doutrina dos ídolos e esta teria sido elaborada por Bacon de maneira independente dele.[13]

Essa interpretação não parece correta. Não somente pelo que já vimos acima, quando chamamos a atenção para a presença de temas céticos no pensamento de Bacon, mas também porque o próprio Bacon parece indicar, noutro texto bastante similar a NO I, 37, que, no "início", as semelhanças com o ceticismo são muito extensas.

> Mas, de outra parte, retornando àquela sociedade de que falamos [entre Bacon e os céticos], ver-se-ia com clareza, facilmente, que nós, em relação a esses homens, estamos unidos inicialmente em nossas opiniões, mas no final estamos imensamente separados. Pois, ainda que primeiramente não parecêssemos muito dissentir — porque eles sustentam a incompetência do intelecto humano de modo absoluto e nós a sustentamos condicionalmente —, este é, por fim, o resultado: eles, não descobrindo nem esperando nenhum remédio a esse mal, desistem da empresa e, uma vez assediada a certeza dos sentidos, despojam a ciência dos seus fundamentos mais básicos; nós, trazendo uma nova via, esforçamo-nos por controlar e corrigir os erros, ora da mente, ora dos sentidos (SI, V, p. 179 (p. 199)).

O exame dessa "sociedade" com os céticos, cuja companhia não o envergonha (muito ao contrário, está ao lado daqueles que são "de longe os maiores homens desde os antigos"), permite explicar melhor o que, no início, Bacon compartilha com os céticos. Com efeito, diz Bacon,

> não podemos de todo negar que, se pudesse ocorrer uma associação entre nós e os antigos, é com este gênero de filosofia [o ceticismo] que estaríamos mais ligados, pois estaríamos de acordo com muitos dizeres e observações prudentes feitos por

---

13 Por exemplo, Deleule (2009, p. 36) rejeita explicitamente a origem cética da doutrina dos ídolos e prefere referi-la a Platão e Epicuro.

eles acerca das variações dos sentidos, da falta de firmeza do julgamento humano e acerca da necessidade de conter e suspender o assentimento (SI, V, p. 178 (p. 198-199)).

Nesse texto crucial para nosso assunto, Bacon fornece uma lista dessas similaridades. Haveria ainda, no entender de Bacon, muitos outros pontos de contato, pois "a estes poderíamos ainda acrescentar diversos outros também pertinentes" (SI, V, p. 178 (p. 199)). Encontramos em diversos textos, como já vimos, inúmeras passagens em que Bacon endossa a suspensão do juízo e a atitude dubitativa, bem como critica a precipitação e parcialidade dogmática, que são tópicos céticos recorrentes. Não é o caso de insistirmos em todas essas possíveis semelhanças, pois, de maneira muito significativa, Bacon concede que, entre sua recusa da tradição e o ataque cético ao dogmatismo, haveria somente uma diferença, coincidindo em tudo o mais.

> Entre nós e eles resta apenas essa diferença: eles afirmam, sem mais, que verdadeiramente nada pode ser conhecido e nós afirmamos que verdadeiramente nada pode ser conhecido pela via que até aqui percorreu a raça humana. (SI, V, p. 178 (p. 199))

A meu ver, essa é uma declaração de uma afinidade entre seu pensamento e o dos céticos que vai além da formulação de NO I, 37: não se trataria somente de uma coincidência "em alguma medida", mas de uma grande aproximação em muitos pontos importantes, embora, é claro, não haja uma identidade, pois sempre resta alguma diferença. Assim, parece seguro dizer que no "início" não significa "aparentemente" ou "superficialmente", mas indica que há efetivamente grandes semelhanças e mesmo companhia entre eles.

Uma segunda interpretação, mais natural e espontânea, é a de que Bacon comparte com os céticos a rejeição do passado, mas se opõe a eles no que diz respeito ao futuro, pois, enquanto os céticos acham que jamais teremos um conhecimento, Bacon tem a esperança de construir uma nova ciência com a adoção de um novo método. Dessa forma, por "início", Bacon se referiria à *pars destruens* e, por "fim", ao seu novo método e à *pars construens*.

86 PLÍNIO JUNQUEIRA SMITH

Se essa interpretação estiver correta, então a grande similaridade apontada implicaria, na verdade, uma quase total identificação entre a doutrina dos ídolos (junto com os signos e as causas) e o ceticismo, a ponto de se poder dizer que a doutrina dos ídolos seria uma doutrina cética.

A interpretação mais recente revelou o uso extenso do material legado pelos céticos, tanto antigos como modernos, por parte de Bacon. Nesse sentido, as referências explícitas, embora muitas,[14] não exaurem as similaridades que se podem descobrir entre a recusa baconiana da tradição e o ataque cético ao dogmatismo. O primeiro a sugerir essa interpretação foi Wolf (Granda 2006, p. 1), que teria se limitado às referências explícitas de Bacon aos céticos antigos. Villey (1973) mostrou, posteriormente, os débitos de Bacon com Montaigne. Granada (2006), bem mais recentemente, ampliou essa comparação, incluindo todos céticos modernos, não somente Montaigne, mas não desenvolveu o ponto. Os trabalhos de Luiz Eva (2008 e 2011) examinam em detalhe, considerando ídolo por ídolo, como Bacon teria retomado os modos céticos e os argumentos presentes em Cícero, Sexto Empírico, Agrippa, Sanches e Montaigne. Trata-se da contribuição mais significativa nessa direção, ao mostrar como o conhecimento de Bacon era extenso e como o uso foi amplo. Oliveira (2002, p. 75) afirma que, "além da aceitação parcial e histórica da crítica cética, há por parte de Bacon uma utilização não explícita de alguns de seus argumentos".

Vale a pena insistir nesse ponto estabelecido pelos intérpretes mais recentes, segundo o qual haveria um uso implícito de diversas ideias céticas. Indicarei alguns dos modos pelos quais Bacon as teria empregado. Por exemplo, Bacon mostra que as doutrinas filosóficas são problemáticas por meio de certos signos e um desses signos é o grande desacordo entre os filósofos e a diversidade das escolas filosóficas. A conclusão desse signo é que "aparece claramente que nem nos próprios sistemas, nem nos modos de demonstração existe alguma coisa certa ou sólida" (NO, I, 76). Esse é um tipo de observação recorrente em sua obra. Obviamente, Bacon está se apoiando

---

14 Essas referências foram indicadas no item anterior.

na ideia cética de que existe um conflito insuperável entre os dogmáticos. Neste caso, temos uma incorporação consciente, embora implícita, da mesma ideia, tal como foi usada pelos céticos.

Outro exemplo de incorporação implícita diz respeito ao sentido mais amplo de ceticismo empregado por Bacon. Antes de tudo, cabe notar que também Montaigne considera acadêmicos e pirrônicos como pertencendo igualmente à seita dos céticos. De acordo com Montaigne, das três seitas da filosofia duas (pirronismo e ceticismo acadêmico) "fazem profissão expressa de dúvida e de ignorância" (E, II, 12, p. 260). E, sobretudo, vimos como Bacon admitia que muitos filósofos, aparentemente dogmáticos, poderiam ser considerados céticos. Nesse ponto, Bacon está seguindo uma ideia já presente em Cícero (Ac II, 72-76) e que será retomada por Montaigne na "Apologia de Raimond Sebond", a de que a história da filosofia estaria repleta de céticos não confessos e mesmo os dogmáticos seriam, no fundo, céticos disfarçados, já que não teriam confiado plenamente em suas próprias doutrinas ou não as teriam afirmado com certeza e segurança.[15]

Para mostrar esse ponto, sigamos a mesma ordem de inclusão na seita dos céticos apresentada por Bacon mais acima. Primeiro, Montaigne também incluiu Sócrates e Platão na seita dos céticos, quando diz, por exemplo, que "o condutor de seus diálogos [de Platão], Sócrates, está sempre perguntando e agitando a discussão, nunca decidindo, nunca satisfazendo, e diz não ter outra ciência além da ciência de opor objeções" (E II, 12, p. 264; E II, 12, p. 261 e 265). Montaigne refere-se a Empédocles como sustentando que "todas as coisas nos são ocultas" (E II, 12, p. 266) e a Demócrito como um exemplo de alguém que tem uma "paixão diligente que nos ocupa em perseguir coisas que estamos desesperançados de alcançar" (E II, 12, p. 267), com "intenção mais de indagar do que de instruir" (E II, 12, p. 264). A ideia baconiana de que os filósofos são sensatos em seus momentos de dúvida e insensatos em suas afirmações dogmáticas também pode ter sido extraída de Montaigne. Por exemplo, Montaigne diz que "não me convenço facilmente

---

15 Para uma comparação geral entre Bacon e Montaigne, ver Villey (1973).

88   PLÍNIO JUNQUEIRA SMITH

de que Epicuro, Platão e Pitágoras nos tenham oferecidos como moeda sonante seus átomos, suas ideias e seus números. Eles eram sensatos demais para fundamentar seus artigos de fé em algo tão incerto e tão discutível" (E II, 12, p. 268). Igualmente, lemos que os dogmáticos "amiúde eram forçados a forjar conjecturas frágeis e loucas – não que eles mesmos as tomassem como fundamento, nem para estabelecer alguma verdade, mas como exercício de reflexão" (E II, 12, p. 269). Assim, ponto por ponto, o sentido mais amplo de ceticismo empregado por Bacon encontra-se claramente na passagem mais importante da "Apologia" de Montaigne sobre o ceticismo.

Um terceiro exemplo de uso implícito de material cético diz respeito ao valor do conhecimento. Bacon, em diversos textos, procura defender o conhecimento contra algumas críticas. Numa passagem (ADV, VI, p. 129), ele endossa a ideia de que, para obter conhecimento, devemos ser cuidadosos, de que deveríamos suspender o juízo antes de seguir adiante. É óbvio que Bacon está implicitamente se referindo aos céticos, uma vez que fala da suspensão do juízo. Neste caso, contudo, seu objetivo é completamente diferente do objetivo dos céticos, quando estes suspendem o juízo e acusam os dogmáticos de precipitação. Enquanto os céticos desesperariam da possibilidade de alcançar o conhecimento, Bacon pretende alcançá-lo numa investigação mais árdua e diligente. Nessa investigação em busca da verdade, resultados provisórios e sujeitos a correções e melhorias seriam aceitos desde que acompanhados com suspensão do juízo (IM, I, p. 226 (VIII, p. 52)). Essa é uma incorporação que se poderia chamar de inovadora, uma incorporação em que Bacon está consciente da novidade que introduz na ideia cética.

À luz dessas análises, dizer que há somente algum acordo, como às vezes faz Bacon (NO, I, 37), é uma admissão muito modesta de seus débitos. O exame detalhado dos comentadores mais recente estabeleceu, a meu ver, uma ampla presença do ceticismo no pensamento de Bacon, em particular na *pars destruens*. No entanto, a questão é saber se essa presença permite afirmar que a doutrina dos ídolos (junto com os signos e as causas) é uma doutrina cética. A afirmação de Bacon, no *Scala Intellectus* (SI, V, p. 178 (p.

199)), em que ele admite somente uma diferença entre sua parte destrutiva e o ceticismo estará mais perto da verdade? Não se deve ignorar, por outro lado, de que, apesar dessas semelhanças todas, Bacon nunca se esquece de manter certa distância dos céticos. O acordo, no entender de Bacon, nunca é total, sempre há acordo numa certa medida ou com uma ressalva. Assim, não parece correto qualificar, sem mais, a doutrina dos ídolos como uma doutrina cética. Mesmo com grandes semelhanças, é preciso explicar cuidadosamente a diferença existente entre a recusa baconiana da tradição e o ataque cético ao dogmatismo. Quais são, de fato, as diferenças entre eles? E qual é, exatamente, sua importância?

Eva, em distintos artigos, ofereceu interpretações bastante sofisticadas das semelhanças e diferenças entre a recusa baconiana da tradição, em particular a doutrina dos ídolos, e o ataque cético ao dogmatismo. Numa dessas interpretações,[16] Eva sugere que por "início" Bacon entende os dois primeiros tipos de ídolos e por "fim" ele entende o último ídolo. Assim, quando diz que, no início, há semelhanças, Bacon estaria dizendo que os dois primeiros tipos de ídolos são muito próximos dos modos céticos e, quando diz que, no fim, há oposição, é porque ele criticaria os céticos no último tipo de ídolo. A interpretação de Eva é sustentada por uma longa análise de cada um dos tipos de ídolo e por uma comparação com os céticos antigos e modernos, de forma que é impossível discuti-la em detalhe aqui. No entanto, levantarei algumas complicações que, a meu ver, tornam difícil sustentá-la.[17]

Se essa interpretação de Eva é correta, então deveríamos encontrar, no início, algumas semelhanças explícitas indicadas por Bacon. Além disso, deveríamos observar, no último tipo de ídolo, críticas ao ceticismo que não

---

16 Eva (2008), p. 73: "parece-nos possível descrever o percurso que se inicia no aforismo I, §37 (onde, como vimos, Bacon declara sua concordância "inicial" com os céticos) como o de uma explicitação progressiva da divergência para com esses filósofos, que culmina com uma crítica explícita".

17 Muitas das coisas que sustento neste artigo estão de acordo com boa parte das interpretações de Eva. No entanto, misturados aos pontos que me parecem corretos (e que retomo aqui), estão alguns outros que me parecem menos aceitáveis.

se encontrariam no início da doutrina dos ídolos. No entanto, não vemos nenhuma dessas duas coisas. Primeiro, Bacon não mostra semelhanças entre seus dois primeiros tipos de ídolo e o ceticismo, mas, ao contrário, já indica em NO I, 37 tanto semelhanças como diferenças, de tal modo que, desde o início, as diferenças já estão claramente apresentadas ao leitor. Segundo, embora seja verdade que em NO I, 67 Bacon é mais explícito em suas críticas aos céticos, também é certo que ele mesmo alude à NO I, 37, indicando que essa crítica já tinha sido feita na abertura da doutrina dos ídolos. A meu ver, isso sugere que Bacon está somente ampliando um pouco a mesma crítica, isto é, não há progressão de um acordo para uma oposição, mas somente maior explicitação de uma crítica já formulada.

Além disso, deveríamos observar um contínuo afastamento do ceticismo, ídolo após ídolo, de forma que o primeiro tipo de ídolo seria o mais cético de todos, o segundo um pouco menos cético, o terceiro bem pouco cético e o quarto nada cético. Mas não é isso o que acontece. De fato, como o próprio Eva (2008, p. 51) reconhece, o segundo tipo de ídolo é mais próximo do ceticismo do que o primeiro. Isso faz com que Eva altere, em suas análises, a ordem dos ídolos, começando pelos ídolos da caverna, e passe, em seguida, para os da raça. Ora, a ordem de Bacon não obedece a esse princípio, mas a outro princípio, o seu enraizamento no intelecto humano, indo do mais inato ao mais adquirido. Assim, "início" e "fim" não correspondem ao progressivo afastamento do ceticismo, mas ao progressivo afastamento do mais interno à mente ao mais externo. Eva é obrigado a reordenar os ídolos para que estes se adaptem à sua interpretação, e não o contrário. Por essas razões, creio que se deve rejeitar a primeira interpretação de Eva.

Uma segunda interpretação oferecida por Eva[18] também procura mostrar como, no interior da doutrina dos ídolos, Bacon no início se apro-

---

18 Eva (2011), p. 102: "Mas mesmo se compartilha alguns dos problemas epistêmicos dos céticos, ele [Bacon] não compartilha suas conclusões. Essa é a consequência, como argumentarei no final deste artigo, da maneira particular em que os elementos céticos são adaptados dentro de sua nova doutrina [dos ídolos], com a finalidade de alcançar um nível mais profundo de crítica do que o deles [céticos]". A ideia de

O MÉTODO CÉTICO DE OPOSIÇÃO NA FILOSOFIA MODERNA

xima e no fim se afasta do ceticismo. Agora, entretanto, Eva não atribui um afastamento progressivo da argumentação cética ao longo dos ídolos, mas enxerga um *aprofundamento* da crítica cética, que seria, aos olhos de Bacon, insuficiente e demandaria uma *radicalização* de sua postura. A ideia principal de Eva é que os céticos teriam atacado o dogmatismo somente por meio dos ídolos adquiridos, o que conduziria a uma crítica superficial do conhecimento, ao passo que Bacon teria ido até os ídolos inatos: como estes não poderiam ser erradicados, sua recusa da tradição seria mais contundente do que o ataque cético.[19] Seria preciso seguir na mesma direção dos céticos, mas ir mais longe do que os próprios céticos foram.[20] Deste novo ponto de vista, Eva inverte sua interpretação: agora, os dois primeiros ídolos apresentariam a inovação de Bacon, enquanto os dois últimos guardariam mais semelhanças com o ceticismo. O que pensar dessa interpretação que atribui um aprofundamento ou radicalização do ceticismo na doutrina dos ídolos?

É verdade que os céticos estavam certos em mostrar o fracasso do dogmatismo por meio de argumentos "que não devem ser desprezados" (NO, I, pref., p. 233 (V, p. 59)). Deveria Bacon, então, dar continuidade a esses argumentos, radicalizando-os? Embora talvez seja verdade que Bacon aproxime os ídolos adquiridos à argumentação cética e descubra os ídolos inatos à mente que não teriam correspondentes no ceticismo, ainda assim há um sentido em que a ideia de aprofundamento ou radicalização do ceticismo é enganosa. Bacon não estava buscando impedimentos cada vez mais enraízados na mente como os céticos, que teriam descobertos somente ídolos que se implantam na mente durante a vida. Bacon não enxergava, no procedimento cético, um caminho a ser seguido e continuado. Essa crítica cética, para Bacon, era um "excesso" que "não leva a nada" (NO, I, 67; DSV,

---

que a crítica de Bacon é mais profunda que a dos céticos reaparece ao longo do texto, em particular nas páginas 110, 113, 121 e 123.

19 Veremos, no capítulo 6, que essa ideia será retomada, à sua maneira, por Hume, como, aliás, já é sugerido por Eva.

20 Bacon estaria, assim, antecipando em alguma medida a ideia de Descartes de levar o ceticismo mais longe do que os próprios céticos foram capazes de levar.

XIII, p. 47). A seus olhos, os céticos foram longe demais, levados por zelo e inclinação (NO, I, pref., p. 233 (V, p. 59)) e por não se moderarem (SI, V, p. 177 (p. 198)). Se seguisse na mesma direção dos céticos, Bacon não iria tão longe, já que o caminho cético destrói tudo. Assim, há um sentido em que a recusa da tradição por parte de Bacon é menos radical do que o ataque cético. Nesse sentido, é significativo que Bacon preserva algum conhecimento e tenta aprender com as falhas da tradição,[21] enquanto o cético demole todo o edifício do suposto conhecimento dogmático, sem deixar pedra sobre pedra. Com efeito, para Bacon, a disposição cética conduziria o cético a destruir tudo, indo muito além do que deveriam. Por essa razão, parece-me incorreto afirmar, como o faz Eva (2011, p. 102 e 123), que Bacon precisa de uma "crítica mais profunda". Como veremos adiante, não se deve esperar nenhuma crítica mais profunda que a dos céticos, uma vez que se aceitam os primeiros princípios e as regras da demonstração postos pelos dogmáticos. Dados os pressupostos da tradição, os céticos foram tão longe quanto se poderia ter ido. Menos ainda pretende Bacon trilhar na mesma direção, mas parando no meio do caminho. Bacon não aprofundou a crítica cética, nem seguiu-a parcialmente, mas propôs uma crítica de tipo diferente.

Formulação absoluta e condicional da proposição "nada pode ser conhecido"

Devemos investigar agora o núcleo central da questão, que gira em torno das proposições "nada é conhecido" e, sobretudo, "nada pode ser conhecido". Considerando suas respectivas atitudes diante delas, podemos ver em que medida a perspectiva de Bacon é próxima da perspectiva cética e em que medida, embora possa haver pouca diferença, essa diferença é notável.

Eles concordam em grande parte, como acabamos de ver, porque ambos assentem à proposição "nada pode ser conhecido". Bacon não se cansa de repetir os méritos dos céticos quando denunciam a ciência grega,

---

21 Como veremos a seguir.

mostrando as deficiências dos sentidos e a limitação da razão humana, ressaltando a obscuridade das coisas, argumentando dos dois lados de uma questão e suspendendo o juízo. Creio que se pode afirmar, à luz dos itens precedentes, que há um grande acordo de Bacon com os céticos no início, isto é, em alguma forma de adesão à proposição "nada pode ser conhecido".

No entanto, eles assentem a essa proposição de maneiras muito diferentes, já que o acordo entre eles não é completo, mas parcial. Enquanto os céticos assentem a ela "sem qualificação", Bacon qualifica-a acrescentando "pela via que está em uso" (NO, I, 37 e SI, V, p. 178 (p. 199)). Os céticos enunciam uma opinião rígida, afirmando-a de modo absoluto. Dizer que eles simplesmente a afirmam, ou que a afirmam absolutamente ou sem qualificação, é dizer que os céticos aceitam a proposição em sua forma declarativa simples: "nada pode ser conhecido". Por essa razão, transformaram a *akatalepsia* num dogma. Bacon é mais prudente, não somente porque não fecha as portas para investigações futuras sobre a natureza das coisas, mas também porque seu endosso da proposição é meramente condicional, isto é, sua adesão se dá no interior de uma frase condicional: "*se* nos confinarmos ao método em uso, *então* nada pode ser conhecido". Assim, nada é dito sobre o conhecimento se usarmos outro método. Ao contrário, o assentimento à frase condicional traz esperança para o futuro, não desespero.

Além disso, não é exatamente verdade que Bacon aceita que "nada é conhecido". Não somente podemos vir a conhecer muita coisa no futuro, se usarmos uma via nova para o conhecimento, mas também com relação ao passado, mesmo usando um método inadequada, alguma coisa se tornou conhecida. O que Bacon realmente pensa é que pouca coisa foi descoberta e o que foi descoberto deveu-se mais ao acaso e sem nenhuma articulação numa ciência integrada. O *Advancement of Learning*, por exemplo, não é simplesmente uma recusa do conhecimento passado, mas um exame completo com o propósito de corrigir e melhorar as ciências que nos foram legadas. "Com efeito, eu pensei que fosse bom demorar-me sobre o que recebemos, para que o velho possa ser mais facilmente aperfeiçoado e o novo mais facilmente abordado" (IM, I, p. 212 (VIII, p. 38-39)). Algum conhecimento foi adquirido e até as deficiências do passado podem nos ajudar no futuro (NO, I, 94).

Portanto, em pelo menos dois pontos Bacon não partilha das opiniões céticas: a adesão de Bacon à proposição "nada pode ser conhecido" é condicional, não absoluta, e Bacon nem sequer pensa que "nada é conhecido" por meio da via agora em uso, já que o que ele realmente quer dizer é: pouco conhecimento foi adquirido por essa via. Enquanto o cético assente à proposição "nada pode ser conhecido", Bacon assente à seguinte proposição: "*se* nos confinarmos ao método em uso, então muito pouco foi e pode ser conhecido". Explica-se, assim, a meu ver, por que Bacon vê tantas semelhanças iniciais entre sua recusa da filosofia e o ataque cético ao dogmatismo, indicando somente uma ou duas diferenças.

É preciso, agora, explicar o afastamento e, mesmo, a oposição final entre Bacon e os céticos. Seja-me permitido fazer mais uma longa citação, que articula explicitamente a passagem das semelhanças iniciais para a oposição final, que servirá como fio condutor para entendermos melhor o afastamento de Bacon em relação aos céticos.

> Pois, ainda que primeiramente não parecêssemos muito dissentir — porque eles sustentam a incompetência do intelecto humano de modo absoluto e nós a sustentamos condicionalmente —, este é, por fim, o resultado: eles, não descobrindo nem esperando nenhum remédio a esse mal, desistem da empresa e, uma vez assediada a certeza dos sentidos, despojam a ciência dos seus fundamentos mais básicos; nós, trazendo uma nova via, esforçamo-nos por controlar e corrigir os erros, ora da mente, ora dos sentidos (SI, V, p. 178 (p. 199)).

As diferenças acima apontadas, embora poucas, parecem conduzir a conclusões muito diferentes. Se uma pessoa sustenta de maneira absoluta, sem qualificação ou restrição a proposição "nada pode ser conhecido", então a conclusão natural é que ela desista de buscar o conhecimento; no entanto, se essa pessoa sustenta de maneira qualificada ou condicional essa proposição, então a conclusão natural é que ainda se pode buscar o conhecimento, mas de outra forma, e toda a questão gira em torno de uma nova via para o conhecimento. Ao atribuir um caráter condicional e limitado, o resultado das considerações sobre a proposição acaba sendo o inverso: o cético desespera do conhecimento, Bacon mantém a esperança; o cético apenas critica os sentidos e o intelecto, Bacon busca auxílios para eles.

Assim, a meu ver, a relação entre o início e o fim é a seguinte. Por "início", Bacon entende *as reflexões sobre as dificuldades dos sentidos e do intelecto humano*, sobre a obscuridade das coisas etc., que nos levam a sentir a força das proposições "nada é conhecido" e "nada pode ser conhecido"; por "fim", ele entende a *consequência filosófica* que se deve extrair dessas proposições, quando devidamente qualificadas e moderadas. Creio que a relação entre o início e o fim é uma relação de *inferência*, uma espécie de *conclusão* que se deve extrair de premissas.[22] De afirmações similares, mas não idênticas, chega-se a conclusões opostas. O que fazer diante da proposição "nada pode ser conhecido"? Deseperar do conhecimento, abandonar a sua busca, continuar a argumentar contra os dogmáticos que pretendem ter desvendado a verdade. E o que fazer diante da proposição "*se* nos confinarmos ao método em uso, então muito pouco pode ser conhecido"? Buscar outro método, propor auxílios para remediar os defeitos dos sentidos e do intelecto, para que se possa, finalmente, alcançar o desejado conhecimento.

Essa oposição final confere um sentido muito diferente para aquilo que, no início, parecia muito semelhante. Cabe, então, considerar um terceiro ponto a ser investigado, talvez o mais importante de todos. De acordo com esse ponto, não se pode dizer que a *pars destruens* de Bacon está no mesmo barco dos céticos, que Bacon pertence à mesma sociedade que os céticos. A pergunta que se deve colocar é: está correto dizer que Bacon faz o mesmo *tipo* de crítica que os céticos?[23] Quais as características da recusa

---

22 Naturalmente, não se trata de uma inferência lógica.

23 Por exemplo, a ideia de um aprofundamento ou radicalização da crítica cética, defendida por Eva (2011), sugere que a crítica de Bacon seria do mesmo tipo.

baconiana da tradição e as do ataque cético ao dogmatismo? Responder a essas perguntas nos levaria longe demais e não é possível tratá-las neste artigo. No entanto, é possível indicar por que o tipo de crítica levado a cabo pelos céticos é insuficiente para Bacon.

Os céticos têm um método dialético de refutação.[24] De acordo com esse método, eles argumentam dos dois lados de uma questão para suspender o juízo e mostrar que os dogmáticos não sabem o que dizem saber. Se os dogmáticos argumentam a favor de uma tese, os céticos argumentam contra ela, mesmo que somente para mostrar que a posição oposta é igualmente persuasiva. Assim, se os dogmáticos argumentam que podemos conhecer as coisas, os céticos argumentam que não podemos conhecer as coisas. Para isso, os céticos lançarão mão de uma diversidade de argumentos, que pretendem estabelecer, por exemplo, as deficiências dos sentidos, a fragilidade da razão humana ou a obscuridade das coisas. O ataque cético está repleto de argumentos, argumentos do mesmo *tipo* que os argumentos dogmáticos, só que em sentido contrário. De fato, os céticos fazem os argumentos dogmáticos conflitarem uns com os outros de modo que eles se destruirão mutuamente. Dessa forma, enquanto os dogmáticos oferecem argumentos para sustentar uma opinião, os céticos oferecem argumentos conflitantes justamente para não ter nenhuma opinião.

Embora, aparentemente, Bacon não faça nenhuma referência ao caráter dialético da argumentação cética, não há dúvida de que ele o tinha em vista. Primeiro, Bacon conhecia bem o procedimento cético de argumentar

---

24 Talvez seja importante notar que o termo "método" não é empregado por Bacon nesse contexto. Bacon costuma usar "método" quando se refere ao procedimento dos filósofos aristotélicos e reserva o termo "via" para o seu próprio procedimento. No entanto, cabe caracterizar a maneira pela qual os céticos conduzem sua investigação filosófica, isto é, argumentando a favor e contra uma doutrina, como o "método cético". Assim, o termo "método" aplicado para o procedimento cético não tem necessariamente relação com o uso baconiano dos termos "método" e "via", e não deve com eles ser confundido. O mesmo vale para o termo "dialético".

O MÉTODO CÉTICO DE OPOSIÇÃO NA FILOSOFIA MODERNA 97

dos dois lados de uma questão.[25] Ora, esse procedimento é precisamente o procedimento do método dialético. É dessa forma que Bacon descreve a filosofia de Carnéades e dos acadêmicos: eles "disputavam tranquilamente em todas as direções" (HVM, III, p. 401). Além disso, as considerações de Bacon sobre o tipo de rejeição da tradição tratam exatamente das características do método dialético. O ponto fundamental para pensar o tipo de rejeição gira em torno da aceitação ou não aceitação de princípios primeiros e regras de demonstração, de modo que, caso os aceitemos, a rejeição se fará de maneira argumentada a partir de dentro da própria tradição (esse é o ataque cético) e, caso não os aceitemos, teremos de buscar outro tipo de rejeição da tradição (será a recusa baconiana).[26]

Para Bacon, os céticos compartilham primeiros princípios e regras de demonstração com os dogmáticos. Isso está obviamente presente em sua concepção de um método dialético, de acordo com o qual eles podem usar somente o que seus adversários aceitam. Embora não a explorem a fundo, essa interpretação já foi apontada antes por Oliveira e Maia Neto (2009, p. 250-1), quando sustentam que "os céticos apresentaram suas objeções dentro da própria tradição filosófica, isto é, eles usaram os mesmos tipos de raciocínio e instrumentos conceituais empregados pelos filósofos dogmáticos que tentavam refutar para mostrar as inconsistências de seus sistemas filosóficos". Também Eva (2011) apontou nesse direção, explorando-a mais longamente.[27] Com efeito, Bacon parece atribuir aos céticos muitas, se não

---

25 Como vimos em nota anterior, Bacon menciona a argumentação dos dois lados de uma questão já em ADV, VI, p. 163.

26 Várias são as passagens em que Bacon diz que sua recusa não pode apoiar-se em argumentos que pressupõem os primeiros princípios e as regras de demonstração. Por exemplo: RP, VII, p. 55-56 e NO, I, 115.

27 Eva (2011), p. 102: "Também tentarei mostrar que a proximidade dos ídolos de Bacon com os temas céticos é útil para mostrar que sua crítica dos céticos é essencialmente metodológica". Não está claro, porém, qual sentido de "metodológico" Eva tem em mente. Por um lado, Eva parece estar se referindo ao método dialético dos céticos (ver, por exemplo, Eva (2011), p. 122), mas, por outro, ele parece se referir ao método científico, isto é, ao fato de Bacon propor uma nova via em

98   PLÍNIO JUNQUEIRA SMITH

a maioria, das características presentes na filosofia e na ciência gregas. Prior (1968, p. 143) e Granada (2006, p. 3) afirmam, por exemplo, que os céticos partilham da mesma concepção individualista do conhecimento que os dogmáticos e, por isso, o aforismo "a vida é breve, a arte é longa" pode ser um argumento a favor do ceticismo. Numa concepção como a de Bacon, em que o conhecimento é construído coletivamente por muitos cientistas e ao longo de muitas gerações, esse aforismo perde sua força cética.

Os elementos dialéticos presentes no método cético não são somente epistêmicos, mas também incluem valores. Para Bacon, os céticos realizam seu ataque ao dogmatismo de maneira similar ao que criticam, isto é, os céticos também são levados por "zelo e inclinação" (NO, I, pref., p. 233 (V, p. 59)), mantêm a maneira contenciosa de fazer filosofia (Por exemplo, SI, V, p. 178 (p. 198), e TPM, VII, p. 30), sendo tão beligerantes quanto os dogmáticos. O ataque cético ao dogmatismo deve ser entendido nesse sentido retórico em que a filosofia é um campo no qual uma batalha é travada e os argumentos são como armas (IM, I, p. 206 (VIII, p. 33)).

Bacon pensa que, em função de suas características, há uma grande limitação no método cético de argumentação. O máximo que uma refutação dialética consegue é mostrar que os dogmáticos não alcançam o que pensavam que poderiam alcançar. Mesmo se, logicamente falando, não haja nada errado com uma redução ao absurdo, esse método pode ser problemático de outro ponto de vista. Bacon parece pensar que os céticos se enredam nessa concepção e jamais conseguem sair dela, condenando os homens às trevas eternas (RP, VII, p. 88). Declarando o conhecimento impossível, eles fecham as portas a qualquer outra tentativa (NO, I, 92). Portanto, o ceticismo se torna tão estéril como o dogmatismo que tenta refutar.

Por essa razão, não encontramos na recusa baconiana da tradição nenhum *argumento* contra a tradição. Esta é uma característica notável de sua recusa que merece cuidadosa reflexão, já que é muito diferente do ataque

---

contraposição aos métodos usuais, como a dedução silogística e a indução por enumeração (ver Eva (2011), p. 123).

cético ao dogmatismo. Com base em sua análise detalhada da doutrina dos ídolos e sua suposta origem nos modos céticos, tanto antigos como modernos, Eva (2011, p. 121) conclui que existe uma "ausência de argumentos céticos na doutrina de Bacon". Parece-me que esse fato, se for um fato, da ausência de argumentos na recusa de Bacon é crucial para determinar a relação entre sua *redargutio* (das filosofias, das demonstrações e da razão humana) e o ataque cético ao dogmatismo.

Não somente não há nenhum argumento em sua recusa como *não poderia haver nenhum.* Não pode haver argumentos na recusa baconiana da tradição simplesmente porque, se você não compartilha primeiros princípios e as regras da demonstração, não há uma base comum na qual se pudessem avaliar a validade e força dos argumentos. Bacon pensa que, se você compartilha primeiros princípios e regras da demonstração, então você pode entrar numa espécie de discussão em que argumentos podem ser formulados de ambos os lados de uma questão. Contudo, se você não os compartilha, então uma discussão racional, no sentido de propor e avaliar argumentos oferecidos pelos dois lados, está excluída ou é impossível. "É certo que não há regra de discussão, uma vez que não compartilhamos a mesma opinião que você sobre princípios. Mesmo a esperança de discussão nos é roubada, pois demonstrações em uso foram postas em dúvida e acusadas" (RP, VII, p. 56). Portanto, se alguém quiser rejeitar uma posição com relação à qual não compartilha primeiros princípios e regras de demonstração, então sua refutação não estará baseada em argumentos, mas em outra coisa. Assim, a recusa de Bacon não pode ser do mesmo *tipo* que o ataque cético, não pode ser uma refutação dialética na qual argumentos positivos e negativos são opostos.[28]

Essa é, obviamente, uma rua de mão dupla. Assim como Bacon não pode condenar a filosofia baseado em argumentos, "nenhum julgamento

---

28 Eva (2011, p. 122) sugere que os ídolos não podem ser desalojados da mente humana por meio de argumento e, por isso, o método cético seria insuficiente. No entanto, se fosse aceitável, essa explicação valeria, no melhor dos casos, somente para os ídolos inatos. Como vimos, a razão de Bacon para rejeitar o método dialético dos céticos reside na rejeição dos pressupostos da racionalidade grega.

pode ser corretamente formado seja do meu método ou das descobertas a que ele leva, por meio das antecipações (quer dizer, do raciocínio que está agora em uso), já que eu não posso aceitar uma sentença de um tribunal que está ele próprio sob julgamento" (NO, I, 34). Seria uma discussão entre surdos. Deve-se tentar a nova via proposta por Bacon e realizar o trabalho que ela propõe: se este tem êxito, muito bem; se não, pode-se rejeitá-la. A questão não deve ser decidida por argumentação, não se devem ter opiniões apoiadas em raciocínios a respeito da nova via, o que seria precipitado e prematuro (IM, I, p. 210-211 (VIII, p. 36-37), e NO, I, pref., p. 237-238 (V, p. 37)). Assim, torna-se um problema premente para Bacon encontrar um método de rejeição das ciências legadas pelos gregos, já que o método cético não está mais disponível para ele. "Que meios, que método apropriado usaremos para levar adiante essa tarefa?" (RP, VII, p. 56). Não é o caso de investigarmos as respostas dadas por Bacon,[29] mas somente de indicar a ruptura radical entre sua recusa da tradição e o ataque cético ao dogmatismo.

O ataque cético ao dogmatismo, portanto, é feito de dentro da própria filosófia. Correspondentemente, Bacon entende o ceticismo como uma filosofia, seu ataque sendo dirigido somente às filosofias dogmáticas, e não à filosofia como um todo. Quando menciona Arcesilau ou Carnéades, os dois grandes expoentes do ceticismo acadêmico, Bacon os inclui ao lado de filósofos como Sócrates, Platão, Aristóteles, entre outros (HVM, III, p. 401). Enquanto os céticos pretendem traçar uma distinção fundamental entre eles e os dogmáticos,[30] Bacon traça uma distinção original entre três gêneros de filosofia: a sofística, a empírica e a supersticiosa (NO, I, 62), sem que o ceticismo seja um gênero autônomo, mas, ao contrário, integra-os com as

---

29 A esse respeito, o leitor poderá consultar, por exemplo, Rossi (2006), Deleule (2009) e Eva (2011).

30 Sexto Empírico (HP I, 1-4) dividia os filósofos em três tipos: dogmáticos, acadêmicos e pirrônicos. Montaigne (E II, 12, p. 254-269), como vimos, retoma essa distinção, não sem reelaborá-la à sua maneira.

O MÉTODO CÉTICO DE OPOSIÇÃO NA FILOSOFIA MODERNA   101

demais seitas filosóficas.[31] Para Bacon, embora com inegáveis méritos, os céticos não passam de mais uma seita filosófica entre tantas outras.

Se assim é, a que gênero de filosofia, na tipologia de Bacon, pertence o ceticismo? A questão não se deixa responder muito facilmente. O cético Carnéades foi um dos chefes da Academia, escola fundada por Platão, e Bacon sabia disso muito bem (NO, I, 67). Ora, Platão e sua escola eram, para Bacon, o exemplo mais sutil e perigoso de filosofia supersticiosa (NO, I, 65). Seriam os céticos acadêmicos, então, filósofos supersticiosos? É difícil, contudo, pensar que os céticos, acadêmicos ou pirrônicos, poderiam ser considerados filósofos supersticiosos. A própria descrição das características desse gênero de filosofia, que inclui, por exemplo, o deixar-se levar pelas fantasias e a mistura com a teologia, parece excluir que o ceticismo possa ser uma filosofia supersticiosa. Além disso, Bacon parece distinguir entre a escola de Platão, limitando-a ao platonismo, e a Nova Academia, o período cético da Academia de Platão, já que esta deu uma guinada na doutrina da *akatalepsia* (NO, I, 67). Isso sugere que a Nova Academia, para Bacon, não faz parte da escola de Platão. Aliás, é usual distinguir entra o platonismo da Velha Academia e o ceticismo da Nova Academia. Bacon parece seguir essa distinção tradicional. Outro indício claro dessa distinção é que Bacon, em *Historia Vitae et Mortis*, após dizer que a filosofia supersticiosa de Platão (e Pitágoras) favorece a vida longa, trata daqueles que investigavam o mundo e as coisas naturais, como Demócrito e os estoicos. Só então Bacon menciona Carnéades e os acadêmicos, mas claramente afastando-os da filosofia supersticiosas com suas sublimes contemplações (HVM, III, p. 401).

Teria Bacon julgado que os céticos pertenciam à seita dos filósofos empiristas, na sua classificação? Talvez os pirrônicos, ao menos, pertenceriam a esse gênero filosófico, pois Sexto Empírico, como o próprio nome diz, era um empirista.[32] No entanto, ao discutir os filósofos empiristas, Bacon não

---

31 Por exemplo, em NO, I, 62. Segundo Bacon, há três tipos de filósofos: sofistas, empiristas e supersticionsos.

32 A questão sobre o empirismo de Sexto, no entanto, é controversa.Ver HP 1.236-241.

faz nenhuma alusão aos céticos antigos, o que seria natural se ele pensasse os céticos como filósofos empiristas, já que, nesse contexto, Bacon menciona principalmente os filósofos antigos. Entre os empiristas mais recentes, vemos referência somente a Gilbert e aos alquimistas (NO, I, 64). Nas críticas endereçadas ao ceticismo, nunca aparece a objeção de que o ceticismo estaria baseado em poucas experiências. Nem mesmo a doutrina do provável é criticada por uma insuficiência empírica. Por outro lado, Bacon sempre enfatiza que a investigação cética é uma argumentação dos dois lados de uma questão, não uma experimentação, ainda que repetitiva e limitada. Portanto, nada indica que, para Bacon, os céticos antigos, pirrônicos ou acadêmicos, seriam filósofos empiristas.

Resta, portanto, o gênero da filosofia sofística. Mas também não é fácil ver que os céticos antigos pudessem pertencer a esse gênero de filosofia. Entre os sofistas, Bacon menciona, por exemplo, Aristóteles, Anaxágoras, Leucipo, Demócrito, Parmênides, Empédocles, Heráclito e os escolásticos (NO, I, 63). Bacon a introduz como o gênero racional do filosofar (*rationale genus philosophantium*). Essa identificação da filosofia sofística com o racionalismo não é gratuita, pois esses filósofos abandonam a experiência em suas especulações em favor da mera reflexão. Bacon parece retomar, do pensamento antigo, a tradicional oposição entre racionalistas e empiristas. Ora, os próprios céticos recorriam a essa divisão e, como se sabe, Sexto escreveu diversos livros contra os racionalistas (*dogmatikói*). Parece, portanto, que os céticos não seriam filósofos sofísticos ou racionalistas.

No entanto, por tudo o que vimos aqui, os céticos antigos preservavam as características da filosofia sofística. De um lado, como acabamos de ver, eles não baseavam sua filosofia na experiência e observação, mas num método argumentativo que examina os dois lados de uma questão. Ora, é precisamente assim que Bacon caracteriza os céticos. Para Bacon, a investigação cética é, essencialmente, uma forma de argumentar em favor de todas as doutrinas. O que diferiria os céticos dos demais filósofos sofísticos? Enquanto filósofos como Demócrito e os estoicos, por exemplo, realizariam uma reflexão profunda (HVM, III, p. 401) e produziriam uma teoria que seria imposta ao mundo, sem consultar a experiência (NO, I, 63), os céticos disputavam tranquilamente em todas as direções (HVM, III, p. 401). A ideia de uma disputa tranquila ou amena, distante da realidade, sem o rigor exigido para conhecer a verdade sobre as coisas, aparece constantemente nas referências de Bacon ao ceticismo (por exemplo: NO, I, 67; SI, V, p. 177-178 (p. 198)). Finalmente, Bacon pensava que os dogmáticos, em seus momentos mais lúcidos, "quando voltavam a si mesmos" (IM, I, p. 202 (VIII, p. 29)), "confessam na intimidade e no silêncio" (SI, V, p. 178-179 (p. 199)) que não sabem com certeza aquilo que afirmam. No sentido amplo de ceticismo, este não é senão o lado sincero das filosofias dogmáticas (na terminologia de Montaigne e Sexto),[33] em particular das filosofias sofísticas (na terminologia de Bacon). Portanto, concluo que, para Bacon, o ceticismo é uma espécie particular do gênero sofístico da filosofia.

Pode-se, talvez, aprender alguma coisa dessa longa confrontação que Bacon mantém com o ceticismo. O método dialético é simultaneamente forte e fraco. De um lado, é forte, pois mostra a fragilidade dos dogmatismos à luz dos pressupostos aceitos pelos próprios dogmáticos: por estar baseada em seus primeiros princípios e regras de demonstração, não lhes resta alternativa senão aceitá-la. De outro lado, é fraca, pois jamais nos levará a outra concepção de conhecimento, o que pode explicar por que os céticos permanecem refutando os dogmáticos *ad nauseam*, em sua investigação infindável, isto é, em sua disputa eterna com o dogmatismo. Se alguém realmente quiser romper com esse compromisso entre céticos e dogmáticos, com sua discussão permanente, deve recusar os pressupostos por eles compartilhados e propor um novo tipo de rejeição. Bacon meditou profundamente, durante muitos anos, sobre esse tipo de rejeição, polindo sua forma, refinando seus ídolos, elaborando os signos, identificando as causas. E nessa longa elaboração e refinamento, a confrontação com os céticos foi absolutamente

---

33 Esse é um ponto em que, como vimos, Bacon segue Montaigne, afastando-se de Sexto. Ver o segundo exemplo de uso implícito acima.

104 PLÍNIO JUNQUEIRA SMITH

indispensável: seus argumentos, suas armas e sua estratégia dialética foram ingredientes importantes para a formulação de sua recusa, seja no momento de incorporação do ceticismo, seja no momento em que Bacon percebia claramente que deveria dele se separar e, mesmo, se opor. Talvez Bacon jamais tivesse chegado à sua forma específica de recusar da tradição não fosse esse movimento de se aproximar e se distanciar do ataque cético ao dogmatismo. Qual é, exatamente, a recusa baconiana da tradição é tarefa para outro estudo.

Conclusão

É hora de fixar os resultados alcançados e resumir de maneira clara a interpretação aqui defendida. A semelhança fundamental entre a recusa baconiana da tradição e o ataque cético ao dogmatismo diz respeito à proposição "nada pode ser conhecido". Bacon e os céticos, para sustentar essa proposição, lembram as inconstâncias dos sentidos, a falta de confiança no entendimento, a obscuridade das coisas etc. No entanto, Bacon se separa dos céticos na própria adesão que dá a essa proposição. Enquanto os céticos a defendem de maneira absoluta e universal, Bacon a aceita de maneira condicional e parcial. Portanto, no início, a semelhança é grande, mas já se observam algumas diferenças significativas.

Como explicar a separação e a oposição no final? Ora, Bacon se separa dos céticos justamente por separar-se da tradição filosófica à qual os céticos pertencem, por pretender uma nova maneira de filosofar e produzir conhecimento. Para os céticos, filosofar é fundamentalmente argumentar, inventar argumentos ou opor argumentos a argumentos; para Bacon, a filosofia é uma atividade experimental radicalmente diferente, em que não se busca defender uma opinião por meio de argumentos. Assim, enquanto o ataque cético ao dogmatismo se faz a partir dos próprios pressupostos dogmáticos, Bacon destes se separa e, apoiando-se numa nova doutrina, que recorre a ídolos, signos e causas, recusa a tradição, sem usar argumentos. Essa separação se transforma numa oposição justamente porque o ceticismo, ao se situar no interior mesmo da tradição que será rejeitada por Bacon, acaba por ser recusado junto com toda a tradição que ataca. Imersos na tradição grega, os céticos somente criticam os sentidos e a razão para rejeitar toda e qualquer opinião, destruindo-lhes a autoridade; Bacon, instaurando uma nova ciência, procurará, numa atitude oposta à dos céticos, fornecer-lhes auxílios.

Eu gostaria de enfatizar um último ponto, cujo valor não é meramente histórico, mas pode ter um profundo significado filosófico. Bacon percebe claramente que a recusa argumentada da filosofia é um empreendimento limitado. Jamais estaremos justificados em abandonar o dogmatismo da tradição se insistirmos em argumentar à maneira dos dogmáticos. Os argumentos céticos sempre convidarão novos argumentos dogmáticos ou, de maneira mais precisa, os céticos podem denunciar o conflito entre as filosofias dogmáticas e a incapacidade de resolvê-lo por meio de argumentos dogmáticos, mas isso não basta para um abandono racional do dogmatismo. Para pular fora do jogo dogmático, é preciso invocar considerações de outro tipo, considerações que estejam ao alcance de todos, independentemente de seus credos filosóficos e de seus compromissos com os pressupostos filosóficos. A doutrina dos ídolos, signos e causas é a tentativa de Bacon de levar o seu leitor a jogar um novo jogo, não mais o do dogmatismo, mas o da ciência moderna. Talvez seja interessante insistir em que a nova via de Bacon transita por caminhos bem diferentes dos caminhos da filosofia tradicional. Não se trata de ter ou não ter opiniões baseado em argumentos, mas trata-se de tentar uma nova atividade, em que se realizam experimentos e, graças a eles, se descobrem axiomas.

Capítulo 3
Pascal

Capítulo 5
Pascal

A invenção do ceticismo puro

Introdução

É um fato bem conhecido que o ceticismo ocupa um lugar central na reflexão de Pascal sobre a filosofia. Para Pascal, a oposição do ceticismo ao dogmatismo se dá sob a forma de um conflito permanente, de modo que a filosofia oscilaria sempre, como um movimento pendular, entre esses dois polos opostos. Mas, se o lugar do ceticismo nesse esquema dualista está bem estabelecido, não é menos verdade que o papel desempenhado pelo ceticismo na filosofia de Pascal está longe de ser evidente. De que maneira o ceticismo desempenha um papel no posicionamento de Pascal? Como o ceticismo está integrado ao projeto pascaliano de uma apologética cristã? Eis duas questões que dividem os comentadores, eis por que me parece interessante insistir ainda nesse tópico.[1]

---

1 Os comentadores propõem diversas explicações do papel desempenhado pelo ceticismo no interior do pensamento pascaliano. Por exemplo, Hélène Bouchilloux limita o papel do ceticismo à crítica da metafísica, desde que não toque no dogmatismo científico. Uma vez que o ceticismo triunfa contra o dogmatismo metafísico, ele desemboca, no campo dos fenômenos, que é o da ciência, numa ciência fenomênica. Bouchilloux (2000, p. 75) diz que, com efeito, "o pirronismo desqualifica somente o dogmatismo da filosofia que culmina na metafísica, mas não desqualifica de maneira nenhuma, além do dogmatismo sobrenatural da teologia, o dogmatismo

Sabe-se também que Pascal conhecia pouco o ceticismo antigo e que as reflexões de Montaigne e de Descartes foram fundamentais para a constituição de sua concepção do ceticismo.[2] Esses dois filósofos forneceram a Pascal uma apresentação clara do questionamento cético, que se tornou sua referência principal a respeito do que foi o ceticismo. Mas, às vezes, esquece-se que Pascal elabora uma concepção própria do ceticismo a partir do legado de Montaigne e de Descartes, retomando do primeiro o que lhe parecem argumentos céticos com uma certa força contra os homens comuns e uma forma mais adequada do ceticismo, e do segundo argumentos mais fortes contra os filósofos dogmáticos. Essa forma mais adequada de ceticismo, essa pureza cética, por assim dizer, remete antes de tudo ao método cético de oposição, a essa forma de argumentação que leva em conta os dois lados de uma questão, constata em seguida a equipolência das teses e argumentos e termina numa certa forma de neutralidade com relação ao problema em questão.

Se é assim que Pascal parece apreender o ceticismo, ou melhor, inventá-lo, então se pode começar a compreender o papel desempenhado pelo ceticismo em seu pensamento. O método cético de oposição oferece a Pascal um *modelo dinâmico* de oscilação da filosofia entre esses dois polos opostos, que nos permite compreender o conflito interno que atravessaria a razão filosófica. Parece que escapou a diversos comentadores que o ceticismo puro inventado por Pascal depende de maneira crucial desse método cético de oposição: primeiro, pela sua aplicação sistemática e abrangente, e depois, de maneira coerente, no seu abandono em favor de um posicionamento

---

natural de uma ciência restrita à sua ordem, a saber, o do conhecimento fenomênico". Por sua vez, Bernard Sève (2000) evoca três funções para o ceticismo: uma arma intelectual, uma terapêutica, um fato significativo da razão humana. A interpretação que eu defenderei aqui não pretende se opor a essas leituras exatas de muitos pontos de vista, mas antes chamar a atenção sobre o papel fundamental desempenhado pelo ceticismo, às vezes insuficientemente explicitado, mas, sobretudo, raras vezes analisado em detalhes. Em particular, não se analisou com o devido cuidado o papel do método de oposição no pensamento de Pascal.

2   Ver, por exemplo, Alexandrescu (1997); McKenna (2001) e Phillips (2003).

religioso.[3] Assim, a filosofia não consistiria somente num impasse[4] ou numa neutralização da razão,[5] mas, em virtude de um movimento que lhe é inerente e que se explica pelo método cético de oposição, ela nos conduz para fora de si mesma, a saber, para a fé.[6]

---

3   De modo geral, atribui-se unicamente à doutrina agostiniana das duas naturezas essa explicação da oscilação entre ceticismo e dogmatismo, esses dois polos opostos e inconciliáveis da filosofia. Nesse caso, haveria somente uma oposição estática, da qual a filosofia não poderia jamais se livrar. Por exemplo, veja-se o que diz Gouhier (1986, p. 160) a esse respeito: "esse esquema dualista não é uma hipótese de trabalho que deve permitir uma classificação: ele corresponde à natureza do homem". De maneira similar, Bouchilloux (2000, p. 75) sustenta que "a negação pirrônica de um conhecimento essencial, da qual somente a teologia agostiniana fornece a razão...". Mas talvez se possa ver, no próprio método de oposição, uma explicação estritamente filosófica e racional dessa concepção de filosofia e um movimento dinâmico que conduziria a filosofia para fora de si mesma.

4   Gouhier (1986, p. 135) insiste sobre o fato de que, para Pascal, a filosofia é mais do que uma simples insatisfação da razão, como se nada pudesse ser realmente alcançado por uma reflexão estritamente filosófica: "sua tática é antes a do desafio: entramos no jogo dos filósofos para obter *não um ganho*, por menor que seja, mas uma *abdicação*" (itálicos meus). Ou ainda: "Ora, o que interessa a Pascal na filosofia são seus impasses" (1986, p. 149). Eis por que Gouhier não discerne nada de filosófico no pensamento de Pascal: "Assim, Pascal não constrói nada que se pareça a uma filosofia" (1986, p. 153). A filosofia, então, deve ser eliminada: "Assim, o recurso à religião só é possível uma vez definitivamente *eliminada* a ideia de um recurso à filosofia" (1986, p. 156; itálico meu). Ou ainda: "Esse esquema dualista... *elimina* a filosofia de amanhã ao mesmo tempo que a de ontem" (1986, p. 160). Nesse caso, a filosofia, num sentido, por mínima que seja, pode ter um uso estritamente dialético, para converter o filósofo ou ateu. A meu ver, a filosofia não deve ser eliminada e desempenha um papel positivo no pensamento de Pascal, que não a reduz a um simples uso dialético.

5   Popkin (2003, p. 183) diz que "Pascal viu o ceticismo, não como conduzindo ao conhecimento religioso ou à verdade religiosa, mas antes como uma neutralização dos impulsos racionais dos homens".

6   Maia Neto (1995, p. 38) viu, nessa passagem da filosofia à religião, um abandono da integridade intelectual, isto é, do exame racional imparcial, em favor da parcialidade da fé: "uma parte essencial da cristianização do pirronismo por Pascal é a substituição da integridade intelectual pela submissão". A meu ver, Pascal pretende

Eis, em termos gerais, como eu proponho sublinhar detalhadamente o papel atribuído ao ceticismo e ao método de oposição. A meu ver, no pensamento de Pascal, existem três níveis em que o método de oposição é empregado. Num primeiro momento, o cético aplica esse método a todas as questões filosóficas, suspendendo seu juízo diante da emergência de proposições contrárias em todas essas questões. Uma vez aplicado o método de oposição, torna-se impossível alcançar qualquer conclusão e o cético, então, postula que o saber é impossível. Essa impossibilidade definiria a primeira forma de ceticismo, ainda uma espécie de dogmatismo negativo sobre a possibilidade de conhecer, que historicamente seria representado pelo ceticismo cartesiano (e acadêmico). Essa forma de ceticismo seria impura, pois, excessivamente confiante na dúvida, negaria dogmaticamente a possibilidade de conhecer e, no caso de Descartes, conduziria mesmo a uma inversão dogmática, já que Descartes se mostraria certo de sua própria existência, como se a certeza da dúvida garantisse a de sua existência.

Num segundo momento, o cético perceberia a incoerência de sua posição e o uso limitado que ele fez do método de oposição e viria a duvidar de sua própria dúvida. Não se poderia negar que podemos conhecer, ou afirmar que nada podemos conhecer ou que o conhecimento é impossível, já que, no final das contas, também se pode argumentar a favor da possibilidade do conhecimento. Assim, o cético estabeleceria de novo um equilíbrio entre a possibilidade ou não do conhecimento; e, de resto, ainda evitaria a conclusão dogmática enunciada por Descartes, pois, sem estar certo de que duvida, Descartes jamais poderia ter afirmado sua própria existência. Essa segunda forma de ceticismo parece, então, mais pura, dando um passo adiante na aplicação do método de oposição. Montaigne teria efetivamente dado esse passo e, dessa perspectiva, apareceria como um cético mais puro.

---

permanecer fiel a essa integridade intelectual, sustentando que é precisamente essa integridade que nos faz argumentar dos dois lados de uma questão e que deve nos conduzir à religião cristã.

O MÉTODO CÉTICO DE OPOSIÇÃO NA FILOSOFIA MODERNA   113

Pascal, por sua vez, pretende levar o método cético de oposição ainda mais longe, aplicando-o ao próprio ceticismo puro e, dessa forma, estabelecendo uma nova oposição.[7] Assim, tal como o cético compreende que existe um perfeito equilíbrio entre dois pontos de vista dogmáticos sobre uma questão, do mesmo modo ele deveria, segundo Pascal, conceber um equilíbrio igualmente perfeito entre as duas tendências da filosofia, a cética e a dogmática. De acordo com seu método de oposição, o cético deveria ver que o dogmatismo é uma alternativa tão aceitável quanto o seu próprio ceticismo, de modo que uma utilização coerente do método cético de oposição deveria conduzir ao abandono de sua própria posição cética.[8] Como não pode existir, segundo Pascal, uma terceira alternativa filosófica, uma vez que se reconheceu que o ceticismo e o dogmatismo ocupam todo o campo da filosofia, parece necessário sair desse dualismo e adotar um novo ponto de vista, o da religião. Assim, Pascal faria um novo uso do método cético de oposição, cuja finalidade não seria mais a suspensão do juízo, mas a fé.

Pirronismo puro e impuro

Para Pascal, o que define o ceticismo é a argumentação pró e contra a respeito de uma opinião e sua característica essencial é precisamente a neutralidade estabelecida entre duas teses contraditórias ou contrárias. Dessa perspectiva, a *Conversa com Saci* faz de Montaigne um "puro pirrônico", isto é, um filósofo cuja posição consiste em dizer que "os contraditórios se encontram num perfeito equilíbrio", retomando assim a famosa metáfora da

---

7   De acordo com Sève (1995, p. 112-113), "em Pascal, *um dos dois termos exclusivos e excluídos é precisamente o próprio ceticismo isostênico*. Essa situação altamente paradoxal parece ter escapado aos comentadores". A interpretação aqui proposta segue a linha aberta por Sève.

8   Sève (1995, p. 121) viu bem esse ponto: "Há uma prática pascaliana do método pirrônico»; «É preciso, além disso, distinguir o caso em que Pascal faz menção da isostenia praticada por Montaigne e o caso em ele [Pascal] mesmo a pratica" (1995, p. 107). Mostrarei, a seguir, em que minha interpretação difere da de Sève.

114 PLÍNIO JUNQUEIRA SMITH

balança, cujos dois pratos estão em equilíbrio. Se não existe equilíbrio entre uma tese e sua antítese, não pode haver ceticismo. A consequência natural dessa posição é a ausência de crenças e, assim, para o Montaigne de Pascal, quando "as aparências [são] iguais de um lado e do outro, não se sabe onde depositar sua crença" (ES, p. 293). Nos *Pensamentos*, Pascal insiste novamente sobre essa caracterização específica do pirronismo: "A natureza nos colocou tão bem no meio que, se mudamos um lado da balança, mudamos também o outro" (L, 519). Nesse contexto, um pirrônico não assentirá nem a p, nem a $\neg p$, adotando uma posição neutra entre essas duas proposições.

Essa compreensão do pirronismo como equilíbro perfeito entre duas teses contraditórias (ou contrárias) aparece claramente, por exemplo, no famoso fragmento da aposta. Antes de dar sua solução, Pascal considera a posição pirrônica. Devemos crer em Deus ou não? Para que lado deve a razão se inclinar? "O que ganharíeis? Pela razão, vós não podeis fazer nem um, nem outro; pela razão, não podeis desfazer nenhum dos dois" (L, 418). Nesse apelo à posição pirrônica, Pascal tinha perfeita consciência de que a razão, segundo a concepção que dela fazem os pirrônicos, é incapaz de estabelecer uma tese ou, ainda, de destruí-la. De maneira ainda mais notável, Pascal percebe com perspicácia o que se segue dessa posição, a saber, que o pirrônico denuncia o fato de que seria preciso optar por uma opinião, qualquer que seja esta. A dificuldade apontada pelo pirrônico em toda forma de dogmatismo é que um dogmático se decide de maneira arbitrária em favor de uma posição teórica, qualquer que seja esta.

> Não critiqueis, portanto, por falsidade aqueles que fizeram uma escolha, pois não sabeis nada disso. Não, mas eu os criticarei por ter feito essa escolha, mas uma escolha, pois, embora aquele que escolhe coroa e o outro cometam falta similar, os dois cometeram um erro; o correto é não apostar (L, 418).

Assim, não é somente a neutralidade entre p e $\neg p$ que caracteriza o pirronismo, mas também a renúncia a toda forma de crença. Noutras palavras, a equipolência entre os dois lados de uma questão conduz o pirrônico a renunciar a toda forma de crença e lhe permite denunciar a busca dogmática da verdade.

A respeito da leitura que propõe Pascal do ceticismo, um ponto delicado e controverso, mas essencial, é saber como ele compreende a relação entre ceticismo acadêmico e pirronismo.[9] Uma primeira dificuldade reside no fato de que, nos *Pensamentos*, Pascal risca certas passagens sobre esse assunto, dando a entender que ele muda de opinião a seu respeito, sem jamais oferecer uma visão elaborada e inteiramente coerente. Uma segunda dificuldade surge do fato de que Pascal não parece conhecer perfeitamente os céticos antigos, elaborando suas reflexões a partir dos materiais legados pelos modernos e, em particular, por Montaigne e Descartes.

O ceticismo acadêmico, ao menos segundo uma de suas interpretações mais comuns, é uma espécie de dogmatismo negativo que diz respeito à possibilidade de conhecer, a saber, um dogmatismo negativo de segundo nível, por assim dizer. Num primeiro nível, o dogmatismo positivo consiste em afirmar uma tese filosófica qualquer (p) e o dogmatismo negativo, em negar essa tese filosófica ($\neg p$). O cético acadêmico, como o pirrônico, interroga-se sobre os dois lados de uma mesma questão, antes de chegar à suspensão do juízo (p ou $\neg p$?). Assim, o acadêmico, como o pirrônico, adota uma posição neutra entre tese e antítese, sem jamais optar por uma ou pela outra, aplicando rigorosamente o método de oposição.

Mas o cético acadêmico acabaria por afirmar que o dogmático não sabe que p, no momento mesmo em que o dogmático afirma que ele sabe que p. Noutras palavras, enquanto o dogmático, depois de ter afirmado p, sustenta igualmente s (s = "S sabe que p"), o cético acadêmico, depois de ter argumentado em favor de $\neg p$, utilizando o método de oposição que lhe

---

9 Sève (1995, p. 126) propõe uma explicação diferente da relação entre ceticismo acadêmico e pirronismo em Pascal e não atribui nenhum papel específico a essa distinção entre acadêmico e pirrônico: "A distinção tão clássica como problemática entre pirrônicos e neo-acadêmicos não desempenha nenhum papel que se possa notar, ele pode, então, fazer economia dela".

permite equilibrar os dois lados da balança, nega *s*. De fato, o cético acadêmico sustentaria a tese da inapreensibilidade das coisas, dado que as coisas são obscuras. Assim, a posição do cético acadêmico corresponderia a uma forma de dogmatismo negativo, que consistiria em negar *s*, ou em afirmar ~*s* ("S não sabe que *p*"), o que, em última instância, quando se generaliza a aplicação do método de oposição para toda tese filosófica, equivaleria a afirmar a impossibilidade de conhecer. Eis por que o ceticismo acadêmico seria uma forma de dogmatismo negativo no que diz respeito à possibilidade de conhecimento. Em suma, a prática da argumentação pró e contra conduz o cético acadêmico a concluir que as coisas não podem ser conhecidas. Talvez por isso, Pascal se sinta autorizado a escrever que "o pirrônico Arcesilau [se torna novamente] dogmático]" (L, 520).

Noutra passagem dos *Pensamentos*, Pascal parece sugerir que o cético acadêmico faz uma aposta, o que equivale a dizer que ele possui uma crença, algo impensável para um pirrônico.

> Isso basta para embaralhar ao menos o assunto, não que isso apague absolutamente a clareza natural que nos garante essas coisas. Os acadêmicos teriam apostado, mas isso o desbota e perturba os dogmáticos, para a glória da cabala pirrônica, que consiste nessa ambiguidade ambígua e numa certa obscuridade duvidosa, de que nossas dúvidas não podem tirar toda clareza, nem nossas luzes naturais espantar todas as trevas (L, 109).

Essa aposta acadêmica, tudo leva a crer, é uma alusão à doutrina acadêmica da probabilidade. O importante, contudo, é que Pascal atribui aos acadêmicos uma tendência a apostar em alguma coisa (o que os pirrônicos não fariam sob hipótese nenhuma).

A meu ver, é sobretudo na *Primeira Meditação* de Descartes que Pascal discerne um exemplo de ceticismo acadêmico ou de pirronismo impuro, isto é, uma forma de dogmatismo negativo sobre o conhecimento. Para Pascal, essa meditação constitui sem dúvida uma das contribuições mais importantes de Descartes ao pirronismo, visto que ele lhe fornece os argumentos mais fortes, mas sob uma forma impura. Depois de ter mencionado "as principais forças dos pirrônicos", Pascal examina o argumento cartesiano do gênio maligno a fim de mostrar que a dúvida sobre nossa própria natureza é a mais forte que se possa conceber,[10] pois

> não temos nenhuma certeza da verdade desses princípios, fora a fé e a revelação, senão no que sentimos naturalmente em nós. Ora, esse sentimento natural não é uma prova convincente de sua verdade, pois não há certeza fora da fé, se o homem é criado por um deus bom, por um demônio mau ou ao acaso, ele fica em dúvida se esses princípios são dados como verdadeiros, falsos ou incertos segundo nossa origem (L, 131).

Se não se pode jamais estar seguro sobre a causa de nossa origem, não se pode jamais estar seguro do valor (cognitivo) de nossas opiniões. "Contra o que os pirrônicos opõem, numa palavra, a incerteza de nossa origem que contém a de nossa natureza. Ao que os dogmáticos ainda estão respondendo desde que o mundo existe" (L, 131). Além do argumento do gênio maligno, Pascal utiliza também o argumento do sonho proposto por Descartes com uma finalidade similar.

Pascal igualmente toma de empréstimo a Montaigne argumentos pirrônicos. Por exemplo, na *Conversa com Saci*, ele retoma certos detalhes de sua longa argumentação desenvolvida na "Apologia de Raimond Sebond". Na *Conversa*, o argumento do sonho aparece como um apêndice à argumentação de Montaigne. Nos *Pensamentos*, Pascal parece mudar de ideia sobre a força dos argumentos de Montaigne, que lhe parecem menos fortes e mais limitados do que os de Descartes. São argumentos com força

> menor, como os discursos feitos pelos pirrônicos contra as impressões do hábito, da educação, dos costumes dos países e

---

10 Popkin (2003, p. 181) diz que "da maneira em que Pascal põe o problema, a confiança em alguma forma de saber que seja depende da confiança atribuída a nossas faculdades. E a confiança em nossas faculdades depende de sua origem".

outras coisas parecidas que, embora arrastem a maior parte dos homens comuns que dogmatizam somente sobre esses vãos fundamentos, são derrubados pelo menor sopro dos pirrônicos (L, 131).

O que falta a essa forma impura de pirronismo é duvidar de sua dúvida, em vez de confiar na força de sua dúvida como se esta fosse decisiva. Nesse sentido, convém notar que Descartes se deu a si mesmo como regra metodológica tomar o duvidoso por falso. De acordo com essa regra, duvidar da possibilidade de conhecer algo equivaleria a afirmar que p é falso. Ora, essa regra é claramente um índice da impureza de seu pirronismo, visto que ela destrói precisamente a neutralidade que lhe é essencial. É essa confiança excessiva na dúvida que conduz o cético cartesiano e acadêmico a supor que o conhecimento seria impossível. Por que uma argumentação pró e contra bem conduzida estabeleceria, como resultado definitivo, que não se poderia conhecer a verdade ou falsidade de p?

O pirronismo impuro, do qual a *Primeira Meditação* seria o principal exemplo do uso cartesiano, é simplesmente uma primeira etapa do procedimento pirrônico. O pirrônico deve, em seguida, perceber que é preciso vir a duvidar de sua própria dúvida. O pirrônico impuro tem demasiada confiança em sua dúvida e, de maneira precipitada, aceitaria que tudo é incerto ou impossível de ser conhecido. O pirrônico puro, ao contrário, não tem confiança na força de sua dúvida, não a pensa jamais como definitiva ou demonstrativa. "Pode ser que existam demonstrações verdadeiras, mas isso não é certo. Isso também mostra somente que não é certo que tudo seja incerto. À glória do pirronismo" (L, 521). Essa é a razão pela qual Hélène Bouchilloux (2000, p. 73) escreve que "o pirronismo não consiste em professar que tudo é incerto, mas antes ressalta o caráter duvidoso de tudo o que gostaria de passar por certo".

Se o pirronismo de Montaigne é puro, é porque este último pratica uma maneira de duvidar que coloca tudo em questão e porque jamais teve a pretensão de negar uma afirmação, como se sua dúvida pudesse ser decisiva.[11] "É nessa dúvida que duvida de si e nessa ignorância que se ignora, e que ele chama de sua forma mestra, que é a essência de sua opinião, que ele não pode exprimir por nenhum termo positivo" (ES, p. 293). E, em verdade, se a dúvida incidisse sobre a afirmação p sem se aplicar a si mesma, o pirronismo seria nesse caso impuro e sua formulação não poderia ser somente interrogativa, como na expressão "O que eu sei?" (ES, p. 293), mas deveria então pretender "eu não sei que p". Noutros termos, diferentemente da dúvida acadêmica, a dúvida pirrônica deve igualmente incidir sobre s, sobre a possibilidade de conhecimento. O fato é que o método pirrônico obriga também a argumentar do outro lado, em favor de s, daquele que diz saber que p. Em suma, o método pirrônico de argumentação pró e contra, corretamente aplicado, deveria conduzir a colocar em paralelo os argumentos a favor de um possível conhecimento (s) e contra esse mesmo possível conhecimento ($\sim s$). A lógica própria do pirronismo obriga a passar da forma impura à sua forma pura. Contrariamente ao que se poderia esperar, a proposição s aparece, no final das contas, somente como um caso particular de p.

Dessas considerações, pode-se extrair outra observação sobre o ceticismo cartesiano, que, além de impuro, parece limitado. Descartes, justamente por não conduzir o ceticismo às suas últimas consequências, utiliza-o somente para fazer emergir uma verdade primeira e indubitável. Essa crítica do ceticismo cartesiano como limitado e excessivamente tímido encontra-se tanto na *Conversa com Saci* como nos *Pensamentos*. Eis, por exemplo, o que se pode ler nos *Pensamentos* a propósito do que constituiria uma posição pirrônica pura: "O que fará, então, o homem nesse estado? Ele duvidará de tudo, duvidará se está desperto, se o beliscam, se o queimam, duvidará ele se ele duvida, duvidará se ele é?" (L, 131). A referência ao argumento do sonho e a uma forma de dúvida sobre todas as coisas atesta que Pascal tinha Descartes em mente. Mas o que significa exatamente uma dúvida sobre todas as coisas? A esse respeito, Descartes jamais se permitiu ir até o limite

---

11 Às vezes, Maia Neto (1995, p. 43) parece confundir pirronismo puro e ceticismo acadêmico.

extremo de sua dúvida, não duvidando de sua própria dúvida. Com efeito, ele confia no seu procedimento cético e tem nele uma tal confiança que jamais o coloca em questão pela dúvida cética. Assim, Descartes, por meio de uma certeza inquestionada de sua dúvida, chega a estabelecer, no final das contas, a verdade de sua própria existência. Mas o pirrônico puro, que duvida de sua própria dúvida, não pode inferir sua própria existência. Portanto, o pirronismo tem como consequência última obrigar o cético a duvidar de sua própria existência.

Uma passagem da *Conversa com Saci* confirma essa interpretação. Depois de ter exposto os argumentos de Montaigne e retomado suas dúvidas, Pascal apresenta-as da seguinte maneira:

> Ele pergunta se a alma conhece alguma coisa; se ela se conhece a si mesma; se ela é substância ou acidente, corpo ou mente; o que é cada uma dessas coisas, e se não há nada que seja de uma dessas ordens; se ela conhece seu próprio corpo; o que é a matéria; se ela pode discernir entre a inumerável variedade dos corpos, quando foi produzida; como ela pode raciocinar, se ela é material; e como ela pode estar unida a um corpo particular e sentir as paixões, se ela é espiritual (ES, p. 294).

Nesse momento, Pascal começa a se referir a uma dúvida universal, perguntando-se que coisa poderia ou não ser conhecida. A primeira coisa que Montaigne põe em questão é se a alma pode se conhecer a si mesma, coisa que, para Descartes, seria indubitável. Em seguida, ele se pergunta se a alma pode ser uma substância, o que parece igualmente escapar ao pirronismo impuro de Descartes. A dúvida do pirronismo impuro parece dizer respeito à alma somente em relação com seu corpo, excetuando o conhecimento que a alma teria de si mesma. Mas o pirronismo puro não autoriza essa exceção.

É importante notar que esse pirronismo puro aparece pouco a pouco como uma construção de Pascal, efetuada a partir de elementos legados pela tradição cética.[12] É preciso insistir sobre esse ponto, pois Pascal tem uma tendência a combinar diferentes elementos provenientes de diversas tradições tendo em vista suas próprias finalidades. Primeiro, se o pirronismo da *Primeira Meditação* fornece os argumentos céticos mais fortes contra o dogmatismo, é o pirronismo de Montaigne que se aproxima mais da forma pura ou perfeita. Em seguida, Pascal distingue entre dois tipos de argumentos pirrônicos: de um lado, os argumentos menos fortes, que são dirigidos contra os homens comuns e que combatem as máximas e as opiniões da vida comum; de outro, os argumentos mais fortes, extraídos do pirronismo impuro de Descartes, que são destinados a combater os filósofos e seus princípios primeiros. Cada um desses tipos de argumento permite vencer o adversário ao qual se dirige. Essa divisão pascaliana entre dois tipos de argumentos pirrônicos, tendo forças e objetivos diferentes, não se encontra nem em Descartes, nem em Montaigne.[13]

Um indício de que Pascal estava consciente de que o pirronismo puro era uma invenção de sua lavra é o fato de que ele afirma explicitamente que ninguém pode ser verdadeiramente pirrônico.[14] "Não se pode chegar lá e aceito como um fato que ninguém foi um pirrônico efetivo perfeito. A natureza sustenta a razão impotente e a impede de extravagar até esse ponto" (L, 131). E é o que Pascal repete diversas vezes, por exemplo quando ele evoca a existência de Deus: "Sim, mas é preciso apostar. Isso não é voluntário, vós estais embarcados" (L, 418). A seu ver, a suspensão do juízo é

---

12 Enquanto me parece que há uma elaboração deliberada e consciente de Pascal, Phillips (2003, p. 32) crê que haveria aí uma espécie de confusão de Pascal. Segundo ele, "na *Conversa*, contudo, Pascal consegue confundir Montaigne e Descartes na explicação do ceticismo, quando ele credita o primeiro com elementos do segundo."

13 Hume será um leitor atento de Pascal, distinguindo raciocínios populares e filosóficos (EHU 117 e 126). Para uma comparação entre Hume e Pascal, ver Smith (2011a).

14 Maia Neto (1995, p. 45) invoca outra inovação introduzida por Pascal: "A distinção feita por Pascal da ética pirrônica e da epistemologia pirrônica constitui uma transformação fundamental do ceticismo de Montaigne".

122 PLÍNIO JUNQUEIRA SMITH

impossível: a natureza nos obriga a apostar, como ela nos obriga a respirar.[15] O pirronismo puro é uma posição filosófica insustentável. Voltaremos a esse ponto mais adiante.

Uma nova oposição dogmatismo e pirronismo

Uma passagem citada anteriormente, que invoca a guerra entre dogmáticos e pirrônicos, permitirá elucidar uma terceira etapa da análise que faz Pascal do pirronismo, na qual uma nova oposição surge.[16] Pascal aplica o método cético de oposição a uma distinção traçada pelos próprios pirrônicos, mas para a qual eles não usavam seu método, porque, da perspectiva pirrônica, esse método só se aplicaria a filosofias *dogmáticas*. Nesse sentido, Pascal inventa uma terceira oposição, desta feita entre dogmatismo e pirronismo puro, em face de uma nova alternativa (p ou "p Eq $\neg p$"; o símbolo "Eq" designa a igualdade de força persuasiva entre p e $\neg p$). Nessa nova forma de oposição, Pascal inclui o pirronismo puro como um dos dois pólos da contrariedade filosófica, concebendo assim a filosofia, em geral, como uma guerra entre dogmatismo e pirronismo, guerra que, como veremos, não tem solução filosófica, mas que, de uma certa maneira, continua a dinâmica da aplicação sistemática do método cético de oposição.

Essa nova oposição exige algumas observações para torná-la mais precisa. Primeiro, a oposição pascaliana não é uma oposição de tipo lógico, isto é, uma oposição entre proposições (p ou $\neg p$; s ou $\sim s$), mas uma oposição

---

15 Mais uma vez, convém lembrar como Hume se apropria dessas reflexões de Pascal sobre o ceticismo: "A natureza, por uma necessidade absoluta e incontrolável, nos determinou a julgar, bem como a respirar e sentir." (T, 1.4.1.7).

16 Como bem viu Sève (2000, p. 126): "a equipolência serve para colocar lado a lado, não as diversas opiniões dogmáticas, como em Sexto, mas os próprios ceticismo e dogmatismo". Ou um pouco mais adiante (2000, p. 128): "Sexto Empírico se define como pirrônico e ele certamente não coloca uma equipolência entre pirronismo e dogmatismo; existe a equipolência entre as diferentes posições dogmáticas, essa equipolência é o motor do pirronismo; mas não haveria, para Sexto, nenhum sentido em montar a mecânica de um molde, a colocar em equilíbrio o pirronismo e o dogmatismo."

entre atitudes, a saber, a atitude daquele que crê (que dá seu assentimento a *p*) e a atitude daquele que não tem nenhuma crença (que não dá seu assentimento à proposição em questão - nem à sua negação: "*p* Eq ¬*p*").

Um segundo aspecto dessa oposição pascaliana consiste em levar em conta uma equivalência objetiva entre os dois lados opostos ou entre os dois polos do conflito. Enquanto o pirrônico não se compromete com a equivalência objetiva entre *p* et ¬*p*, pois, afinal, somente lhe *aparece* que as duas teses se equivalem, Pascal parece supor uma equivalência real, e não simplesmente aparente, entre duas atitudes, a de crer e a de não crer. Como diz Pascal, "sendo as aparências iguais dos dois lados, não se sabe onde repousar sua crença" (ES, p. 293).[17]

Do mesmo modo que a oposição entre *p* et ¬*p*, esta oposição pascaliana de atitudes reduz igualmente o campo de possibilidades a duas alternativas mutuamente excludentes e que o esgotariam: ou assentimos a uma proposição, ou nos recusamos a dar-lhe assentimento. Mas, de uma maneira diferente da oposição entre *p* et ¬*p*, na qual sempre seria possível suspender o juízo, esta nova oposição impele-nos a inevitavelmente optar por uma atitude ou outra, pois não é possível permanecer indiferente. "Eis a guerra aberta entre os homens, na qual é preciso que cada um tome partido e se coloque necessariamente ao lado do dogmatismo ou do pirronismo. Quem pensar em permanecer neutro será pirrônico por excelência" (L, 131). Não haveria, assim, uma terceira possibilidade.

Para Pascal, os dois polos da filosofia são indefensáveis. A esse respeito, sua oposição é do mesmo tipo que opõe os dogmáticos entre si: nem *p*, nem ¬*p* são aceitáveis. "A natureza confunde os pirrônicos e a razão confunde os dogmáticos" (L, 131). Assim, nessa guerra, nenhuma das duas posições pode triunfar sobre a outra. "Temos uma impotência de provar invencível a todo dogmatismo. Temos uma ideia de verdade invencível a todo pirronismo" (L,

---

17 Esse ponto, que diz respeito à objetividade da oposição, é facilmente aceitável se nos lembrarmos da teoria pascaliana das duas naturezas. Dessa perspectiva, dogmatismo e ceticismo correspondem a um dos lados de nossa natureza dual.

124 PLÍNIO JUNQUEIRA SMITH

406). Como vimos anteriormente, Pascal sustenta que um pirrônico puro, que pretende alcançar uma suspensão universal do juízo, é um personagem fictício que jamais existiu.[18]

Deveríamos buscar uma terceira via, que seria uma posição neutra entre as duas? Mas uma tal tentativa, para Pascal, está necessariamente fadada ao fracasso. É preciso insistir sobre esse ponto: "Quem pensar em permanecer neutro será pirrônico por excelência. Essa neutralidade é a essência da cabala" (L, 131).[19] Restaria, contudo, a possibilidade de conciliar dogmatismo e pirronismo, acomodando essas duas posições. Mas isso conduziria a uma aniquilação ainda mais completa da filosofia.

> Mas, em vez dessa paz, resultaria de sua combinação somente uma guerra e uma destruição geral, pois um estabelece a certeza, o outro a dúvida, um a grandeza do homem, o outro sua fraqueza, uns arruinam a verdade tanto quanto os outros as falsidades uns dos outros. De maneira que eles não podem subsistir isolados por causa de seus erros, nem se unirem, por causa de suas oposições e, assim, eles se quebram e se anulam para dar lugar à verdade do Evangelho (ES, p. 296).

Antes de passarmos à solução teológica de Pascal, ainda resta tecer algumas considerações de ordem estritamente filosóficas.

A concepção adequada de oposição, de contrariedade ou de contradição é modificada. Num primeiro momento, vimos que Pascal pensava o pirronismo, de maneira geral, sob a forma da oposição entre p e $\sim p$. Assim, afirmar uma tese (p) e negá-la ($\sim p$) são duas posições igualmente dogmáticas.

---

18 Na *Investigação* (EHU 116; T 1.4.1.7), Hume compara aqueles que tentam refutar os céticos a cavaleiros errantes que perambulam pelo mundo combatendo dragões e gigantes.

19 Pascal, L 131. Nesse sentido, uma filosofia crítica, como o idealismo transcendental de Kant, deveria, na perspectiva pascaliana, compreender-se, ou como uma forma de dogmatismo, ou como uma forma de pirronismo. A pretensão kantiana de oferecer uma "terceira via" não poderia, então, ser satisfatória. Para um exame das relações entre Kant e o ceticismo moderno, ver o capítulo 7.

O que caracteriza o pirronismo é o reconhecimento da neutralidade entre p e $\sim p$. Enquanto os argumentos a favor de p ou de $\sim p$ são igualmente dogmáticos, a oposição dos argumentos, testemunhando o equilíbrio ou a equipolência, é uma prática pirrônica. Num segundo momento, o pirrônico puro denuncia um uso incoerente do método de oposição que pretende extrair, desse mesmo método, um dogmatismo negativo, a saber, o reconhecimento de que o conhecimento é impossível ($\sim s$); mas a oposição entre s e $\sim s$ é somente um caso particular da oposição entre p e $\sim p$. Num terceiro momento, a oposição se instaura entre p de um lado e, do outro, $p \ v \ \sim p \ ?$, isto é, entre uma forma de dogmatismo (que defende uma tese p qualquer) e um pirronismo puro (que toma o partido da neutralidade entre uma tese p qualquer e sua antítese $\sim p$), entre a certeza de uma tese e a incerteza dessa mesma tese e sua negação. Já na *Conversa com Saci*, Pascal tinha substituído às duas oposições pirrônicas (impura e pura) uma terceira forma de oposição. A partir de uma referência a Epiteto e a Montaigne como representantes das duas únicas seitas possíveis, Pascal caracterizava essa oposição da seguinte maneira: "ou há um Deus e, então, há um soberano bem; ou isso é incerto e, então, o verdadeiro bem também o é, pois ele é incapaz disso" (ES, p. 296). Essa nova oposição, nós o vimos, é certamente uma elaboração própria de Pascal.[20]

É evidente que os pirrônicos sempre se conceberam como se opondo aos dogmáticos e que sua postura filosófica difere das posturas dogmáticas. Por isso, para os pirrônicos, a oposição filosófica, num sentido estrito, se resume à oposição dogmática entre p et $\sim p$. O pirronismo, na medida em que valoriza a neutralidade entre duas alternativas, pretende estar fora do conflito das filosofias. Integrar o conflito filosófico, para um pirrônico, equivaleria a privilegiar uma das duas opções e sustentá-la. No contexto do conflito entre crenças e opiniões opostas, o pirrônico, que se pretende livre de crenças filosóficas, escaparia a essa dualidade. Ora, a intenção de Pascal

---

20 Embora muito instrutivo, o artigo de Bernard Sève (2000, p. 122) não leva em conta a diferença formal entre a equipolência pascaliana e a cética. Assim, parece que, mesmo no caso do uso pascaliano que visa a estabelecer a equipolência, se trata ainda "de uma oposição dual ou binária: A, não A. Deus existe, Deus não existe".

126   PLÍNIO JUNQUEIRA SMITH

é justamente forçar o pirrônico a integrar-se, contra sua própria vontade, ao conflito das filosofias, a entrar em conflito com as filosofias dogmáticas apesar de sua expressa intenção em contrário. E isso mostra a que ponto, no pensamento de Pascal, esse conflito entre dogmáticos e pirrônicos é inerente à filosofia, na verdade, representa precisamente uma oposição essencial no que diz respeito à própria filosofia.[21]

Essa concepção da filosofia como um combate entre dogmáticos e pirrônicos conduz Pascal a uma visão da história da filosofia muito precisa. Ao longo de toda a sua história, a filosofia, para Pascal, ficou estagnada, sem progresso, oscilando entre dois polos, inclinado-se ora para o dogmatismo, ora para o pirronismo, sem que jamais houvesse uma solução filosófica definitiva desse confronto.[22] Nesse sentido, o conflito interno, inevitável e insolúvel entre dogmatismo e pirronismo não serve à causa da filosofia, mas, ao contrário, é-lhe nocivo. Uma vez que a razão se põe a raciocinar e a examinar os argumentos pró e contra, de um lado e de outro, a proceder *in utramque partem*, ela não pode desembocar numa posição filosófica definitiva ou satisfatória.[23] A solução teológica oferecida por Pascal é bem conhecida: a queda dos homens explicaria essas oposições, conflitos ou contradições, a partir das duas naturezas do homem. Pascal, então, utilizará essa capacidade de explicar essas oposições como argumento principal para sua apologia da religião cristã. Mas ainda não esgotamos o significado filosófico das reflexões de Pascal sobre a argumentação pró e contra e sobre a condição paradoxal do homem.

---

21 Uma tentativa similar de colocar dogmáticos e céticos no mesmo campo filosófico foi feita por Kant, como vimos mais acima. Mas Kant, diferentemente de Pascal, acha que é possível uma terceira alternativa *filosófica*.

22 Como diz Sève (1995, p. 111), "essa história é imóvel ou, antes, bloqueada: nem os dogmáticos podem vencer os céticos, nem os céticos, os dogmáticos... A equipolência das atitudes fundamentais proíbe à história *da filosofia* de ser uma verdadeira história da filosofia, ela não tem progresso nem regresso, sem inovação verdadeira".

23 Segundo Sève (1995, p. 113), "a estrutura lógica da equipolência pascaliana a torna, de fato, totalmente instável". A meu ver, há nela antes uma dinâmica própria do que uma instabilidade.

Nesse contexto, pode-se dizer que, em face da nova filosofia proposta por Descartes, que parece fazer o pêndulo da filosofia inclinar-se para o lado do dogmatismo, é importante mostrar que esse pêndulo pode também inclinar-se para o outro lado, isto é, para o lado do pirronismo. Nesse sentido, a elaboração pascaliana de um pirronismo puro pode ser vista como um esforço para reequilibrar os dois pratos da balança filosófica que oscila desde sempre. Depois do triunfo momentâneo do pirronismo com Montaigne, é a vez de o dogmatismo dominar com a filosofia cartesiana, aparentemente extraindo do próprio pirronismo algumas verdades. Mas é igualmente possível, como o propõe Pascal, extrair uma filosofia pirrônica ainda mais forte desse novo dogmatismo filosófico, este último oferecendo, ele próprio, ao pirronismo argumentos extremamente potentes.[24] Esse pirronismo puro, então, inventado por Pascal, não pode triunfar, pois a natureza nos obriga necessariamente a adotar uma crença, o que também daria razão ao dogmatismo.[25] Assim, nesse balançar contínuo, a filosofia não pode escapar à oscilação entre os dois polos à qual ela se encontra condenada.

Um novo uso para o método de oposição

Ainda de outro ponto de vista, a estratégia pirrônica pode ser utilizada de maneira diferente, não para alcançar a suspensão do juízo.[26] É verdade

---

24 Sève (1995, p. 113) parece igualmente atribuir a Pascal dois níveis de ceticismos e de dogmatismos.

25 Sabe-se que Hume conhecia mal os céticos pirrônicos da antiguidade. De fato, o que Hume atribui aos pirrônicos parece ser uma visão muito distanciada dessa vertente cética. De onde, então, Hume tira sua concepção do pirronismo? Parece-me possível que o que Hume chama de pirronismo remete em realidade ao pirronismo puro de Pascal, e não ao pirronismo antigo. Smith (2011a).

26 Sève (1995, p. 123) também chama a atenção para esse ponto: "Resta, certamente, uma diferença notável no resultado buscado, que era, para Sexto, a suspensão do juízo e a tranquilidade. Pascal obtém, do mesmo procedimento, resultados totalmente contrários: não se trata de buscar a tranquilidade para o homem, mas, ao contrário, a perturbação".

128   PLÍNIO JUNQUEIRA SMITH

que sua primeira função, no contexto desse novo uso, consiste em destruir opiniões, mostrando sobretudo como a razão não pode sustentá-las de maneira eficaz. Num fragmento importante, intitulado "As razões dos efeitos", Pascal se refere a uma "inversão contínua do a favor ao contra" (L, 93). Um exemplo proposto por Pascal, a esse respeito, é o da justiça, no qual ele invoca algumas opiniões populares e mostra como elas se seguem umas às outras, se destruindo sucessivamente.[27] Passando do pró para o contra, as opiniões precedentes se veem destruídas, de tal modo que essas opiniões "são sempre muito falsas e muito malsãs" (L, 93). Como se sabe, num certo sentido, para Pascal, "o pirronismo é o verdadeiro" (L, 691). A verdade do pirronismo consiste no seu uso adequado, isto é, para humilhar a razão e abater o orgulho dos homens, a fim de mostrar que eles não são grandes, mas miseráveis. Numerosas passagens de Pascal vão nesse sentido e não poucas atribuem esse papel ao pirronismo. Assim, o método de oposição possui ao menos uma função similar ao uso que dele faziam os pirrônicos.

Além disso, realizando precisamente essa função pirrônica de destruição das crenças comuns e filosóficas, combatendo as opiniões por meio das opiniões contrárias que as anulam, Pascal propõe-se outra finalidade, o que nos leva por assim dizer a uma antropologia ou a uma certa concepção do homem. "Se ele se elogia, eu o diminuo; se ele se diminui, eu o elogio. E eu o contradigo sempre, até que ele compreenda que ele é um monstro incompreensível" (L, 130). Dado que a oposição não mais se reduz a uma oposição entre p et $\neg p$, mas entre dogmatismo (p) e pirronismo ($p \lor \neg p?$), Pascal pode pensar a inversão contínua do pró ao contra igualmente sob o registro da inversão contínua do dogmatismo ao pirronismo, o que introduz, no conflito das filosofias, uma dinâmica totalmente nova. A filosofia, como meio de exercício racional da argumentação em favor dos dois polos, como meio de inversão contínua das opiniões, deve promover uma saída de si mesma: o fato de que o homem seja um monstro incompreensível significa que a

---

27 Lebrun (1983), capítulo 1.

razão filosófica, por si mesma, não é capaz de compreendê-lo e de apreender a sua dupla natureza.

Em suma, a finalidade da argumentação pró e contra não é chegar à suspensão do juízo. Essa posição, como o vimos, seria impossível, pois a natureza obriga o cético a julgar, a apostar, a crer. Embora tendo como função destruir as crenças, a argumentação pró e contra visa a mostrar-nos outra coisa, a incompreensibilidade de nossa natureza, algo que, no entanto, deve ser compreendido e deve sê-lo sob o viés dessa argumentação estritamente filosófica, senão a filosofia seria incapaz de conduzir-nos à dualidade da natureza que nos constitui. O exercício pirrônico da argumentação pró e contra possui, então, esta outra finalidade: não a suspensão do juízo ou a tranquilidade da alma, mas a passagem a outra ordem, na qual a razão deve se submeter, em virtude de si mesma, e adotar uma moral cristã, e não pagã, que seria a dos pirrônicos, na verdade a de Montaigne.[28] Segundo Pascal, jamais a suspensão do juízo e a tranquilidade da alma poderiam fornecer de si mesmas uma verdadeira satisfação para os homens, pois "crer é muito importante" (L, 505). Para compreendermos adequadamente esse ponto, devemos ter em mente que Pascal associa a inversão contínua do pró ao contra à razão dos efeitos. Essa expressão proveniente da filosofia natural adquire uma nova dimensão moral em Pascal: no primeiro caso, indicar a razão dos efeitos é dar a verdadeira causa dos fenômenos; no segundo, a razão fornece mais que um simples antecedente, ela remete à causa acompanhada de sua justificação. Qual é, então, a causa que justifica essa oscilação entre dogmatismo e pirronismo? A inversão contínua do pró ao contra deve nos ajudar a descobrir e a apreendê-la adequadamente.

É necessário, nesse caso, ultrapassar as visões parciais do dogmatismo e do pirronismo, corrigindo-as.

---

28 A esse propósito, ver Pascal, L, 427 e 680. Ver também o que diz Maia Neto (1995, p. 58): "A tarefa de Pascal é privar o pirronismo de seu fundamento moral pagão e fazer como se o ceticismo conduzisse, não à *epokhé* ou à *ataraxía*, mas à humildade cristã: submissão da razão (crença) à fé e ao medo".

> Quando se quer criticar com utilidade e mostrar a outrem que ele se engana, é preciso observar de que lado ele vê a coisa, pois ela é comumente verdadeira desse lado, e admitir-lhe essa verdade, mas revelar-lhe o lado pelo qual é falsa. Ele se contenta com isso, pois vê que ele não se enganava e que somente lhe faltava ver todos dos lados (L, 701).

Essa afirmação de Pascal, mais uma vez, parece muito próxima do pirronismo. Com efeito, o pirrônico crê que o dogmático, afirmando *p*, não vê a força da posição oposta. Mas se o pirrônico integra agora o conflito das filosofias, como o concebe Pascal, então também ele (o pirrônico) não considera o outro lado da questão, aquele sustentado pelo dogmático. "Todos os seus princípios são verdadeiros, dos pirrônicos, dos estoicos, dos ateus etc., mas suas conclusões são falsas, porque os princípios opostos também são verdadeiros". (L, 619) Assim, é útil considerar, conforme ao espírito mesmo do pirronismo, a posição do dogmático e, concebendo as coisas também desse outro lado, obrigar o pirrônico a abandonar seu pirronismo para conduzi-lo a abraçar a fé. "É certo que muitos dos dois contrários estão enganados. É preciso tirá-los desse engano. A fé abraça muitas verdades que parecem se contradizer, tempo de rir e de chorar etc." (L, 733). A razão deve submeter-se, e está na lógica da razão traçar seus próprios limites e reconhecer que, além de seu domínio, a fé deve conduzi-la: "É preciso saber duvidar quando for preciso, ter certeza quando for preciso, submeter-se quando for preciso. Quem não faz assim não ouve a força da razão... Pirrônico, geômetra, cristão: dúvida, certeza, submissão" (L, 170). Desde o começo dos *Pensamentos*, Pascal já tinha indicado que se trata do caminho que conduz ao cristianismo: "Carta para levar a buscar Deus. E, depois, fazê-lo buscar pelos filósofos, pirrônicos e dogmáticos que preparariam aquele que o busca" (L, 4). É dessa maneira, parece-me, que "o pirronismo serve à religião" (L, 658).

Essa nova oposição que Pascal institui entre dogmáticos e pirrônicos não é, como vimos, do mesmo tipo que as oposições anteriores. Nos dois primeiros casos, havia uma espécie de *oposição lógica entre proposições*. Mas, nessa oposição que Pascal constrói, parece que somos conduzidos mais longe e, abandonando o conflito lógico, somos colocados diante de um conteúdo paradoxal, pois desta vez os opostos confrontam-se dentro de um mesmo sujeito, o homem, pois é próprio ao homem oscilar perpetuamente entre dogmatismo (p) e pirronismo ($p \vee \neg p$?), entre a atitude de afirmar e a atitude de suspender o juízo. Cada um de nós confronta-se com essa dupla tendência e a filosofia não é senão o resultado dessa dualidade que nos constitui: "Conhecei, pois, soberbo, que paradoxo vós sois para vós mesmo. Humilhai-vos, razão impotente! Calai-vos natureza imbecil, aprendei que o homem ultrapassa infinitamente o homem e ouvi de vosso mestre a condição verdadeira que ignorais. Escutai a Deus" (L, 131). É aqui, finalmente, quando a razão nos abandona, quando a filosofia leva a entrar na teologia, quando a razão conduz, ela própria, à fé, pois somente esta última pode explicar nossa origem e nossa natureza, permitindo assim responder aos argumentos mais fortes do pirronismo jamais formulados, invocando a possibilidade de que nós teríamos sido engendrados por um gênio maligno ou que somos o mero fruto do acaso. A doutrina da dupla natureza do homem põe fim à busca e constitui uma resposta aos questionamentos intermináveis da razão filosófica.

> Guerra intestina do homem entre a razão e as paixões. Se houvesse somente a razão sem paixões. Se houvesse somente as paixões sem razão. Mas existindo um e outro, ele não pode ser sem guerra, não podendo ter paz com um sem ter guerra com o outro. Assim, ele está sempre dividido e é contrário a si mesmo (L, 621).

Chegamos, assim, à "razão dos efeitos", a saber, ao ponto fixo ao qual os homens são conduzidos e que os obriga a oscilar eternamente entre dogmatismo e pirronismo. A inversão contínua do pró ao contra, as passagens sucessivas do dogmatismo ao pirronismo e vice-versa, não têm outra finalidade senão apontar para essa incompreensibilidade natural, contraditória e paradoxal que constitui o homem.[29] Pascal utiliza, assim, de maneira muito particular o método cético de oposição, transformando-o numa inversão contínua do pró ao contra. De um lado, esse método, tanto para o pirrônico como para Pascal, nos conduz a abandonar todas as crenças humanas e a reconhecer os limites da razão humana; de outro, desta vez diferentemente do pirronismo, esse método, nas mãos de Pascal, nos conduz à fé e a Deus, preparando-nos para receber a graça e, assim, aceitar Deus.

---

29 Bouchilloux (2004, p. 153), invocando a moral de Montaigne, também crê que a razão dos efeitos permite entender as contradições inerentes ao homem a partir de um ponto de vista teológico: "De acordo com o esquema das 'razões dos efeitos', a teologia agostiniana das duas naturezas permite explicar a aparente contradição que encerra o divertimento. Qual é essa aparente contradição? Ela consiste em que os homens aspiram ao repouso somente pela agitação que os separa dele irremediavelmente. Eles têm um instinto secreto que os leva à agitação e eles têm outro instinto que os leva ao repouso". Num artigo anterior (2000, p. 71), ela lembrou a solução teológica e o papel do esquema das 'razões dos efeitos' em Pascal: "No que diz respeito aos princípios essenciais, temos proposições que podem parecer contraditórias do ponto de vista natural - tendo em vista um sujeito simples -, mas que verificam contrárias do ponto de vista sobrenatural, - tendo em vista um sujeito duplo, como o faz a teologia. Essa é a razão pela qual o esquema das 'razões dos efeitos' que ordena os contrários deverá substituir o raciocínio por absurdo que utiliza os contraditórios. Verdades contrárias (e não contraditórias) são verdadeiras cada uma em sua ordem".

Capítulo 4
O ceticismo francês do século XVII

Capítulo 4
O ceticismo francês do século XVII

Ceticismo, crença e justificação

Uma concepção das conexões conceituais do ceticismo moderno

Richard Popkin ofereceu uma definição muito clara e precisa do ceticismo moderno: "uma concepção filosófica que levanta dúvidas sobre a adequação ou confiabilidade da prova que poderia ser oferecida para justificar qualquer proposição" (2003, p. xxi). Ele entende o ceticismo como a posição filosófica de acordo com a qual não haveria razão conclusiva que provasse ser verdadeira uma certa crença. Os céticos partilhariam essa concepção de justificação com os dogmáticos, seus antagonistas. "A antítese do ceticismo... é o 'dogmatismo', a concepção de que provas podem ser oferecidas para estabelecer que pelo menos uma proposição não-empírica[1] não poderia ser falsa de maneira nenhuma" (2003, p. xxiii). Portanto, a principal diferença entre ceticismo e dogmatismo reside em como cada seita avalia argumentos, razões e provas, e não em ter ou não ter crenças.

Por isso, Popkin diz que "'cético' e 'crente' não são classificações opostas... O cético pode, como qualquer outro, ainda aceitar várias crenças"

---

1   Popkin não explica por que ele introduz essa qualificação ("proposição não-empírica") aqui. Esta pode desempenhar um papel importante, mas deixarei de lado essa questão.

(2003, p. xxi). Crentes podem ser dogmáticos quando eles pensam que têm uma justificação boa e racional para suas crenças, quando eles sustentam uma crença com base em provas e razões; ou eles podem ser céticos, quando aceitam essas crenças apesar da falta de justificação racional para essas crenças, quando aceitam essas crenças sem estarem apoiados em qualquer argumento, mas somente na fé. Portanto, não haveria nenhum problema com a expressão "fideísmo cético". O ceticismo moderno não teria nenhuma relação "com a descrença, especialmente a descrença nas doutrinas centrais da tradição judaico-cristã" (2003, p. xxi). Se uma pessoa aceita, como fizeram os fideistas, que "Deus existe" sem afirmar que ela tem razões conclusivas ou que ela sabe isso, então ela pode ser cética.

Das definições de Popkin, pode-se extrair um quadro das conexões conceituais entre conceitos como verdade, juízo, crença, raciocínio e justificação no ceticismo moderno. Não estou seguro de que Popkin aceitaria essas conexões conceituais como as explicarei aqui. No entanto, talvez se possa aprofundar nosso entendimento do ceticismo moderno avaliando esse quadro.

De acordo com esse quadro, é fundamental traçar uma distinção entre p e "p é verdadeira". Toda a disputa entre dogmáticos e céticos giraria em torno de "p é verdadeira", mas não em torno de p. O cético pode, como vimos, crer em p; e, embora possa não suspender o juízo sobre p, ele não afirmará "p é verdadeira". Para afirmar "p é verdadeira", é preciso de uma justificação que garanta a verdade de p. O dogmático pensa precisamente que ele pode fornecer essa justificação. Ele oferece uma justificação (razões, argumentos, provas) para sustentar que "p é verdadeira" e não pode ser falsa de maneira nenhuma. O cético argumenta que nenhuma justificação é completamente confiável, que não há razões conclusivas nesse sentido. À luz dos argumentos céticos, p poderia ser falsa. Portanto, o cético não assente a "p é verdadeira", uma vez que esta última proposição não foi estabelecida por argumentos filosóficos. O cético, contudo, pode continuar aceitando p, mas isso não significa, como acabamos de ver, que ele endossa a proposição "p é verdadeira". As crenças poderiam eventualmente ficar intocadas pelo desafio cético, como se pudessem estar protegidas ou ser invulneráveis aos argumentos céticos. O desafio cético seria dirigido primariamente à justificação (dogmática) que nos levaria, se exitosa, a afirmar a proposição dogmática "*p* é verdadeira".

Tendo em vista esse quadro do ceticismo moderno traçado por Popkin, eu gostaria de examinar o que dizem alguns filósofos franceses do século XVII que lidaram com o ceticismo: François La Mothe Le Vayer, Simon Foucher, Pierre-Daniel Huet e Pierre Bayle. Eu gostaria de levantar as seguintes questões: 1) o ceticismo diz respeito primariamente à justificação de crenças, e não às próprias crenças?; 2) o ceticismo é fundamentalmente um ataque contra a razão?; 3) o ceticismo pode associar-se ao fideismo coerentemente? Finalmente, eu gostaria de dar algumas pistas de como se deve entendê-lo.

Qual o alvo dos argumentos céticos?

A prática pirrônica de argumentar a favor e contra uma doutrina tem a finalidade de produzir a *epokhé*. Contudo, parece-me que há pelo menos duas ou três interpretações da *epokhé* nesse período: como suspensão da mente, como suspensão da crença e como suspensão do juízo. Uma discussão de como esses filósofos franceses do século XVII interpretavam a *epokhé* mostra que eles tinham como alvo as crenças, a própria proposição *p*, não somente as justificações de *p* ou somente "*p* é verdadeira".

La Mothe Le Vayer traduz *epokhé* como "*suspension de l'esprit*" (D, p. 29, p. 61). O que o cético suspende seria sua *mente*, não, em primeiro lugar, sua crença ou assentimento. Portanto, parece que, de acordo com La Mothe Le Vayer, a *epokhé* tem um impacto, não exatamente sobre nossas crenças, mas sobre nossas mentes. No que diz respeito a todos os tipos de proposições, deveríamos usar "a modéstia, retenção e suspensão céticas". Não é que não se deveria dizer nada sobre nada, o que é importante é como dizemos o que dizemos. Não deveríamos nos precipitar e afirmar apressadamente. Assim, a

138   PLÍNIO JUNQUEIRA SMITH

epokhé não é a dissolução da crença, mas somente "não pronunciar *temeraria-mente*" (D, p. 60).[2]

Correspondentemente, La Mothe Le Vayer interpreta a vida cética, uma vida *adoxástos*, não como uma vida sem crenças, mas somente como uma vida com opiniões mutáveis. Ele traduz *adoxástos* como *opiniastreté*, isto é, obstinação (D, p. 19). Um cético jamais estará ligado a uma crença com obstinação, ele não será, após a prática de argumentar dos dois lados de uma questão, obstinado. É uma questão de atitude, mais do que de crença. O cético pode ter crenças, o único problema é como ele as tem, a atitude que ele assume diante das crenças que tem. O cético não faz afirmações "dogmáticas e pedantes" (D, p. 20).

Essa é a razão pela qual, a meu ver, o ceticismo tem, para La Mothe Le Vayer, uma dimensão moral essencial. Seu impacto sobre nós não é primordialmente epistemológico, mas moral. Ele muda nossa atitude, a maneira pela qual concebemos a vida e entendemos o que ordinariamente dizemos. A *epokhé* não é somente uma incerteza ou indecisão, é o grau mais alto da felicidade humana. É interessante notar também como ele entende o objetivo do pirronismo. "A *epokhé* trabalha sobre nós da mesma maneira" (VP, p. 130). *Ataraxía* e *metriopátheia* são "nosso único repouso verdadeiro e contentamento sólido" (D, p. 62). De acordo com La Mothe Le Vayer, o que a prática cética faz não é banir as crenças de uma vida cética, de modo que nossas afecções não nos perturbarão mais do que deveriam, se lhe acrescentássemos uma crença (dogmática), mas regular e moderar nossos costumes (D, p. 62; "*cette reglée moderation des moeurs*").

Mas não se deve pensar que, para La Mothe Le Vayer, a *epokhé* diz respeito somente à nossa atitude diante da crença, e não às próprias crenças. "A escola cética tem um uso não pequeno para uma alma cristã, quando ela faz perder todas suas opiniões magisteriais" (VP, p. 130). É verdade que ele não estende o poder da *epokhé* sobre nós a todas as crenças, mas a algumas,

---

2   Huet diz algo similar: "o fim próximo é evitar o erro, obstinação e arrogância." (TF, p. 209).

talvez à maioria, delas. Nesse sentido, ele restringe o alcance das crenças que são eliminadas pelo método cético: somente as "crenças humanas", não as "crenças divinas". Essa restrição, é claro, tem sua origem num uso cristão do ceticismo, como veremos, mas é uma restrição dentro das crenças. Toda uma classe de crenças deveria ser simplesmente banida de nossas mentes por meio da aplicação do método cético. Referindo-se ao método cético como uma ciência da ignorância, La Mothe Le Vayer diz que "é uma ignorância razoável e argumentada que é adquirida somente por meio de uma ciência e se poderia chamá-la de uma 'douta ignorância'.... pois a ciência extrema frequentemente produz o mesmo efeito que a extrema ignorância" (VP, p. 128).

Em suma, o ceticismo trabalha sobre nosso entendimento, mas seu efeito principal é sobre nossa vontade. Afinal das contas, a *epokhé* (suspensão da mente) leva tanto à *ataraxía* como à *metriopátheia*; a primeira rege sobre as opiniões, a segunda modera as afecções, "de tal maneira que o cético goza de uma perfeita tranquilidade, tanto com respeito ao entedimento, como com respeito à vontade" (VP, p. 122).

Huet fala da *epokhé* como uma suspensão da crença: "*suspension de la créance*" (TF, p. 99, 103, 114, 116, 117). Numa passagem, há equivalênia entre suspensão do juízo e suspensão da crença (TF, p. 102) e, em outras duas, Huet fala da "suspensão do consentimento" (TF, p. 110, 206). Não é difícil entender isso, porque crença, juízo e consentimento (ou assentimento) são conceitos interrelacionados: uma pessoa tem uma crença quando ela assente ou dá seu consentimento a uma proposição, isto é, quando julga que alguma coisa aconteceu. Ele também fala de argumentar contra "opiniões", quando diz que Arcesilau costumava criticar "com muito engenho e eloquência todas as opiniões que lhe eram propostas" (TF, 112). Não há dúvidas, então, de que Huet pensa que o alvo do método cético de oposição é a crença e opinião, pois é assim que ele entende a *epokhé*.

Foucher (D, p. 31) e Bayle (DHC, "Pirro") traduzem *epokhé* como "suspensão do juízo", tradução que se tornou comum entre nós. Se a tradução de Huet como "suspensão da crença" é equivalente a "suspensão do juízo", então as duas traduções expressam uma interpretação similar da *epokhé*. Está claro, no entanto, que a interpretação de Foucher deixa isso aberto, se a suspensão do juízo implica a suspensão da crença.

Todos esses filósofos estavam conscientes de um antigo problema de como se deve entender a "crença". Todos eles parecem reconhecer que, dependendo de como a crença é definida, o cético pode ou não ter crenças. Primeiro, Foucher se refere à distinção de Agostinho entre crença e opinião: quando acreditamos, seguimos o juízo de uma outra pessoa; quando opinamos, seguimos nosso próprio juízo (D, p. 45-6). Além disso, Foucher está consciente de que mesmo a palavra "opinião" é equívoca (D, p. 44-5). O ceticismo criticaria a opinião, num desses sentidos, a saber, no sentido de opinar sobre certos *fatos* ou ações *particulares*, mas não no outro, a saber, todos os tipos de sentimento ou consentimento *gerais*, sejam certos ou incertos, de modo que seria possível agir e afirmar algumas coisas (tendo crenças num sentido), mantendo a suspensão do juízo (sem ter crenças no outro sentido).

Huet também menciona essa dificuldade sobre os termos "opinião", "crença" e "consentimento" (TF, p. 206). "Opinião", segundo Huet, tem dois significados. "Pode-se chamar de opinião o consentimento que se pode dar a coisas duvidosas nas meditações e disputas filosóficas, e a afirmação de uma coisa incerta como verdadeira." Nesse primeiro sentido, o sábio pode evitar todas as opiniões, isto é, ele pode evitar a crença e reter seu consentimento. Há, contudo, um segundo significado associado a "opinião", que é simplesmente "seguir o que é provável no uso da vida". Neste outro sentido, Huet admite que mesmo os céticos podem ter opiniões. Uma vez que a primeira definição de "opinião" invoca crença e consentimento, Huet diz que "é necessário introduzir uma distinção similar nas palavras 'crença' e 'consentimento'" (TF, p. 206-7). Nos dois casos, também há um sentido filosófico e um sentido comum, que é o de seguir o "provável". Assim, os céticos proporiam seus argumentos para eliminar a crença ou opinião no primeiro sentido.

Bayle também distingue dois sentidos de crença. De um lado, ele atribui aos céticos, incluindo Carnéades, uma suspensão consistente do juízo. O método cético de oposição resulta na suspensão do juízo. Por exemplo, os dogmáticos disputam se às vezes agimos livremente (p) ou se todas as ações são determinadas ($\sim p$); os céticos, argumentando dos dois lados dessa questão, acabam por suspender o juízo, isto é, não afirmam p ou $\sim p$. Ele não dá seu assentimento a p (ou $\sim p$), afirmando que se sustenta p (ou $\sim p$), apesar de não se ter razão para isso e com base em alguma causa irracional (fé, educação ou preconceito). De outro lado, Bayle reconhece que os céticos podem ter algumas crenças. Quando reconhece que a ciência moderna é cética e que não há razão para temer os céticos na vida comum (DHC, "Pirro", B), ele parece atribuir ao cético opiniões, já que este não suspende o juízo sobre o que aceita na ciência empírica e sobre o que deveria fazer na vida. Bayle parece admitir que os céticos podem ter crenças inconstantes como todos os demais mortais (DHC, "Pirro", F). Mas, note-se, não se devem supor verdadeiras essas opiniões científicas que um cético pode ter, uma vez que são apenas hipóteses prováveis e dados que não dizem respeito às molas internas e princípios intrísecos da natureza.

Em suma, a palavra "crença" pode ter dois significados, um ligado à verdade, outro inteiramente independente da afirmação de alguma proposição como verdadeira. Os argumentos céticos têm a finalidade de dissolver as crenças no sentido filosófico, isto é, crença como a aceitação de algo como uma verdade inquestionável. O método cético era dirigido contra esse sentido de crença. Crenças e opiniões não estavam imunes ao ataque cético. Além disso, o ataque cético também se dirigia à atitude da mente a respeito da crença, tendo uma dimensão moral e como que um impacto existencial sobre nós.

O ceticismo moderno é um ataque à razão?

Não parece inteiramente correto dizer que o ceticismo é um ataque à razão, já que se pode dizer que ele também é um ataque à nossa vontade,

142 PLÍNIO JUNQUEIRA SMITH

aos hábitos mentais, aos sentidos, à autoridade, aos dogmas religiosos e, de fato, ele frequentemente se apoia em razões para desferir esses ataques. Um exame cuidadoso dos argumentos empregados pelos céticos modernos franceses mostra a variedade de alvos. Além disso, há um sentido importante em que esses céticos confiam na razão e não a atacam.

Para La Mothe Le Vayer, o pirronismo não era dirigido contra a justificação da crença ou contra nossa capacidade de raciocinar e justificar crenças, mas contra uma atitude da mente, de acordo com a qual estamos como que predispostos a fazer asserções precipitadas, a nos ligarmos excessivamente a nossas opiniões e, portanto, a sermos obstinados em nossas crenças. Talvez essa seja a razão pela qual ele estava tão interessado em discutir, no banquete cético, nossos hábitos de comer e beber. Não por acaso, para ele, a principal arma cética é o décimo modo, segundo o qual várias leis, costumes, tradições, crenças míticas e opiniões dogmáticas conflitantes são postas lado a lado para se neutralizarem mutuamente. Nesse sentido, La Mothe Le Vayer está atacando sobretudo nossa vontade, nossos hábitos e costumes de pensar e viver, mas não necessariamente nossa razão.

Foucher fornece um contraexemplo ainda mais forte. Ele insiste ao longo de todo seu livro sobre a história e princípios da filosofia acadêmica que os acadêmicos sempre criticaram a ideia de que os sentidos poderiam ser um critério de verdade, mas não que a razão é ou poderia ser nosso guia. Conforme ele vai apresentando os vários céticos acadêmicos, Foucher quase invariavelmente menciona que eles criticam os sentidos (D, p. 16, 20, 52, 54, 57, 67, 68 etc.). O primeiro passo em direção à verdade é dar as costas para os sentidos (D, p. 156). Os dogmáticos, contudo, pensam que "as coisas externas, corpóreas e sensíveis são mais bem conhecidas e mais certas" (D, p. 18). De acordo com Foucher, temos uma ideia de um critério de verdade, pois conhecemos algumas verdades (D, p. 132-133). "É necessário corrigir nossos sentidos, que nos enganam de muitas maneiras, e é necessário ver com a mente e pela luz da razão coisas insensíveis que nossos olhos não poderiam descobrir" (D, p. 128-129). Cícero e os estóicos não compreenderam esse ponto, já que eles pensavam que, se os acadêmicos "destruíram o critério sensível dos estóicos, não se deveria esperar nenhum outro. Mas, longe disso, nossos acadêmicos pensavam que eles poderiam julgar sobre a natureza das coisas externas a nós por seu critério racional" (D, p. 166).

Para Foucher, a razão, mesmo a razão humana, pode construir um conhecimento, desde que nos livremos dos sentidos e nos emancipemos de nossos preconceitos. "A filosofia, pondo de lado o barulho de nossos preconceitos e dissipando os fantasmas enganadores de nossos sentidos, nos aproximará de sua luz e nos conduzirá para dentro de nós mesmos" (D, p. 205). A razão pode descobrir muitas verdades escondidas dos sentidos e, ao longo do tempo, podemos ter encontrado algumas delas. "Não há nada maior e mais rico do que as verdades e não se deve duvidar de que reuni--las é algo muito considerável" (D, p. 7). De fato, para o acadêmico, pode até haver progresso no conhecimento. "Cada século tendo descoberto algumas verdades, o nosso pode dar-nos alguma coisa boa que os anteriores não puderam dar; de maneira similar, os séculos por vir poderão acrescentar novos tesouros a esses que reunimos" (D, p. 7).

Huet usa os argumentos céticos antigos numa organização moderna, tentando provar que não temos conhecimento certo e evidente. Quando vemos como suas provas estão organizadas, percebemos que Huet não está somente atacando a razão, mas tem um alvo bem mais amplo. Enquanto algumas provas incluem outras coisas além da razão, muitas provas simplesmente não dizem respeito à razão como tal, mas à autoridade e à natureza das coisas. Passemos brevemente em revista essas provas.

Primeiro, ele argumenta em favor do ceticismo a partir de autores sagrados (prova 1) (TF, p. 22-32). Depois, ele passa para os argumentos filosóficos. A prova 2 (TF, p. 32-52) é baseada no modo das misturas e não se restringe a argumentos contra a razão. Em seguida, ele mostra que "as coisas por sua própria natureza não podem ser conhecidas pelos homens com certeza e evidência" (TF, p. 53), por causa de sua própria essência (prova 3) (TF, p. 52-58), por causa de sua mudança constante (prova 4) (TF, p. 59-62), por

144   PLÍNIO JUNQUEIRA SMITH

causa das diferenças entre os homens (prova 5) (TF, p. 63-65) e por causa das causas infinitas (prova 6) (TF, p. 65-69). Em terceiro lugar, Huet usa ainda outro tipo de argumento, que é baseado no critério de verdade e evidência (provas 7 e 8) (TF, p. 69-74 e p. 75-84). Finalmente, ele argumenta a partir das doutrinas filosóficas: a partir de Descartes (prova 9) (TF, p. 85-87); recorrendo à ideia de petição de princípio (prova 10) (TF, p. 88-89); com base na incerteza dos raciocinios (prova 11) (TF, p. 90-93); recorrendo à ideia cética de *diaphonía* (prova 12) (TF, p. 94-95); a partir da autoridade de muitos bons filósofos (prova 13) (TF, p. 96-173). Talvez seja muito mais correto dizer que todas essas *provas* céticas expostas por Huet mostram que o homem não pode alcançar o conhecimento com certeza e evidência, não somente porque sua razão é fraca, mas também porque o homem, por sua natureza (incluindo o corpo, os sentidos etc.), é incapaz de apreender a verdade e especialmente porque as coisas, por sua própria natureza, são incognoscíveis para nós. Contudo, para Huet, podemos saber e, usando nossa razão, podemos ter conhecimento sem certeza e sem evidência; a fé sustentará o que essa razão incerta alcançou por si mesma (TF, p. 182, 183, 187).

Popkin sugeriu que, no caso de Bayle, a própria razão seria destruída pelo ceticismo. Por ter levado a autodestruição da razão mais longe que todos os seus predecessores, Bayle seria um "supercético". Contudo, da perspectiva de Bayle, é o cristianismo que destrói a razão, conferindo mais força ao ceticismo: uma vez que certos dogmas religiosos são aceitos, a razão será destruída (DHC, "Pirro", B). Essa "ajuda" cristã estaria associada a um uso não-cético do ceticismo: destruir a razão para nos conduzir à fé. Além disso, para Bayle, os céticos antigos não focalizavam especialmente os raciocínios. Os argumentos céticos usam silogismos, pressupõem os padrões corretos de argumentação; eles criticam, não a forma dos argumentos (dogmáticos ou não), mas seu conteúdo ou seu uso parcial. Nesse sentido, os céticos jamais pretenderam destruir nossa capacidade de raciocinar e de fazer inferências racionais. Ao contrário, os céticos confiam no silogismo, repudiam a contradição etc; eles não questionam a forma do argumento, mas se sentem à vontade para raciocinar e aceitam de bom grado a validade das formas lógicas (DHC, "Zenão de Eleia", G).

Para Bayle, os céticos podem pensar tanto quanto as demais pessoas. Vimos que, na vida civil bem como na ciência, os céticos podem raciocinar e levantar hipóteses como qualquer outra pessoa. Eles podem raciocinar, mesmo que não cheguem a uma posição fixa. Assim como as marés sobem e descem, "as mentes dos homens são instáveis".

> Deus dá [aos homens] sua provisão de razão como uma espécie de pão diário que ele renova a cada manhã. Isso se encaixa perfeitamente com a hipótese dos pirrônicos: eles estão sempre investigando, não se fixam em nenhuma parte, a toda hora se sentem dispostos a raciocinar de uma nova maneira segundo as variações das circunstâncias (DHC, "Pirro", F).

O ceticismo moderno está a favor ou contra o cristianismo?

O que se deve dizer a respeito da relação entre o ceticismo e o cristianismo? No caso de La Mothe Le Vayer, Foucher, Huet e Bayle, é preciso distinguir entre o ceticismo propriamente dito e um uso cristão do ceticismo. Deve-se manter essa distinção tão rigorosa quanto possível. Se se adota a perspectiva cética, então o ceticismo se opõe ao cristianismo. De outro lado, se se adota a perspectiva cristã, então *pode-se*, talvez, usar o ceticismo como uma preparação para a fé. Contudo, nem todos os cristãos pensam que o ceticismo constitui uma boa preparação para a fé cristã e, mesmo que se pense que o ceticismo pode ser uma preparação para a fé, deve-se reconhecer que o ceticismo precisa ser transformado para adquirir esse uso cristão.

Em *Da virtude dos pagãos*, La Mothe Le Vayer apresenta, em linhas gerais, a visão cética e, então, trata a questão de saber "o que nós, como cristãos, deveríamos pensar de uma seita sobre a qual muitos falam com desdém e poucos com conhecimento" (VP, p. 127). Ele não tem dúvidas de que Pirro

146 PLÍNIO JUNQUEIRA SMITH

iria para o inferno. Com efeito, Pirro é o único filósofo que não se salva do inferno. O que essa condenação significa? A meu ver, significa que o ceticismo, considerado em si mesmo, é, de todas as seitas pagãs, a mais contrária à fé em Deus: há uma oposição completa entre o ceticismo e a fé religiosa.

Apesar dessa condenação, pode haver um uso cristão do ceticismo. Nesse uso, o ceticismo é dirigido contra as pessoas presunçosas, obstinadas em suas opiniões e crenças e que confiam excessivamente em sua razão. Dessa maneira, ele pode ser "uma filosofia favorável à fé" (VP, p. 129). Em comparação com outras filosofias pagãs, o ceticismo é "menos contrário ao cristianismo e pode receber muito facilmente os mistérios de nossa religião" (VP, p. 128). Dito de outro modo, o ceticismo "é a [filosofia] menos contrária à nossa crença e a mais adequada para receber as luzes sobrenaturais da fé" (VP, p. 129). Obviamente, La Mothe Le Vayer não pensa que o ceticismo caminha por si mesmo nessa direção. É preciso atribuir-lhe um novo propósito, é preciso "cristianizar o ceticismo". Pode-se, talvez, temer um cético, mas não há razão para temer um cético cristianizado, pois dessa forma muito particular de ceticismo todo mal já foi exorcizado. "Não é preciso temer um cético convertido num cristão pela circuncisão de São Gregório" (VP, 131). La Mothe Le Vayer, então, fala livremente sobre seu "ceticismo cristão", que é uma seita "catequizada". O ceticismo não é uma seita mais criminosa que as outras, "uma vez pago o devido respeito que se deve à nossa teologia sagrada e que, somente como seguidores, eles devem ser chamados, junto com os outros, para servir a esse mestre divino" (VP, p. 131-132). Uma vez que seu objetivo é nossa alma, bons costumes e habitos moderados e disciplinados, o ceticismo pode ser útil como uma preparação para a religião.

Esse "ceticismo cristianizado" não nos deve cegar para o que o próprio ceticismo, como uma filosofia pagã, faria com as crenças e fé cristãs. Ele as destruiria. Se não forem cortados os perigos potenciais, se ele não se submeter à teologia, se também for dirigido às crenças divinas, ele não poderá ser assimilado pelo cristianismo. Se se preservar sua ameaça original à fé, todos os céticos terminarão no inferno, como Pirro.

Se pode ser útil à fé cristã, não é poque, rigorosamente falando, o pirronismo tem uma dimensão teórica ou epistemológica, mas porque ele "trabalha sobre nossas mentes". A suspensão do juízo "elimina essas imaginações vãs de saber com certeza e conhecer infalivelmente, como muitos espinhos" (VP, p. 130). É verdade que, de acordo com La Mothe Le Vayer, não estamos justificados em pensar que sabemos alguma coisa com certeza e infalivelmente. Contudo, a *epokhé* prepara nossas mentes para receber a fé, porque ela muda nossa *atitude* a respeito da crença e essa nova atitude pode ser útil para um cristão. Comumente, um cético pagão não se ligaria a qualquer crença, mesmo se ele mantivesse alguma crença. Um cético cristão teria uma atitude diferente com respeito às suas crenças religiosas, que ele receberia de uma "luz sobrenatural". Assim, o ceticismo não destruiria a razão para deixar lugar para a fé, mas pode mudar nossas mentes de modo que possamos ter uma atitude diferente a respeito das crenças em geral e uma atitude particular com respeito à fé cristã.

Foucher atribui a ideia de que o ceticismo conduz à fé por meio da crítica da razão a Gianfrancesco Pico de la Mirandola, que pensava que "os acadêmicos estão mais perto do cristianismo do que outras filosofias, porque ele pensa que os acadêmicos tinham afirmado que é impossível conhecer algumas verdades por meio da luz da razão" (D, p. 71). Foucher toma distância dessa posição. "Mas eu penso que os acadêmicos não aceitariam esse título, porque eles não negaram que poderíamos conhecer algumas verdades; uma vez que aceitamos isso, eles servem ainda melhor ao cristianismo" (D, p. 71). A autoridade de Agostinho é invocada por Foucher a seu favor, já que, ao reduzir os acadêmicos à opinião de Platão, ele "os traz para mais perto do cristianismo por uma via inteiramente oposta àquela de Pico de la Mirandola" (D, p. 71; D, p. 67).

No segundo livro do *Tratado*, Huet aceita as crenças religiosas associadas a uma posição filosófica firmemente baseada em considerações céticas.

148 PLÍNIO JUNQUEIRA SMITH

Ele pensa que a fé apaga nossas dúvidas (TF, p. 183, 186) e não aceitará "nada que seja contrário à fé" (TF, p. 216). A arte de duvidar tem para ele duas finalidades. Primeira, ela deveria evitar erro, arrogância e obstinação. Como uma segunda e distante finalidade, deveria preparar nossas mentes para receber a fé (TF, p. 209, 212). Aqui, Huet insiste em que a razão é incerta e que precisamos de outro guia: a fé (TF, p. 211). Ele fala da submissão à fé, de uma solução pela fé (TF, p. 272), diz que a fé nada tem a temer da razão, que a razão é fraca e obscura (TF, p. 273). Até aí, ele parece comprometido com uma posição convencional sobre esse assunto: um uso cristão do ceticismo.

O sentido específico dessas palavras não é que a razão se destrói a si mesma, conduzindo-nos à fé. É justamente o contrário disso: a fé vem ajudar a razão, a iluminá-la, a dar-lhe o que lhe falta. A ideia de Huet é que ele tem "um meio de conciliar fé e razão" (TF, p. 272). Não haveria nenhuma oposição entre fé e razão, uma vez que a fé é "guia e senhora da razão" (TF, p. 216). Não se trata de defender que a razão destrói as crenças para preparar nossa fé, mas sim de dizer que a fé sustenta a razão (TF, p. 284) e os sentidos (TF, p. 274) quando estes não são capazes de certeza. Huet sabe que, a esse respeito, ele deixa a filosofia e entra no terreno da teologia.

Huet, contudo, não se detém nesse ponto e há ainda outra reviravolta em sua trajetória filosófica. No final do segundo livro, o que emerge é uma perspectiva diferente de sua posição filosófica. Não parece muito adequado dizer que Huet modifica o ceticismo a partir do cristianismo, mas que o próprio ceticismo contém uma evolução interna, "pois, como Arcesilau modificou o sistema de Pirro, e Carnéades o de Arcesilau, e Philo o de Carnéades, e Antíoco o de Philo, é justo que se tenha o mesmo direito" (TF, p. 213-214). É em nome dessa liberdade de pensamento, extraída do próprio ceticismo, que ele justifica sua posição. Dessa forma, Huet abandona o ceticismo porque busca uma verdade positiva, não somente tenta evitar o erro (TF, p. 214), e porque busca a fé, não apenas a tranquilidade (TF, p. 214-215).

Assim, seu livre uso do ceticismo leva-o ao que parece ser uma posição eclética. Como o cético, ele percorre todas as filosofias sem se ligar a nenhuma delas, e se sente livre para usar o que quer que tenha uma aparência de verdade em qualquer filosofia (TF, p. 215-217). Contudo, ele não aceita o ecletismo, pois ele se sente livre para corrigir mesmo a posição eclética (TF, p. 222-223). Esse método de livremente incorporar tudo o que tenha a aparência de verdade "parece-me o melhor. Quanto a mim, embora eu aprove isso, não tenho a intenção de ser considerado como um potamônico ou como um eclético, pois isso seria ligar-me a essa seita e isso é o que mais desejo evitar, com medo de ser privado de minha liberdade de opinião" (TF, p. 223). Essa liberdade filosófica é a essência da posição filosófica de Huet. Em última instância, o ceticismo não leva à fé, mas, por meio da fé e do ecletismo, a uma liberdade de pensamento e julgamento.

Devemos entender como essa liberdade de pensamento é compatível com o compromisso religioso sincero de Huet. É verdade que ele aceitou a verdade revelada, mas ao mesmo tempo ele não parece "submeter-se a nenhuma autoridade" (TF, p. 216). Se essa liberdade não tem restrições, então ele pode livremente aceitar também as crenças religiosas. Para Huet, de um lado, a fé ajuda a razão e, de outro, a razão pode sustentar qualquer crença enquanto esta parecer provável. Assim, Huet é livre para submeter-se à autoridade religiosa e pode aceitar as crenças religiosas como crenças prováveis.

Qual é a opinião de Bayle sobre ceticismo e crença, especialmente a crença religiosa ou a fé? Alguém pode sentir-se tentado a pensar que, de acordo com Bayle, o ceticismo nos conduz à fé. Há inúmeras passagens em que ele afirma isso. Contudo, ele também sustenta o oposto, que a aceitação de alguns dogmas religiosos nos conduziria ao ceticismo.

De um ponto de vista filosófico, Bayle pensa que o ceticismo se opõe ao cristianismo, à religião e à fé. Ele afirma que o pirronismo "é justamente detestado nas escolas de teologia" (DHC, "Pirro", B), porque, diferentemente do caso da vida civil e ciência, "a religião deve estar baseada na certeza" (DHC, "Pirro", B). É essa certeza exigida pela religião que é destruída pelo ceticismo: "seu objetivo, seus efeitos, seus usos desabam tão logo a convicção firme de suas verdades é arrancada da mente" (DHC, "Pirro", B). O ceticismo destrói a persuasão de que alguns dogmas religiosos são verdadeiros, isto é, entre seus alvos estão as crenças religiosas que alguém tem. O que resulta dessa argumentação cética é a destruição da crença religiosa: se não estamos certos, como a religião exige que estejamos, não mais teremos nenhuma crença religiosa. Além disso, se uma pessoa aceita alguns dogmas religiosos, a própria ideia de evidência será destruída. Se você começar a raciocinar a partir de certos dogmas religiosos, o ceticismo triunfará.

A observação C do artigo "Pirro", contudo, parece dizer exatamente o oposto, uma vez que nele Bayle reconhece que podem haver usos cristãos do ceticismo e que teólogos como La Mothe Le Vayer, Pascal e Calvino podem pensar que o ceticismo é uma boa preparação para a fé (DHC, "Pirro", C). Bayle cita diversos textos, segundo os quais o ceticismo pode ser usado como uma boa preparação para a fé. "Um teólogo erudito... concluiu... que era necessário fazê-los [os céticos] sentir a infirmeza da razão para que essa sensação os levasse a recorrer a um guia melhor, que é a fé" (DHC, "Pirro", C). No caso de muitas disputas filosóficas que terminam no ceticismo, Bayle se refere ao uso que essas disputas poderiam ter: fazer-nos abandonar a razão como um guia e levar-nos a outro guia, supostamente melhor, a fé. O ceticismo nesse uso que se faz dele estaria limitado "a humilhar a razão para exaltar a fé" (DHC, "Zenão de Eleia", G).

Como conciliar todos esses textos? Poder-se-ia dizer que temos de distinguir entre dois pontos de vista.

> Deve-se necessariamente escolher entre a filosofia e as escrituras. Se não se quiser acreditar em nada exceto no que é evidente e está em conformidade com as noções comuns, escolha a filosofia e deixe o cristianismo. Se se quer crer nos mistérios incompreensíveis da religião, escolha o cristianismo e deixe a religião. (DHC, III Esclarecimento).

De um ponto de vista teológico, pode-se usar o ceticismo com propósitos teológicos próprios. Bayle certamente não nega isso. De outro lado, de uma perspectiva filosófica, um cético pode usar dogmas religiosos para

O MÉTODO CÉTICO DE OPOSIÇÃO NA FILOSOFIA MODERNA   151

seus propósitos filosóficos. Mais uma vez, Bayle não nega isso. As duas posições são possíveis e não conflitam entre si, já que são julgadas por tribunais diferentes: o tribunal da fé, no caso das afirmações teológicas; o tribunal da razão, no caso das afirmações filosóficas. Relativizando as afirmações a diferentes perspectivas, o conflito entre elas desapareceria. Há alguma verdade nessa sugestão.

Talvez também se poderia dizer que a posição de Bayle não é nenhuma dessas duas: ele não é um teólogo, nem um filósofo, mas ele é principalmente um historiador, relatando uma diversidade de opiniões. Assim, poder-se-ia pensar que Bayle simplesmente evita dar sua própria opinião e meramente relata, como deve fazer um historiador rigoroso, ambas as posições. Isso é, de fato, o que encontramos na muito importante observação C do artigo "Pirro". Se o examinarmos com atenção, veremos que a opinião de Bayle está inteiramente ausente. Ele somente relata o que La Mothe Le Vayer, Pascal, Calvino, La Placette e Vossius disseram sobre o assunto em pauta. Não há uma única linha na qual Bayle expressa seu próprio pensamento! Também há alguma verdade nesta segunda sugestão, de acordo com a qual Bayle seria sobretudo um historiador que evita emitir sua própria opinião.

Talvez seja ainda mais importante notar como Bayle usa todas essas citações. Depois de citar La Mothe Le Vayer, Pascal e Calvino, que pensam que o ceticismo pode ser usado em favor do cristianismo como uma boa preparação para a fé, Bayle cita os que pensam exatamente o contrário disso. "Seja como for, alguns homens capazes afirmaram que nada se opõe mais à religião do que o pirronismo" (DHC, "Pirro", C). Primeiro, ele relata as palavras de La Placette: o ceticismo "é a extinção total não somente da fé, mas da razão" (DHC, "Pirro", C). Se La Placette está certo, o ceticismo visa "a extinção total da fé" e, portanto, não pode ser usado pelos filósofos e teólogos cristãos, a menos que seja mutilado. Vossius também pensa que "o pirronismo e o epicurismo são extremamente opostos à religião cristã" (DHC, "Pirro", C). Finalmente, e não sem uma dose de ironia, Bayle diz que mesmo La Mothe Le Vayer "exclui os pirrônicos da graça que ele concedia no caso de muitos filósofos antigos", condenando-os todos ao inferno (DHC, "Pirro", C).

O que, então, se pode extrair dessa observação C? Minha sugestão é que Bayle está praticando o que os céticos fazem sempre: eles relatam os argumentos dogmáticos de um lado da questão e, então, relatam os argumentos do outro lado dessa mesma questão, de modo que, argumentando dos dois lados, eles suspendem o juízo. Na observação C, temos exatamente três relatos de cada lado, um caso claro de equipolência! Assim, proponho ver a posição de Bayle como uma posição cética: propõe-se uma questão, esta é examinada, encontram-se bons argumentos dos dois lados, percebe-se que esses argumentos opostos se equivalem, neutralizando-se mutuamente, e, por fim, ocorre a suspensão do juízo. É por essa razão que não encontramos uma linha sequer na qual Bayle exporia sua própria opinião: ele simplesmente não a tem! Como um cético, ele meramente relata os dois lados, estabelecendo uma equivalência entre eles. Bayle mantém uma perfeita neutralidade entre essas duas alternativas e, por meio dessa neutralidade, mostra seu ceticismo.

Em suma, Bayle não pensa que o ceticismo conduz à fé, religião ou cristianismo. Aparece-lhe que o ceticismo é justamente detestado nas escolas de teologia, que ele destrói a fé e as crenças. Somente um filósofo-teólogo cristão poderia pensar em usar o ceticismo a favor do cristianismo, mas, nesse caso, ele abrirá a porta para o ceticismo, fornecendo-lhe a base de fortíssimos argumentos, a saber, certos dogmas religiosos que permitiriam questionar a evidência. Uma vez transposta a fronteira que divide os dois tribunais, o tribunal da razão e o tribunal da fé, percebe-se que é possível cruzá-la nos dois sentidos, como uma rua de mão dupla: pode-se ir do ceticismo filosófico para a religião, mas também se pode voltar da religião cristã para o ceticismo. A posição de Bayle, a esse respeito, é cética, uma vez que ele somente relata os dois lados sem se comprometer com nenhum deles. Portanto, parece-me errado atribuir-lhe um ceticismo fideísta ou um fideísmo cético.

Conclusão

Uma nova descrição do ceticismo moderno, pelo menos do ceticismo francês no século XVII, deve emergir das considerações precedentes. Primeiro, o ceticismo não deve ser definido em termos epistemológicos, especificamente como um ataque à justificação, sem almejar também a abolição das crenças. Os céticos suspendem o juízo, não sobre "p é verdadeira", mas sobre p. A suspensão do juízo deve ser entendida da maneira usual, como a não afirmação de p e de $\sim p$. Os céticos modernos não viam nenhuma diferença entre afirmar p e afirmar "p é verdadeira". À luz desse resultado, então, talvez se deva reformular a definição dada por Popkin do ceticismo moderno. Popkin enfatizou o aspecto epistemológico, como se o ceticismo estivesse restrito à justificação. A nova definição deve colocar a crença no centro do ataque cético: uma concepção filosófica que levanta dúvidas sobre as crenças, ao desafiar a adequação ou confiabilidade das provas que se poderiam oferecer para justificar qualquer proposição. Ou: o cético está levantando dúvidas sobre nossas crenças por meio da discussão dos méritos racionais ou probatórios das justificações dadas para elas; ele duvida de nossas crenças, porque razões necessárias e suficientes não foram ou não poderiam ser descobertas para mostrar que qualquer crença particular deva ser verdadeira e não possa ser falsa de maneira nenhuma.

Certamente, os céticos modernos mostram que não se pode estabelecer a verdade das crenças com base em razões humanas, e, tanto quanto saibamos, essas crenças poderiam ser verdadeiras. Além disso, os céticos modernos reconhecem que nossas crenças são engendradas ou produzidas por muitos fatores não epistêmicos, como educação ou preconceito. Contudo, não se deve dizer que um cético moderno se aferrará a essas crenças porque elas foram adquiridas por fatores não epistêmicos e que seus argumentos céticos destruirão somente a justificação ou, no máximo, crenças adquiridas por meio do raciocínio. Como tentei mostrar, todas as crenças estão sob o ataque cético, independentemente de serem causadas por argumento filosófico ou um fator não epistêmico.

Correspondentemente, devemos modificar a definição de dogmatismo dada por Popkin. A nova definição deve ser algo como: a antítese do ceticismo é o "dogmatismo", a concepção segundo a qual se podem ter crenças como absolutamente verdadeiras porque se pode oferecer evidência que estabeleça que pelo menos uma proposição não-empírica não pode ser falsa de maneira nenhuma. A oposição entre céticos modernos e dogmáticos modernos não gira meramente em torno da justificação, se padrões filosóficos de justificação são satisfeitos ou não, mas se aceitamos ou não crenças não-empíricas. Portanto, a oposição entre ceticismo e dogmatismo é a oposição entre ter uma opinião e não ter nenhuma opinião sobre coisas não--evidentes, isto é, entre afirmar uma proposição não-empírica e suspender o juízo sobre todas as proposições não-empíricas.

Em segundo lugar, vimos que os céticos podem usar a razão para sustentar crenças (entendidas, não como implicando a verdade absoluta, mas como algo provável ou útil na vida) em virtude de algum tipo de justificação, na medida em que não se pense que essa justificação prova que alguma coisa é verdadeira ao excluir a possibilidade de ser falsa. Essa forma extrema de justificação, aceita pelos dogmáticos e dialeticamente usada pelos céticos, é alheia ao ceticismo e não faz parte de seu lado construtivo. O melhor exemplo dessa posição é a interpretação que Bayle tem da ciência moderna e de como o cético age na vida civil.

Terceiro, o ceticismo moderno e o fideismo não podem se combinar numa posição integrada e coerente, a menos que o ceticismo seja mutilado de suas principais características. O cético duvida de qualquer crença que se pretenda que seja verdadeira e argumenta contra todo tipo de discurso, seja racional ou religioso, que sustente uma crença como absolutamente verdadeira. Essas duas características (crença e um discurso em defesa das crenças religiosas) são essenciais a uma posição fideista. Tal como eu o entendo, Foucher não é um cético. Ele reconhece-se como um "acadêmico", mas o seu entendimento do que é ser um "acadêmico" é muito peculiar: ele chama de acadêmico tanto os membros da Nova Academia (os céticos

Arcesilau e Carnéades, por exemplo) como os membros da Velha Academia (e que comumente são chamados de "platônicos"). Da Nova Academia, Foucher aceita que os sentidos não são um critério de verdade; e da Velha Academia, ele aceita que a razão é o critério de verdade. Da Nova Academia, ele aceita que nosso conhecimento pode não ser certo e é muito difícil de ser alcançado; da Velha Academia, que se pode ao longo do tempo ganhar algum conhecimento. Noutras palavras, para nossos padrões, Foucher é um dogmático (e, embora este não seja o momento de argumentá-lo, um dogmático cartesiano).

O caso de La Mothe Le Vayer é diferente, pois tudo depende da sinceridade de sua fé. Muitos duvidaram dela e é impossível decidir tão difícil questão aqui. Se sua fé é sincera, então ele não seria propriamente falando um cético; mas se ele é insincero na sua propagada fé, então ele é um cético.

A posição de Huet também é difícil de definir, mas por razões diferentes. Seu caso não é de suspeita de insinceridade, mas sua posição é mais complexa. Ele parece ser um cético, uma vez que exibe uma bateria de argumentos céticos e toda sua postura tem uma forte inclinação cética. Contudo, ele não é um cético, na medida em que se dirige para uma posição eclética e, para além desta, ultrapassa-a, já que ele explicitamente se recusa a se ligar a qualquer posição filosófica fixa. Dessa forma, é difícil, se não impossível, identificá-lo com qualquer seita filosófica, mesmo a eclética. Toda essa evolução filosófica é feita em nome da liberdade do pensamento. No final das contas, parece que ele é livre para aceitar qualquer crença na medida em que ele a considera provável, não como uma crença verdadeira, e ele parece sincero quando confessa sua fé. Afinal, ele é livre para aceitar a autoridade religiosa e seus dogmas. Assim, aceitar certas crenças, inclusive as religiosas, não é incompatível com a posição final de Huet, mas é incompatível com o ceticismo; e, de fato, o ceticismo ficou para trás nessa evolução de Huet em direção à sua posição final.

Bayle, como eu o interpretei, é um cético, não um fideísta. Mas, como veremos no próximo capítulo, as relações de Bayle com o ceticismo são profundas e complexas.

Essa é a razão pela qual a ideia de Popkin sobre a possibilidade de ser um cético e, ao mesmo tempo, ser um crente deveria ser modificada. Dever-se-ia dizer, em vez disso, que um "cético" e um "crente" são classificações excludentes. O ataque cético visava às crenças para aboli-las. Contudo, como vimos, os céticos modernos eram cautelosos com as crenças, especialmente quando tratavam de defini-las. E eles propuseram diferentes maneiras de distinguir entre crença e opinião. Dependendo do que se quer dizer com "crença", um cético pode, como qualquer outra pessoa, ainda aceitar várias crenças. No sentido mais robusto de crença, os céticos não terão qualquer tipo de crença, muito menos crenças religiosas. E se deveria notar que entre as crenças admitidas pelos céticos, as crenças religiosas não estão incluídas, não somente porque elas exigem a certeza, mas também porque não dizem respeito à vida cotidiana. As crenças religiosas podem ser necessárias para as pessoas manterem a paz e prevenir o caos na sociedade em que vivem, mas não para o cético, que pode viver corretamente e cumprir seus deveres mesmo sem acreditar em Deus.

Vimos, contudo, que as coisas não são tão fáceis assim, pois "crença" pode ter diferentes sentidos. Poder-se-ia talvez dizer que um cético pode aceitar a existência de Deus como algo que lhe aparece, como La Mothe Le Vayer, ou ter uma crença provável em Deus, como Huet. Essas seriam duas maneiras de combinar o ceticismo com a crença religiosa. A primeira seria uma maneira pirrônica e a segunda, uma maneira acadêmica. Contudo, deve-se ter em mente que não está claro se La Mothe Le Vayer é sincero em sua crença religiosa, e uma razão para isso é a seguinte: como a existência de Deus poderia ser alguma coisa aparente, alguma coisa que se impõe a nós, depois de todos os ataques céticos a esse dogma religioso? Como essa ideia poderia reter sua força sobre nós se todo discurso que a sustenta foi demolido? Uma crença está sempre articulada num discurso, seja racional ou não, e quando esse discurso é abolido, como é abolido para um cético, então a crença é abolida junto com ele. De outro lado, Huet é sincero em sua fé, mas ele retém sua crença religiosa porque se sente livre para crer em muitas coisas; no seu caso, o ceticismo é uma etapa fundamental, mas ainda assim somente uma etapa em sua trajetória filosófica. Bayle, por sua vez, pensa que a fé religiosa implica a crença num sentido robusto, exigindo do crente confiança completa. É difícil imaginar que Bayle teria essa confiança completa na crença em Deus.

Portanto, parece-me errado dizer que o ceticismo modernos nada tem a ver com "a descrença, especialmente a descrença das doutrinas centrais da tradição judaico-cristã". Essas crenças que constituem as doutrinas centrais da tradição judaico-cristã envolvem a verdade e alguma coisa não-empírica. "Aqueles que eu classifico como fideístas são pessoas que são céticas com relação à possibilidade de alcançarmos conhecimento por meios racionais, sem possuirmos algumas verdades básicas conhecidas pela fé (isto é, verdades não baseadas em qualquer prova racional)" (2003, p. xxi). Contudo, vimos que o ceticismo moderno não se restringe ao suposto conhecimento alcançado por meios racionais, mas por *qualquer* meio, incluindo a fé. Se Popkin está correto na sua caracterização do fideísta como alguém que poderia negar ou duvidar de que razões necessárias e suficientes podem ser oferecidas para estabelecer a verdade da proposição "Deus existe", entretanto, dizer que se poderia conhecer a verdade da proposição, se se possuísse alguma informação por meio da fé ou se se acreditasse em certas coisas (o que lhe foi ensinado na infância, por exemplo), então um fideísta jamais poderia ser um cético. Se um fideísta pensa que ele tem uma crença *verdadeira* (não somente uma crença provável ou alguma coisa que lhe aparece) e uma crença que é alcançada por algum tipo de discurso (seja racional ou religioso), então nada poderia ser mais oposto ao ceticismo moderno.[3]

---

3   Eu gostaria de agradecer a José Raimundo Maia Neto por muitas sugestões valiosas.

Capítulo 5
Bayle

Bayle e o pirronismo: antinomia, método e história

Introdução

Se quisermos entender o papel desempenhado pelo ceticismo no Iluminismo, devemos prestar atenção especial ao pensamento de Pierre Bayle. Certamente, durante o século XVIII, sua filosofia foi percebida como sendo cética: Hume, Voltaire e Diderot, por exemplo, consideravam-no um cético. Parece-me que o método cético de oposição é de interesse histórico duradouro, uma vez que muitas figuras do período o discutiram, incluindo Hume, Kant e Hegel. No que se segue, proponho apresentar a definição oferecida por Bayle do ceticismo e examinar como esse método de oposição contribui para a elaboração de seu *Dicionário histórico e crítico*.

O método da oposição: a ideia de uma crítica e as reflexões filosóficas

Bayle define o ceticismo como o método de argumentar dos dois lados de uma questão. Esse método pode ser chamado de "o método cético de oposição". O pirronismo é um método de *fazer* filosofia, não uma *teoria* filosófica particular, consistindo na atividade de encontrar "razões para afirmar, bem como para negar" uma proposição, cuidadosamente examinando

162 PLÍNIO JUNQUEIRA SMITH

"todos os argumentos a favor e contra" essa proposição (DHC, "Pirro"). O objetivo desse método é produzir a suspensão do juízo e, em seguida, a tranquilidade da mente.

Essa caracterização segue o que Sexto Empírico diz sobre o pirronismo. De acordo com Sexto, o que define o cético é sua habilidade de "fazer oposições entre coisas que aparecem ou que são pensadas de qualquer maneira" (HP 1.8) e "o princípio constitutivo do ceticismo é a oposição igual de um discurso a outro" (HP 1.12). Essa é a maneira pela qual o pirrônico alcança a suspensão do juízo. Não há dúvida, então, de que no pirronismo antigo o método de oposição desempenhava um papel essencial: estava no seu coração.[1]

Bayle usará o método de oposição com duas finalidades. Ele não somente quer relatar o que outros disseram, avaliando seus testemunhos por meio de uma crítica que nos mostrará, sempre que possível, o que é certo sobre um fato histórico, mas também pretende desenvolver algumas reflexões filosóficas de sua própria lavra. Assim, o método ajuda-o a dar forma à sua crítica histórica e é constitutivo de suas reflexões filosóficas. De fato, Bayle chega a identificar o método cético de oposição com a própria investigação filosófica, aplicando-o a muitas questões.

O método de oposição está embutido no projeto mesmo de seu *Dicionário histórico e crítico*. De início, Bayle queria escrever um dicionário que corrigisse os erros de outros dicionários. Depois de enumerar suas razões e seu objetivo para fazer isso e depois de mostrar que há diversos assuntos para esse empreendimento, ele explica que "não há processo no qual seja mais necessário ouvir os dois lados do que entre pessoas educadas" (DHC, "Projeto" III). Nesses assuntos, deve-se ter paciência e seguir, se não todo o debate, pelo menos uma boa parte do que os dois lados têm a dizer. Seria loucura, diz Bayle, se ouvíssemos somente um lado. "No que diz respeito a muitas coisas, não é exagerado comparar num lugar quatro escritos

---

1 Para uma exposição da interpretação bayleana do ceticismo antigo, ver Smith (2007).

publicados sucessivamente, dois pela pessoa atacada, dois pela pessoa que ataca; e eu ouso dizer que, sobre certos fatos, mesmo isso não é suficiente" (DHC, "Projeto" III). Assim, o próprio projeto de um dicionário histórico e crítico que corrige os erros deve incluir como parte essencial de seu método a apresentação de argumentos opostos.

Não há dúvida de que Bayle liga essa prática de estabelecer fatos históricos ao ceticismo: "depois de ler uma crítica de uma obra," ele escreve, "deve-se suspender o juízo até que se veja o que o autor criticado ou seus próprios amigos têm a dizer" (DHC, "Projeto" III). A principal razão para a suspensão do juízo, pelo menos enquanto a investigação está em curso, é evitar a parcialidade.

> Aqueles que pensam que qualquer coisa censurada pelo agressor está errada e que tudo o que ele não combate está certo frequentemente descobrirão depois que eles foram enganados por esse autor, quando se mostrar que ele condenou coisas boas e não condenou coisas condenáveis, e que, de sua parte, ele cometeu muitos erros (DHC, "Projeto" III).

Para corrigir erros e apresentar corretamente os fatos históricos, não se pode confiar no censor, nem no apologista, pois ambos têm visões parciais do assunto em questão. Do fato de que "ambos não veem senão uma parte dos defeitos de seu adversário e cada um, por sua vez, comete erros, vê-se a necessidade de seguir em sua totalidade o progresso de sua disputa, se se quiser fazer a compilação que eu pretendo" (DHC, "Projeto" III). Se se quiser estabelecer, com alguma certeza, um fato histórico, não se pode ser precipitado e escolher um lado, mas deve-se ser paciente, suspender o juízo, examinar o que os dois lados têm a dizer e então, mas somente então, retificar os erros presentes nos outros dicionários.

Mas como o próprio Bayle reconhece no "Prefácio à primeira edição" do *Dicionário*, seu plano original foi modificado posteriormente. "Eu declaro, primeiramente, que esta obra não é a que eu prometi no 'Projeto'" (DHC, "Prefácio", I). Ele não se limitou a retificar os erros de Moréri e de outros. No final das contas, ele dividiu sua obra em duas partes: "uma é puramente histórica, uma narrativa sucinta dos fatos; a outra é um grande comentário, uma mistura de provas e discussões, nas quais eu censuro muitos erros, e insiro, às vezes, mesmo uma passagem de reflexões filosóficas" ("Prefácio", I).

Voltemos nossa atenção, agora, para as "reflexões filosóficas" contidas no *Dicionário*. Bayle pensa que o método de oposição é o método da investigação filosófica por excelência e que esse método não pertence exclusivamente aos céticos. Ele afirma que mesmo antes de Pirro os filósofos conheciam o método de oposição, pois Pirro não foi o inventor desse método; este somente acabou ficando ligado a seu nome (DHC, "Pirro"). A meu ver, essa consideração de Bayle implica duas coisas.

Primeira, ela implica que esse método de filosofar, por não pertencer exclusivamente ao pirronismo, constitui a atitude racional inerente a toda filosofia: em todos os assuntos filosóficos, é o tribunal da razão que decide o que se deve aceitar e a razão procede investigando o que pode ser dito dos dois lados de uma questão. Com relação a esse primeiro ponto, todas as seitas filosóficas estão de acordo e na mesma situação. Numa importante passagem a esse respeito, Bayle discute as regras e métodos de uma disputa, afirmando que não se deve confiar nos preconceitos pessoais ou nos princípios particulares, nem se deve cometer uma petição de princípio. Ao mesmo tempo, tem-se o direito de exigir a mesma atitude de seu oponente, já que "em todas as disputas os combatentes devem ter armas iguais" (DHC, "Maldonat", L). Enquanto discordarem, ambos os combatentes devem pôr de lado o que cada um deles afirma ou nega, já que essas são matéria de disputa. "Para proceder de boa fé, não se deve permitir que uma opinião preconcebida atribua mais peso aos argumentos a favor dela, nem diminuir as razões opostas a ela. Deve-se examinar tudo como se fôssemos uma *tabula rasa*." (DHC, "Maldonat", L). Ora, parece claro que, para Bayle, essa regra na arte de disputar é válida para todos os combatentes, para todos aqueles que se engajam numa disputa racional. Também parece claro que essa regra é

O MÉTODO CÉTICO DE OPOSIÇÃO NA FILOSOFIA MODERNA **165**

particularmente promovida pelos céticos, quando eles propõem que se examinem igualmente os dois lados de uma questão, sem tomar partido prévio. Bayle certamente tinha isso em mente, pois ele, na passagem acima, se refere ao método da dúvida de Descartes. "Isso é, sem dúvida, o que Descartes pretendia quando ele quis que sua filosofia duvidasse de tudo antes de examinar as razões para a certeza" (DHC, "Maldonat", L). Claro, Descartes tinha explicitamente endossado essa regra e tentado aplicá-la em sua *Primeira Meditação*. Parece correto concluir que essa é uma regra geral para uma disputa filosófica, à qual dogmáticos e céticos igualmente devem se submeter, e que o método cartesiano da dúvida, assim como o método cético de oposição, é uma formulação fiel a ela. O ceticismo antigo e moderno estão associados, para Bayle, por sua aliança à regra filosófico-racional da disputa.

A segunda implicação é a seguinte. Embora todas as seitas se submetam, ou devam se submeter, ao tribunal da razão, somente o pirronismo mantém essa lealdade até o fim. Quando examina os dois lados de uma questão e está disposto a aceitar somente o que é provado pela razão, um filósofo termina por suspender o juízo. Se ele opta por um lado, sua escolha não se basearia na razão, pois ambos os lados teriam argumentos de peso igual a seu favor, mas essa escolha estaria baseada em algum fator não-racional. Nesse sentido, o ceticismo levaria a investigação racional da filosofia à sua perfeição.

De acordo com Bayle, então, os céticos voltavam contra os filósofos dogmáticos o que estes mesmos instituíram como um critério rigoroso para o conhecimento. "É certo que Arcesilau somente estendeu e desenvolveu o que tinha sido dito pelos maiores mestres" (DHC, "Arcesilau", E). Ora, a que grandes mestres Bayle está se referindo? Como Arcesilau foi chefe da Academia, não surpreende ver os nomes de Sócrates e Platão mencionados. Assim, vemos Bayle criticar Diógenes Laércio por pensar que Arcesilau teria inventado o método de oposição.

> Era o espírito de Sócrates, e Platão o reteve... O método de Arcesilau de disputar sobre todas as coisas que lhe eram propostas era o de Sócrates, e Arcesilau estava instruído sobre o

> pirronismo pelos livros de Platão... O método de Sócrates, que não era mais observado, foi restabelecido por Arcesilau... um filósofo que faz profissão de atacar todas as coisas que são respostas às suas perguntas coloca em uso o método de argumentar a favor e contra (DHC, "Arcesilau", E).

Arcesilau sequer afirmou que ele era o inventor da *epokhé* como resultado de uma aplicação sistemática desse método. "É verdade que Arcesilau não se gabava de ser o seu inventor; ele creditava a Sócrates, Platão, Parmênides e Heráclito a glória da invenção da *epokhé* e da acatalepsia" (DHC, "Arcesilau", E).

Contudo, esse método de oposição teria sido esquecido. Assim, Arcesilau não somente o trouxe de volta à cena filosófica, como também lhe deu novo impulso. "Essa é a razão pela qual ele foi considerado por alguns como o primeiro a perturbar o repouso público dos filósofos. Ele estendeu a hipótese de Sócrates sobre a incerteza" (DHC, "Arcesilau", E). Assim, mesmo se o método de oposição não era novo e a *epokhé* já tinha sido proposta por alguns filósofos, Arcesilau foi capaz de aplicá-la com mais perfeição do que antes. "Ele reviveu de uma maneira que dificilmente foi lembrada, ele levou o princípio de Sócrates com mais ardor do que jamais antes dele, e ele mostrou-se mais vivaz, mais firme, mais inquieto do que seus primeiros inventores" (DHC, "Arcesilau", E). E Carnéades levou-o ainda um passo adiante: "A própria proposição, 'nada é certo, não se pode estar certo sobre nada' é incerta, inapreensível" (DHC, "Carnéades", B).

As observação de Bayle sobre Crisipo podem lançar mais luz sobre este assunto. O filósofo estóico foi criticado tanto por sua máxima, segundo a qual não se deve relatar fielmente as objeções do adversário, como por não ter seguido ele próprio essa máxima. Comecemos com a última crítica, pois ela tende a confirmar o que já se disse sobre o primeiro ponto. Crisipo se tornou famoso, entre outras razões, por não ser capaz de responder a todas as objeções contra o sistema estóico que ele mesmo havia compilado. Para estabelecer de maneira mais firme e sólida a doutrina estóica, Crisipo tinha recolhido e organizado toda objeção que pode encontrar e na qual pode pensar, e ele tentou refutá-las uma por uma. Muitas delas permaneceram sem resposta, acarretando, assim, uma consequência paradoxal: em vez de fortificar a doutrina estóica, ele teria oferecido armas poderosas para seus inimigos, como Carnéades. No final das contas, resultou ser impossível para Crisipo "refutá-las [as objeções] com a mesma felicidade com que as tinha proposto" (DHC, "Crisipo", F e O). De acordo com Bayle, isso mostra que Crisipo "não agiu com má fé" (DHC, "Crisipo", G). Vê-se que a atitude filosófica e racional é a de examinar de maneira imparcial ambos os lados de uma questão, avaliando todas as objeções em sua plena força. Foi isso o que Crisipo, como filósofo, fez. Desse ponto de vista, Crisipo foi um filósofo honesto e íntegro.

Contudo, não era isso o que Crisipo tinha aconselhado fazer. Sua máxima era a de relatar as objeções, não com sua força completa, mas somente de modo a que se pudesse refutá-las. Essa máxima, escreveu Bayle, "não é digna de um filósofo" (DHC, "Crisipo", G) e revela "o espírito geral dos dogmáticos" (DHC, "Crisipo", G). Esse é o espírito da parcialidade, quando, em vez de *examinar* uma questão, o dogmático "*ensinará* uma verdade" (DHC, "Crisipo", G), isto é, ele defenderá uma causa. Assim, o "método dos dogmáticos" é "não falar sobriamente sobre as razões do partido oposto", "esconder todas as vantagens da causa que combatem", "esconder todos os pontos fracos da causa que defendem" (DHC, "Crisipo", G) e escolher entre as objeções somente aquelas que eles poderiam responder, dando a impressão de uma discussão justa. Essa é a razão pela qual o método dos dogmáticos se assemelha "à arte ilusória dos retóricos sofistas" (DHC, "Crisipo", G). Ao contrário, "somente os acadêmicos propunham com igual força os argumentos de ambos os partidos" (DHC, "Crisipo", G). Está claro, então, que os filósofos deveriam argumentar imparcialmente de ambos os lados de uma questão, mas somente os céticos (pirrônicos e acadêmicos) seguem esse preceito seriamente, e não apenas aparentemente (como fariam os dogmáticos).

Seguindo Plutarco, Bayle distinguiu dois tipos de filósofos: os "advogados" e os "relatores" (DHC, "Crisipo", G). O primeiro tipo devota-se à causa de um lado dos lados da questão em pauta. Para defender sua causa, ele pode ignorar o argumento forte do oponente ou apresentá-lo numa forma mais branda, deixando de lado os pontos fracos da doutrina que defende. Procedendo dessa maneira parcial, ele pode vencer a discussão, mas certamente não estará sendo fiel à investigação imparcial com a qual está comprometido como um filósofo. O outro tipo de filósofo não defende nenhuma causa e não está obrigado a distorcer argumentos ou negligenciar aspectos das doutrinas em oposição. Ele somente relata o que é dito (ou pode ser dito) de ambos os lados. Os céticos são o melhor exemplo desses relatores, pois argumentam com igual força dos dois lados.

Em suma, são os céticos que, de acordo com Bayle, têm a atitude mais racional, que preservam o ideal mesmo da investigação racional proposto pelos filósofos. Os dogmáticos, com suas causas para defender, acabam, em algum momento de sua reflexão filosófica, por abandonar esse ideal. Quando um dogmático aceita uma doutrina, qualquer que seja ela, essa escolha não é orientada pela razão, pois a razão tem força igual dos dois lados, mas antes é levado por algum impulso ou preferência não-racional. Um filósofo se torna um dogmático quando renuncia à atitude racional a que tinha aderido no começo; um filósofo se torna um cético, pirrônico ou acadêmico, quando adere a esse compromisso de examinar uma questão racionalmente, mantendo-se até o fim.

A aplicação filosófica do método de oposição

Como esse método funciona na prática? De acordo com Bayle, a verdadeira origem do ceticismo foi a distinção traçada pelos filósofos eleatas entre a aparência de uma coia e a coisa em si mesma, as coisas em si mesmas sendo reais e suas aparências, irreais (DHC, "Xenophanes", L). Parece seguro sustentar que, nas mãos de Bayle, o método cético de oposição se aplica a ambos os domínios, mas com resultados desiguais.

Como um instrumento pirrônico, o método de oposição tinha sido aplicado somente ao que os estóicos chamavam de "naturalmente não-aparente" (ou "coisas em si mesmas", como são chamadas no linguajar moderno). Para Sexto Empírico, o cético investiga somente o que é naturalmente não-aparente, sendo que as coisas aparentes não estão sujeitas à investigação. Há um sentido no qual Sexto concebe que se podem investigar as coisas aparentes na vida cotidiana. Sua ideia era a de que se pode usar a indução para descobrir correlações entre as coisas aparentes num sentido humeano: a fumaça sucede o fogo; a cicatriz é precedida pela ferida. A conexão entre duas ou mais coisas aparentes pode ser empiricamente explorada, mas não o aparecer das próprias coisas aparentes. O que é aparente, segundo Sexto, impõe-se a nós e não haveria como não aceitá-lo. Além disso, ele não faz nenhuma sugestão sobre um possível uso do método de oposição para explorar a vida comum.

Num certo sentido, poder-se-ia dizer que Bayle segue Sexto ao aceitar as coisas aparentes. Por exemplo, a respeito do movimento, pode-se suspender o juízo acerca de sua realidade, mas não se pode negar que as coisas aparecem movendo-se (DHC, "Zenão de Eleia", I). Não haveria, assim, a possibilidade de discutir, seja a favor, seja contra, o movimento aparente. No entanto, Bayle afasta-se de Sexto, pois, a seu ver, o método certamente também se aplica a questões de fato. Como vimos, para afirmar um fato histórico, devemos investigar os dois lados do que foi dito sobre esse fato. Uma ciência histórica deve usar o método de oposição como seu método crítico.

Assim, pode-se dizer que Bayle está estendendo o uso original do método de oposição. O que veio a ser conhecido como "pirronismo histórico" nada mais é do que uma aplicação desse método a questões históricas, com o resultado de suspender o juízo sobre o que realmente aconteceu. Bayle, contudo, opõe-se a esse tipo de pirronismo, porque a aplicação do método a questões empíricas não conduz ao mesmo resultado que se alcança quando aplicado à realidade absoluta das coisas em si mesmas (inventada pelos filósofos dogmáticos). Pode ocorrer em muitos casos que não possamos sequer fazer uma conjectura plausível sobre um fato histórico (DHC, "Camden",

170 PLÍNIO JUNQUEIRA SMITH

G), mas em muitos outros se pode ir além da probabilidade e atingir um conhecimento certo (DHC, "Projeto", IX).

Bayle parece sugerir que o método de oposição está na base da noção de probabilidade. Acerca dos dois discursos contraditórios sobre a justiça proferidos por Carnéades em Roma, Bayle escreve:

> Eis aqui seu elemento: ele ficava feliz em desfazer sua própria obra, porque, no fundo, isso serviria a seu grande princípio de que na mente do homem existe somente a probabilidade ou verossimilhança: como resultado, entre duas coisas que são opostas, pode-se escolher essa ou aquela indiferentemente para o assunto de um discurso, ora negativo, ora positivo (DHC, "Carnéades", G).

Levando-se em conta que devemos viver e agir, os acadêmicos tinham pensado que se deveria optar por um lado ou por outro, mesmo se o método de oposição tivesse mostrado que nenhum deles é racionalmente aceitável. "Isso era comum entre os acadêmicos: sua especulação estava suspensa entre dois contraditórios, mas sua prática fixava-os num deles" (DHC, "Carnéades", G). Não é insensato ver nessas passagens uma sugestão de que a argumentação a favor e contra poderia ajudar o acadêmico a determinar uma probabilidade e agir de acordo com ela. Outra passagem de Bayle, fundamental para compreendermos como o pirronismo e o ceticismo acadêmico comportariam uma dimensão positiva, aponta na mesma direção:

> Não importa muito se alguém diz que a mente do homem é muito limitada para descobrir alguma coisa sobre as verdades naturais, sobre as causas do calor, frio, as marés e outras coisas parecidas. Deve bastar que nós nos empenhemos em buscar hipóteses prováveis e em recolher experiências. Estou muito seguro de que há muito poucos bons físicos em nosso século que não estejam convencidos de que a natureza é um abismo impenetrável e que suas molas são conhecidas somente por aquele que as fez e que as dirige (DHC, "Pirro", B).

Vimos que o método de oposição desempenha um papel central na crítica histórica; com relação à vida civil, também pode ser uma parte importante do probabilismo de Carnéades que se possa pensar antes o que se pode dizer a favor e contra; talvez igualmente na física esse método possa auxiliar na descoberta de hipóteses prováveis.

Passemos, agora, a examinar como Bayle aplicaria o método da oposição a uma realidade independente ou a coisas em si mesmas. Consideremos a questão de saber se a matéria é infinitamente divisível ou não (DHC, "Zenão de Eleia", G), ou a questão de saber se algumas ações são livres ou se todas elas são determinadas (DHC, "Jansenius", G). Nessas duas questões, pode-se argumentar de ambos os lados, mais precisamente, pode-se argumentar contra ambos os lados e ainda mantê-los equilibrados, suspendendo o juízo.

Há algumas diferenças entre Sexto e Bayle ou, pelo menos, algumas mudanças de ênfase. Embora tenha apresentado o método de oposição como aplicável a doutrinas contraditórias (p e $\sim p$) e frequentemente ele organize a argumentação em dois blocos que se contradizem mutuamente, Sexto pensava-o predominantemente como aplicável a doutrinas contrárias (p, q, r, s...). É logicamente possível que todas essas doutrinas sejam falsas, de modo que a falsidade de todas, exceto uma, não implica a verdade desta última, embora a verdade de uma delas implique a falsidade das demais. Mas, em Bayle, ocorre o contrário. Embora, no *Dicionário*, ele apresente e discuta criticamente um grande número de doutrinas filosóficas, quando discute minuciosamente uma questão, ele a discute em termos de posições *contraditórias*: ou todas as ações são determinadas ou alguma não o é; ou a matéria é infinitamente divisível, ou não o é (e, se não o for, ou termina num ponto com extensão ou num ponto sem extensão). Nesse caso, a falsidade de um lado (p) implica a *verdade* do lado oposto ($\sim p$). Essa é a razão pela qual, para Bayle, é possível argumentar desta maneira: ao refutar uma doutrina ($\sim p$), pode-se provar a doutrina logicamente contraditória (p).

172 PLÍNIO JUNQUEIRA SMITH

Outra diferença é que, para Sexto, cada doutrina era sustentada por argumentos fortes a seu favor. Defensores de *p* tinham bons argumentos para *p*; defensores de *q* tinham bons argumentos para *q* e assim por diante. Mas, nas mãos de Bayle, o método de oposição inverte esse padrão: defensores de *p* atacam ¬*p* para sustentar *p*; e vice-versa. Em suma, enquanto para Sexto a razão é forte porque ela pode fornecer argumentos para todas as doutrinas, para Bayle ela é fraca, pois somente pode destruir outras doutrinas.[2]

O sentido em que o método de oposição não decide uma questão filosófica também é diferente. Para Sexto, um argumento nunca resolve uma questão, já que novas opções ainda podem ser descobertas ou inventadas. Tudo o que o pirrônico pode fazer é relatar o que ele investigou até então; tudo o que um cético pode relatar *historikós* é que, até esse momento, ele não foi capaz de apreender ou descobrir a verdade; ele ainda pode mudar de ideia, já que ele pode encontrar uma nova doutrina sobre a qual jamais havia pensado. Mas, naturalmente, ele não tem essa expectativa. Para Bayle, contudo, que limita sua discussão a duas posições logicamente contraditórias, nenhuma nova doutrina pode ser descoberta. Trata-se, a seu ver, de uma investigação sem fim, na qual ambos os lados sempre terão recursos para criticar seus oponentes. Defensores de *p* jamais terão seu estoque de argumentos esgotados para rejeitar ¬*p*, e vice-versa. Enquanto a aplicação do método no caso de Sexto leva a uma disputa *aberta* em termos de doutrinas, no caso de Bayle ela leva a uma argumentação *infindável*. Uma disputa aberta é aquela em que novos participantes podem entrar nela e apresentar uma nova alternativa doutrinária; uma disputa infindável é aquela em que não há novos participantes e os mesmos participantes podem argumentar *ad infinitum*. Para Bayle, o método de oposição leva a uma disputa tediosa depois de um certo tempo.

Assuntos teológicos mostram claramente como uma disputa pode se tornar tediosa até rapidamente. Como se pode saber onde jaz a verdade

---

2 No capítulo 7, veremos como Kant retoma a concepção bayleana do método cético de oposição.

religiosa? Qual o critério de verdade em matéria religiosa: o exame da consciência ou a autoridade da Igreja? Bayle pensa que a aplicação estrita do método leva, se não a uma debate aberto (embora ele chegue a conceber e aluda a um terceiro partido), pelo menos a um debate *infindável*. Esse método não decide a questão a favor de nenhum dos partidos, nem permite concluir o debate (DHC, "Nicole", C; DHC, "Pellison", D).

A filosofia também parece consistir de disputas infindáveis. O cartesianismo é um exemplo. Mesmo que talvez seja, para Bayle, a melhor doutrina filosófica, tão logo seus (combalidos) adversários começam a criticá-lo, explorando seus pontos fracos, eles adquirem nova força e ganham novas vantagens.

> Parece que Deus, que os distribui [os conhecimentos humanos], age como pai de todas as seitas, isto é, parece que ele não admite que uma seita triunfe sobre as demais e as destrua sem recurso. Uma seita arrasada, posta de lado e esgotada, sempre encontra meios de se recompor tão logo abandona a defensiva, para agir ofensivamente por diversão e por retorsão (DHC, "Rorarius", G).

Nesse sentido, a batalha não termina nunca, pois todas as partes envolvidas sempre terão recurso a esse tipo de argumentação crítica ofensiva.

O método de oposição e a história da filosofia

Alguns comentadores sugeriram que Bayle é um cético porque ele apresenta as doutrinas de maneira imparcial, como os pirrônicos antigos tinham feito. Estes apresentaram-se como uma espécie de historiadores, dizendo *historikós* o que lhes aparecia, meramente relatando o que outros tinham dito. E Bayle também se apresenta como (idealmente, pelo menos) um historiador imparcial; de fato, ele estava consciente dessa semelhança (DHC, "Crisipo", G). Um cético completo seria um historiador da filosofia, parece, apresentando todas as doutrinas tão exatamente como ele pode, sem julgá-las. Não seria isso o que Bayle faz?

174 PLÍNIO JUNQUEIRA SMITH

Essa interpretação leva à discussão de outro aspecto do método de oposição: como o cético exibe sua habilidade de argumentar a favor e contra. A meu ver, a aplicação feita por Bayle do método de oposição é diferente de como os pirrônicos antigos o tinham aplicado.

Vejamos como Sexto tinha aplicado o método de oposição. Quando vemos a investigação (*zétesis*) do cético pirrônico, percebemos que ele investiga primeiro a "lógica", depois "a física e a ética", finalmente as "artes" (*téchnai*). De acordo com Sexto, "nossa exposição [é] tanto metódica como completa" (HP 2.21). Ora, o pirrônico começa com a lógica porque esta abrange o critério de verdade; se ele abole o critério de verdade, nenhuma verdade poderá ser encontrada na física e na ética (HP 2.13; AM 7.24-6). Além disso, em cada livro, ele procede numa certa ordem, de acordo com um raciocínio similar (HP 3.1-3; HP 2.84). Por exemplo, na física, ele começa discutindo a existência de Deus (HP 3.4-12), discutindo depois as causas materiais, pois essas são as duas causas principais inventadas pelos dogmáticos (HP 2.84; HP 2.194; AM 1.40; AM 4.49; AM 7.25-6; AM 7.142; AM 7.338-9; AM 8.1-3).

Assim, todo o "discurso específico" (HP 1.5) está estruturado do assunto mais abrangente e mais relevante para o mais detalhado e pontual. Uma razão para isso é a seguinte: uma vez que se suspende o juízo sobre o primeiro assunto, dever-se-ia suspendê-lo também no assunto seguinte, já que o segundo somente tem sentido de ser investigado se houver uma resposta dogmática para o primeiro; o contrário, obviamente, não ocorre, isto é, se se suspende o juízo sobre o segundo assunto, a suspensão sobre o primeiro não se segue. Contudo, já que o pirrônico não acredita que argumentos filosóficos estabelecem um ponto definitivamente (o que seria dogmático), ele tem de prosseguir na sua investigação e continuar a examinar os assuntos mais detalhados, sempre argumentando dos dois lados.

Outra característica da maneira de Sexto aplicar o método de oposição é distinguindo dois níveis em cada tópico: o primeiro nível diz respeito às *concepções* dogmáticas do assunto investigado, enquanto, no segundo nível, o cético discute se o assunto foi *apreendido*. Sexto aplica o método de oposição à concepção, mostrando que há um conflito de definições ou um desacordo nas explicações sobre o que deve ser investigado; pode haver muitas concepções contrárias de Deus, por exemplo, ou do número, espaço, tempo, prova e assim por diante. Os dogmáticos não se põem de acordo sobre o próprio tema da investigação. O pirrônico, portanto, suspende o juízo sobre a correta definição de um termo filosófico. Mas ele não pode parar nesse nível e deve discutir, concedendo para fins de argumentação que haveria uma concepção correta (de causa, número, espaço, movimento etc.), se o objeto sob investigação é *apreendido*. Também nesse segundo nível, o pirrônico suspenderá o juízo (AM 1.57; AM 7.140; AM 7.331a–334a; AM 8.12; AM 10.21).

Estamos agora em posição de entender o que Sexto quer dizer com *historikós*. Não somente ele relata o que os outros disseram, mas ele *usa* suas doutrinas tendo em vista seu propósito cético, e a maneira pela qual ele as usa é ditada pela estrutura na qual *ele* as coloca. Todos os sistemas dogmáticos aparecerão, não na ordem que seria a mais útil para o propósito dogmático, mas na ordem em que o cético os força a aparecerem. Sexto é claro sobre esse ponto: "Dos outros sistemas, é adequado que os outros os descrevam: nossa tarefa no presente é apresentar o esboço da doutrina cética" (HP 1.4)

Assim, a palavra *historikós* está limitada ao esboço cético do pirronismo, não para relatar fielmente o que os outros disseram sobre suas doutrinas. Quando o cético apresenta sua própria doutrina, ele organizará as filosofias dogmáticas de acordo com o procedimento cético, de uma perspectiva cética, com a ordem que interessa ao cético, como sugeri brevemente acima. Isso não quer dizer que Sexto deliberadamente as distorcerá, mas somente que ele não está interessado em expô-las tal como são expostas pelos seus defensores. Ele não é um historiador no sentido de buscar compreendê-las tão exatamente quanto possível; antes, ele se apropria do material produzido pelos dogmáticos e o emprega tendo em vista o fim do pirrônico: a suspensão do juízo seguida pela tranquilidade.

176   PLÍNIO JUNQUEIRA SMITH

Na aplicação de Bayle do método de oposição à história da filosofia, encontramos algo muito diferente. Primeiro, seu objetivo não é destruir o dogmatismo, mas descrever, explicar e até avaliar adequadamente as diversas filosofias dogmáticas. Essa atitude aplica-se igualmente às filosofias céticas (acadêmica e pirrônica):

> Eu prefiro fazer como o copista faz para a utilidade daqueles que, sem sair do lugar, querem aprender historicamente sobre as opiniões dos antigos e ver suas provas no original, eu quero dizer, os próprios termos de seus testemunhos. Eis meu princípio em centenas de outras ocasiões (DHC, "Carnéades", B).

Assim, Bayle quer, em primeiro lugar e acima de tudo, *informar* seus leitores, oferecendo uma história crítica com as fontes à disposição dos leitores e compilar todas essas fontes de modo a evitar que o leitor tenha de buscá-las em diferentes livros, gastando tempo e esforço.

Em segundo lugar, como um historiador, ele tenta entender cada doutrina como um todo, como se fosse um sistema completo. Assim, a exposição de Bayle é muito diferente do que encontramos em Sexto, que separava uma parte de uma filosofia dogmática da outra e, depois, justapunha essas partes provenientes de diferentes filosofias. Bayle não reorganiza o material fornecido pelos dogmáticos, mas antes tenta reconstrui-los segundo o sentido original pretendido pelos filósofos. Tendo em vista esse fim, o de dar a maior coerência e força possível a uma filosofia, Bayle pode mesmo sugerir correções e propor melhorias. Uma razão para que Bayle tenha de reconstruir uma filosofia, oferecendo uma interpretação hipotética, em vez de simplesmente apresentar partes desconectadas, como fazia Sexto, é que Sexto e seus leitores dispunham dos textos originais, que foram posteriormente perdidos, ao passo que Bayle e seus leitores não tinham acesso aos textos originais. Outra razão é que o fim de suas respectivas atividades é diferente: Bayle tem a intenção precípua de entender o que outros pensaram, enquanto Sexto pretende destruir esses pensamentos.

Muitas das observações de Bayle sobre seu método dizem respeito ao seu objetivo de compreender uma filosofia. Visto que não temos a imensa maioria dos textos, devemos confiar nos poucos livros e muitos fragmentos e citações indiretas. Portanto, não somente se deve relatar fielmente o que foi dito pelos filósofos antigos ou o que lhes foi atribuído, mas também é preciso tentar descobrir o que está faltando. Se Bayle relatasse somente numa atitude intelectual de integridade, ele não teria muito a dizer; deve-se ir muito além do que restou, pois é preciso complementar o que se tem com o que está faltando. Mas essa atividade de reconstrução não é arbitrária, o historiador necessitando raciocinar e filosofar no lugar dos filósofos antigos. Somente colocando-se dentro da doutrina a ser exposta e tentando formular as partes que lhe faltam, ou mesmo corrigir e melhorar suas partes mais fracas, pode um historiados não somente relatar, mas de fato reconstruir uma doutrina filosófica em sua complexidade e força completa.

Talvez seja aqui o ponto em que Bayle, como um historiador, deixa de ser apenas um relator e deve também julgar, isto é, avaliar os méritos e deméritos relativos de uma doutrina. Como vimos, esse é um complemento indispensável de sua atitude como um historiador crítico. De um lado, a história da filosofia se torna uma ciência, repleta de algumas certezas e muitas hipóteses prováveis sobre o que aconteceu no passado. Isso, de acordo com Bayle, é não somente compatível com o ceticismo, mas é a concepção pirrônica de ciência (DHC, "Pirro", B). Como Bayle reconstrói um sistema filosófico? Uma maneira de fazer isso é argumentando a favor e contra. Ao levantar objeções e respondê-las, Bayle pensa que ele fornecerá a interpretação mais provável, aquela que torna o sistema o mais forte possível. Nesse sentido, o método de oposição não é somente o método da filosofia por excelência, mas também tem um papel a desempenhar quando se faz história da filosofia. De outro lado, ao sustentar que a avaliação filosófica é uma parte indispensável de sua tarefa como um historiador, Bayle não pode ser um cético, ao menos não no sentido de ser inteiramente imparcial e sempre suspender o juízo. Quem quer que tenha lido Bayle sabe que ele emite juízos o tempo todo.

Essas considerações levam-nos, talvez surpreendemente, a uma posição um tanto paradoxal. Se Bayle elogiou os céticos antigos por examinarem os dois lados de uma questão, por perceberem quão fortes eram os argumentos dos dois lados de uma questão (coisa que os dogmáticos evitam fazer), agora percebemos que, para Bayle, os pirrônicos, ao separarem cada doutrina em pequenas partes desconectadas, reordenando-as a seu bel-prazer, tinham enfraquecido as doutrinas dogmáticas. A esse respeito, eles não fizeram justiça à força dos sistemas filosóficos que combatiam. E se Bayle pensou que, no fundo, a razão somente destrói o outro lado de uma questão e nunca estabelece um lado por si mesmo, então vemos agora que, tomada como um todo articulado ou como uma espécie de sistema, uma doutrina filosófica é muito forte. A melhor maneira de aplicar o método de oposição não é justapondo, lado a lado, tópico após tópico, cada uma das partes das doutrinas dogmáticas isolado dos demais, mas comparando doutrinas completas em toda sua coerência e complexidade.

Assim, parece que ambos (Sexto e Bayle) voltaram-se para a história da filosofia e aplicaram o método de oposição a ela. Há uma ligação estreita entre ceticismo e história: a história é a fonte de argumentos para o cético; o cético é por natureza um historiador da filosofia. Essa é uma razão pela qual Sexto é uma fonte muito importante para o nosso conhecimento das filosofias antigas: ele as relatou exaustivamente sobre todos os tópicos. É também a razão pela qual Bayle, profundamente marcado pelo ceticismo, é um importante autor para a nossa concepção de história da filosofia.

Apesar dessa similaridade, notei duas diferenças importantes entre como Sexto e Bayle aplicavam respectivamente o método de oposição com relação à história da filosofia.

Quando diz que relatará como um historiador a doutrina cética, Sexto diz que, com relação às outras doutrinas, talvez seja melhor que os filósofos que defendem essas outras doutrinas se encarreguem de apresentá-las. Nesse sentido, o que Sexto faz é exatamente o oposto do que Bayle faz: Sexto queria somente apresentar sua própria doutrina, não a dos outros. Bayle quer retificar o que outros disseram sobre as doutrinas filosóficas, apresentando-as fielmente, não quer somente relatar o que ele próprio pensa. Essa é a primeira diferença. Passemos à segunda. Quando aplica o método de oposição, Sexto faz isso tendo em vista seu próprio objetivo de destruir o dogmatismo e, assim, apresenta as doutrinas dogmáticas numa ordem especificamente pirrônica. Bayle, contudo, era um historiador no sentido de acreditar que precisamos compreender um sistema filosófico como um todo, não em partes fragmentadas, e, correspondentemente, tenta reconstruir (não apenas relatar) a partir do material que nos chegou um sistema filosófico que seja ao mesmo tempo sólido e coerente.

Poder-se-ia dizer que o método de oposição, com sua busca de bons argumentos dos dois lados de uma questão, levou o cético à história da filosofia. Poder-se-ia pensar também exatamente o contrário, isto é, que o trabalho de Bayle como um historiador, especialmente como um historiador das doutrinas filosóficas, tornou-o ainda mais consciente de que o método de oposição era essencial à filosofia. A solução mais provável é que, a respeito do método de oposição, há uma interação entre seus estudos históricos e sua reflexão filosófica. Vimos que, de um lado, o método de oposição, desde o princípio, deu forma à sua atividade de historiador e que, de outro, a aplicação consistente desse método às suas reflexões filosóficas levou-o a seu tipo específico de ceticismo. Noutras palavras, o ceticismo não somente ajudou-o em sua atitude como um historiador, mas seu conhecimento da história da filosofia (sobretudo a dogmática) tornou-o sensível não somente ao que se pode criticar, mas também ao que se pode dizer em defesa de cada doutrina. A meu ver, há um elo indissolúvel, no caso de Bayle, entre o ceticismo filosófico e a história da filosofia como uma ciência empírica.

Capítulo 6
Hume

Como Hume se tornou cético?

Ceticismo antecedente como preparação para o filosofar

Ninguém começa a filosofar como um cético. Quando se interessa pela filosofia, uma pessoa tem a esperança de obter um conhecimento sobre o mundo. Depois de dedicar alguns anos à filosofia, geralmente aceita ou produz alguma teoria sobre o assunto ao qual se dedicou. Nem sempre, no entanto, essa pessoa chega a algum resultado positivo, de modo que sua esperança inicial não se realiza. Nesse caso, ela pode se reconhecer, no final de uma investigação que não chegou a bons termos, como cética.

Hume, não obstante, afirma que, antes mesmo de começar a filosofar, uma certa dose de ceticismo é benéfica (EHU 116, p. 148-149). Um ceticismo antecedente, tal como proposto por Descartes, deveria ser praticado por todos aqueles que se dispõem a filosofar. Os seres humanos têm certas propensões que lhes fazem raciocinar de maneira parcial, têm preconceitos que não lhes permitem compreender certas coisas ou julgar adequadamente sobre elas, e seria bom se, ao filosofar, essas propensões e preconceitos não influíssem de maneira tão nociva. Se a filosofia deve ser uma investigação racional e imparcial, então eliminá-los, antes mesmo de se começar a filosofar, seria uma tarefa necessária para alcançar a atitude adequada que ela própria exige.

A ideia de que o ceticismo é uma boa preparação para a filosofia é uma ideia que aparece em Cicero (Ac II, 8-9). De fato, diz Cicero, os acadêmicos têm mais liberdade para investigar e não estão presos a nenhum dogma. Os demais, em geral, se decidem por uma doutrina de maneira precipitada, antes mesmo de ter a capacidade der julgar a melhor entre elas, quando pouco sabem e ainda estão em um período imaturo. Seguem um amigo ou um professor, não por causa de uma meditação cuidadosa que resulta num juízo equilibrado, mas por amizade, inclinação particular ou autoridade. Nesse sentido, o ceticismo, ao evitar um assentimento precipitado, ao favorecer uma atitude cautelosa e estimular um conhecimento sem preconceito das diversas doutrinas sem adesão prévia, contribui para o amadurecimento de todos aqueles que se interessam pela filosofia, enquanto os dogmáticos correm o risco de deformar o espírito do aprendiz, inclinando-o para um lado de maneira tendenciosa ou arbitrária.

Pode essa forma de ceticismo antecedente fazer de um aprendiz da filosofia um filósofo cético? Trata-se antes de uma etapa necessária para que se pratique seriamente a filosofia, qualquer que seja o resultado de suas reflexões. O caso de Descartes é evidente: a dúvida metodológica, longe de conduzi-lo ao ceticismo, foi o que lhe possibilitou refutá-lo. A ideia de um ceticismo metodológico é compatível com uma filosofia dogmática. Entretanto, para Hume, essa dúvida cartesiana não somente não é possível, mas também, mesmo se o fosse, não nos levaria a parte alguma (EHU 116, p. 150). Primeiro, não existe um princípio original como o *cogito*, que tenha algum privilégio sobre os demais; e, inclusive, se houvesse, se nossas faculdades tivessem sido postas em dúvida, como poderíamos inferir alguma coisa a partir desse princípio?

Hume parece manter-se próximo à posição de Bayle em face do ceticismo da primeira *Meditação*. Para Bayle (DHC, "Maldonat", K),[1] a dúvida cartesiana é somente outra maneira de expressar a regra do debate filosófico: os combatentes devem deixar de lado seus pressupostos e investigar

---

1   Ver o capítulo 5, item 2.

os argumentos dos dois lados de uma questão. O ceticismo antecedente é recomendável quando moderado. Nesse caso, que é o de Hume, o ceticismo antecedente não implica nem um ceticismo radical, nem uma forma de dogmatismo. Noutras palavras, o ceticismo antecedente configura, mais do que uma posição definida, seja cética ou dogmática, uma atitude que prepara a mente para a atividade filosófica séria e racional ou um método a seguir, se quisermos descobrir a verdade. Não ser parcial, evitar os preconceitos, partir de princípios evidentes e avançar lentamente e com muito cuidado, essas são as prescrições de um "ceticismo moderado", que constituem "o único método pelo qual podemos esperar alcançar a verdade e obter uma certeza e estabilidade própria em nossas determinações" (EHU 116, p. 150). Essa atitude, favorecida pelo ceticismo, não é suficiente para transformar um filósofo num cético.

Duas formas de investigação filosófica

Voltemo-nos para a ideia de que uma pessoa se torna cética somente depois de sua investigação filosófica, de que o ceticismo é uma consequência da atividade de filosofar. Antes de tudo, deve-se determinar o sentido preciso da "investigação" que leva alguém ao ceticismo.

No princípio, como todos os demais, o pirrônico (antes de tornar-se pirrônico) buscava a verdade: este era seu objetivo. Ele acreditava que possuir a verdade eliminaria uma perturbação intelectual causada pelos desacordos sobre as coisas. Dado que há conflitos de opinão a respeito de quase tudo e esses conflitos causam uma perturbação no pirrônico (antes de tornar-se pirrônico), ele acreditou que a verdade, ao resolver o conflito, eliminaria também o seu efeito, a perturbação intelectual. O que ocorreu foi que, ao buscar a verdade, não a encontrou; depois de investigar muito, todas as filosofias lhe pareciam equivalentes do ponto de vista da persuasão, de forma que não conseguia dar seu assentimento a nenhuma delas. Não podia optar, diante de uma questão filosófica dada, pela afirmação ou pela negação, pois os argumentos a favor e contra de cada lado se equivaliam e, finalmente, se

186 PLÍNIO JUNQUEIRA SMITH

destruíam mutuamente. Nisso consiste a suspensão pirrônica do juízo: na incapacidade de assentir à afirmação ou à negação de uma proposição sobre alguma coisa naturalmente não-evidente (o fato de que há desacordo seria um indício de que se trata de algo que não é evidente; fosse evidente, diz o pirrônico, não haveria desacordo). Por sorte, a suspensão do juízo conduziu o pirrônico à tranquilidade, de modo que ele busca, agora, a suspensão do juízo para eliminar aquela perturbação que o incomodava (HP 1.8-10).

Diferentemente dos demais filósofos, que supõem ter encontrado a verdade – ou que declaram ser impossível encontrá-la e, por isso, interrompem a investigação, – o pirrônico segue investigando-a, pois não a encontrou, nem, de outro lado, pode afirmar que é impossível encontrá-la, não desesperando dessa empresa (HP 1.1-4). Como está permanentemente investigando a verdade das coisas, o pirrônico se define como um filósofo "zetético". A *zétesis* (investigação) é sua atividade definidora por excelência (HP 1.7). O que faz o pirrônico quando "investiga a verdade"? Parte importante da resposta parece ser: o cético se põe a ler o que dizem os filósofos que lhe prometem desvelar a verdade. Ou seja, a *zétesis* pirrônica é fundamentalmente uma investigação dos discursos dogmáticos.[2] E, em contraposição sistemática aos discursos dogmáticos investigados, o pirrônico alcança sua desejada suspensão do juízo. Assim, o objeto de investigação são os discursos dogmáticos e a maneira de proceder é examinar os argumentos a favor e contra uma determinada tese de maneira imparcial e sem precipitação.[3]

Esse modelo de pirronismo certamente não se aplica a Hume,[4] embora possamos encontrar algumas semelhanças com o procedimento humeano. Como todos os demais, Hume começa sua filosofia de modo

---

2   A ideia de que a investigação cetica focaliza o discurso dogmático foi indicada no capítulo 2, quando se apresentou a crítica de Bacon ao ceticismo.

3   Também os acadêmicos se põem a investigar a verdade, por meio de um exame das doutrinas dogmáticas, argumentando a favor dos dois lados de uma questão (Cicero, Ac I, xii, 45-46 e II, iii, 7; Diógenes Laércio, 1995, IV, 6, 28).

4   Vimos, no capítulo 1, que ele também não se aplicava a Montaigne. E, no capítulo 5, sobre Bayle, vimos as inovações por este introduzidas.

otimista, com a confiança de que sua investigação o levará a produzir uma teoria verdadeira sobre determinados assuntos filosóficos que ele se propõe a investigar. E, talvez também como o cético, o resultado de sua investigação não seja exatamente a verdade que no princípio buscava, mas algo distinto dessa verdade. Embora, de um lado, não chegue à suspensão do juízo, pois reconhece que a crença é inevitável, de outro Hume parece admitir que não há verdade alcançável sobre a essência das coisas ou um conhecimento das coisas em si mesmas. Tanto num caso, como no outro, estaríamos limitados ao domínio dos fenômenos, o que atestaria certas semelhanças entre Hume e os céticos pirrônicos.

No entanto, a *zétesis* dos pirrônicos é muito diferente da investigação humeana. Enquanto os pirrônicos examinam criticamente os discursos produzidos pelos homens que os apresentam como verdadeiros, Hume pretende fazer uma ciência empírica da natureza humana. Tanto a "Introdução" do *Tratado,* como a seção I da *Investigação* demonstram o projeto empirista de Hume. Seguindo o modelo newtoniano, Hume tentará, não somente descrever a mente humana, mas ir além e formular hipóteses explicativas sobre os mecanismos que regem o funcionamento de nossa mente. A investigação humeana do entendimento procede de maneira empírica: observa o funcionamento da mente, traça distinções, estabelece relações e, finalmente, propõe explicações de como a mente humana produz certas crenças (EHU 8-9, p. 13-15). Não há, em Hume, a ideia de que a investigação (ou *zétesis*) seja fundamentalmente uma avaliação crítica dos discursos dogmáticos, embora essa possa ser um subproduto de sua ciência empírica. Em suma, enquanto os pirrônicos se põem a ler os filósofos dogmáticos, buscando em seus escritos uma possível resposta a suas indagações, segundo o método de oposição, Hume aplica o método empírico à investigação da natureza humana.

Não é por acaso que Hume menciona Bacon na "Introdução" do *Tratado* (T int., 7) e no *Resumo* (A, 2) como aquele que inaugurou o método experimental na filosofia, seguido por Hume. Bacon tinha uma

188 PLÍNIO JUNQUEIRA SMITH

atitude similar diante do ceticismo.[5] Seguramente, Bacon admirava os céticos acadêmicos, aos quais dedica muitos elogios, chegando ao ponto de considerá-los como os maiores filósofos.[6] No entanto, seus elogios vem sistematicamente acompanhados de um distanciamento crítico.[7] Para Bacon, os céticos em geral faziam uma crítica interna muito pertinente aos dogmáticos, mas eram incapazes de sair dessa forma de filosofia, que não produzia nenhum conhecimento, nem obra que melhorasse a condição humana. O que Bacon propunha era uma recusa global das filosofias (inclusive a cética) para abrir caminho à tarefa de erigir uma ciência empírica da natureza.[8] Assim, a concepção de "investigação filosófica" que tem Hume é mais parecida à de Bacon do que à dos céticos. Para Hume, a *zétesis* cética não constitui o procedimento adequado de investigação na filosofia.

A avaliação humeana do método de oposição

As diferenças entre Hume e os pirrônicos vai ainda mais longe. O princípio básico do pirronismo é a oposição de discursos entre si, o método de oposição. O pirrônico é aquele que tem a habilidade de produzir para cada discurso um discurso contrário igualmente persuasivo, de tal forma que ambos se anulem e se produza a suspensão do juízo. A razão humana seria incapaz de argumentar convincentemente a favor de qualquer tese dogmática; assim, os pirrônicos entendem que a razão é muito forte, pois obtém com frequência nosso assentimento ao produzir um discurso coerente, articulado e bem argumentado. No entanto, como é igualmente possível argumentar a favor da tese contrária, a razão

---

5 Para uma análise detalhada da relação da filosofia baconiana com o ceticismo, ver o capítulo 2.

6 Bacon (2008), p. 199.

7 Por exemplo, NO I, 37 e 67 e a referência na nota anterior.

8 Ver as diferentes elaborações dessa recusa em Bacon (1987).

mostra sua debilidade, já que mutuamente se destróem as doutrinas que ela mesma construiu.[9]

O que pensa Hume desse método cético de oposição? Já na "Introdução" do *Tratado*, Hume faz referência à contradição das opiniões e às controvérsias filosóficas. Assim como para o pirrônico, também para Hume o fato de que não há acordo sobre nenhum assunto é um problema para a filosofia. Nessas circunstâncias, o triunfo não seria da razão, mas da eloquência. No entanto, para Hume as discussões não são mais do que um indício de que as coisas não andam bem no reino da filosofia. Longe de ser um princípio sobre o qual se possa erigir uma filosofia (cética), o ruído e clamor da discussão são somente um sinal externo de que não estamos diante do "tribunal da razão humana". A seu ver, o procedimento da filosofia não deve ser o de examinar os argumentos dos dois lados, como se as cores mais favoráveis de um argumento pudessem decidir a questão, mas de marchar sobre a capital, levando a cabo, como vimos, uma investigação empírica do entendimento humano.

Hume faz muitas outras referências ao método cético de oposição. Por exemplo, nos *Diálogos sobre a religião natural*, Philo afirma que, no caso da crença em deus, o ceticismo triunfa, pois há duas posições opostas e "uma não tem mais peso que a outra" (DNR I, p. 37). Seja essa ou não a opinião de Hume, é certo que há uma restrição muito clara do equilíbrio cético entre os dois lados a este caso particular, no qual aos argumentos céticos não se opõem "argumentos mais sólidos e naturais, derivados dos sentidos e experiência" (DNR I, p. 37). Aceita-se, implicitamente, que, onde há argumentos mais sólidos e naturais, o equilíbrio cético não é possível. O método da oposição aplicar-se-ia a poucos casos. A que casos esse método poderia ser aplicado?

No caso dos juízos estéticos, o método de oposição parece inevitável. "A grande variedade de gosto, assim como de opiniões, que prevalece

---

9   Esse método de oposição também se faz presente no ceticismo acadêmico. Ver nota 3 anteriormente.

no mundo, é demasiado óbvia para não ser notada por todo mundo" (E, p. 231) e é, "quando investigada, ainda maior do que parece" (E, p. 231). Baseada nisso, "uma espécie de filosofia", a "do tipo cético", argumenta que "buscar a beleza real, ou a deformidade real, é uma investigação tão inútil como pretender encontrar a doçura real ou a amargura real" (E, p. 235). Talvez o argumento cético seja o mais forte contra a existência de um padrão do gosto e, por essa razão, Hume o elabora com cuidado, sem sequer mencionar outro. No entanto, Hume acredita que é possível encontrar um padrão do gosto. "Parece, então, que, no meio de toda essa variedade e capricho do gosto, existem certas regras gerais de aprovação ou censura, cuja influência um olhar cuidadoso pode traçar em todas as operações da mente" (E, p. 238). Para Hume, nem todos os gostos têm o mesmo valor; algumas pessoas têm uma delicadeza do gosto que os converte em uma referência, razão pela qual devem ser distinguidas na sociedade. "É suficiente para nosso propósito presente se provarmos que o gosto de todos os indivíduos não está no mesmo pé de igualdade e que alguns homens em geral, embora seja difícil escolhê-los, serão reconhecidos por consentimento universal como tendo uma preferência sobre os outros" (E, p. 248). Em suma, o equilíbrio tão essencial para a posição cética não se manteria nos juízos estéticos.

Também na moral Hume mencionará o método cético de oposição como um argumento a favor do relativismo, mas negará que esse argumento seja decisivo. No ensaio dedicado à sua doutrina moral, o cético argumenta que nada é em si mesmo bom ou mau, mas que "esses atributos surgem da fábrica e constituição particular da afecção e sentimento humano" (E, p. 164). Os exemplos oferecidos pelo cético são os tradicionais *tropos* nos quais se apontam as diversidades entre os animais, entre os povos, entre os homens individualmente e entre as diferentes circunstâncias de um mesmo homem. No entanto, Hume estima que recorrer a essas oposições não tem muito valor filosófico. "O vulgo talvez fique convencido por esse argumento. Mas homens acostumados a pensar podem dar um argumento mais convincente ou, pelo menos, mais geral, a partir da própria natureza do assunto" (E, p. 166). Hume traça, assim, uma distinção entre o método cético de oposição, que persuade o vulgo a partir da diversidade das opiniões, mas não o filósofo, e um argumento mais forte que estabelece a mesma conclusão, mas de maneira mais geral, e que persuadiria os filósofos. Ao dizer que o método de oposição não trata da "natureza própria do assunto", Hume parece querer dizer o mesmo que dizia na "Introdução" do *Tratado*: as contradições de opinião são indícios externos de que algo não anda bem, mas não constitui uma investigação específica do assunto controverso que possa esclarecê-lo ou resolvê-lo. E Hume atribui ao cético de seu ensaio um argumento mais forte desse tipo que trata da natureza própria do assunto.

Na seção XII da primeira *Investigação*, Hume avalia os argumentos tradicionais "empregados pelos céticos em todas as épocas" (EHU 117, p. 151). Primeiro, são mencionados os argumentos contra os sentidos, tais como o remo parcialmente imerso na água, as diversas aparências dos objetos e as imagens duplas quando pressionamos um olho. Os céticos recorrem a esses exemplos para tentar demonstrar que os sentidos não são critério de verdade e, portanto, não devemos confiar neles. O conflito das aparências, no entanto, não constitui para Hume um bom argumento para desconfiar dos sentidos; o alcance desse argumento é muito limitado, pois somente mostra que "devemos corrigir sua evidência pela razão", de modo que, dentro da própria esfera dos sentidos, podemos ter "o *critério* adequado de verdade e falsidade" (EHU 117, p. 151). Nesse "tópico trivial", Hume afirma que os argumentos céticos tradicionais admitem uma "solução fácil" (EHU 117, p. 151). Mas há, segundo Hume, outros argumentos céticos, em particular o de Berkeley, "derivado da mais profunda filosofia" (EHU 122, p. 154).

Também com respeito à razão, Hume considera o método de oposição. Com efeito, a objeção cética contra o raciocínio sobre questões de fato se baseia nas "opiniões contraditórias" de épocas e nações, nas "variações de nosso juízo" em diversas circunstâncias e na "contradição perpétua" das opiniões e pareceres de todos os homens. Hume critica duramente, mais uma vez, o método cético. Primeiro, caracteriza-o de "popular", contrastando-o

192 PLÍNIO JUNQUEIRA SMITH

com as objeções "filosóficas"; em seguida, qualifica-o de "fraco"; finalmente, ele nos diz que, confrontados com a vida comum, "desaparecem como fumaça" (EHU 126, p. 159). Mas o cético dispõe de outros argumentos contra a evidência moral "que surgem das investigações mais profundas" (EHU 127, p. 159) e que prometem o seu triunfo (neste caso, o argumento é do próprio Hume).

Talvez um último exemplo possa estabelecer que Hume não julgava o método cético de oposição um argumento particularmente forte. Hume julgou que o filósofo que nos deu as melhores lições de ceticismo foi Berkeley, pois seus argumentos "não admitem resposta", embora "não produzam convicção" (EHU 122, p. 155, nota 1). Em compensação, os argumentos céticos de Bayle, baseados no método de oposição, não são irrefutáveis. O principal argumento cético de Bayle foi mostrar que não se pode pensar coerentemente a noção de extensão. Das três doutrinas para explicar a extensão, nenhuma seria satisfatória, de modo que se poderia empregar o seguinte silogismo: "se existisse, a extensão seria ou composta de pontos matemáticos, ou de pontos físicos, ou de partes infinitamente divisíveis; ora, não está composta de pontos matemáticos, nem de pontos físicos, nem é infinitamente divisível; portanto, a extensão não existe" (DHC, "Zenão de Elea", G). Aparentemente, há um equilíbrio entre as três doutrinas, dado que nenhuma delas é melhor do que as outras duas e não parece possível escolher uma baseado numa razão conclusiva. "Cada uma dessas três seitas, quando somente ataca, triunfa, arruina e destrói; mas, por sua vez, é destruída e destroçada quando está na defensiva" (DHC, "Zenão de Elea", G). Se é assim, não se poderia preferir racionalmente uma delas.

Hume conhecia bem a posição de Bayle. Primeiro, nos *Diálogos*, ele descreve a posição cética exatamente nos termos propostos por Bayle.

> Todos os sistemas religiosos, admite-se, estão submetidos a grandes e insuperáveis dificuldades. Cada polemista triunfa por sua vez, enquanto leva uma guerra ofensiva e expõe os absurdos, barbaridades e doutrinas perniciosas de seu antagonista.

O MÉTODO CÉTICO DE OPOSIÇÃO NA FILOSOFIA MODERNA   193

> Mas todos eles, em conjunto, preparam a vitória do cético,
> quem nos diz que nenhum sistema deve ser adotado com rela-
> ção a esse assunto, pela simples razão de que nenhum absurdo
> deve ser adotado em nenhum assunto. E se todo ataque, como
> é comumente observado, triunfa entre os teólogos e nenhuma
> defesa obtém êxito, quão completa não será *sua* vitória, ele que
> permanece sempre, com toda a humanidade, na ofensiva e não
> tem uma posição fixa ou cidade própria que esteja obrigado a
> defender? (DNR VIII, p. 88-89).

Deve-se notar que as palavras de Philo se aplicam a questões teológicas, mas não necessariamente a outras questões, como as filosóficas. O que
ocorre especificamente com a questão levantada por Bayle?

Como no caso das objeções céticas tradicionais contra os sentidos,
Hume acredita que tem uma solução para o problema levantado por Bayle.
Longe de resignar-se a um conflito supostamente insolúvel, Hume mostra
uma confiança em sua capacidade de encontrar uma solução não vislum-
brada por ninguém. A doutrina dos pontos coloridos ou tangíveis, segundo
Hume, resolve as dificuldades sublinhadas por Bayle e nos permite negar a
infinita divisibilidade dos espaço (T 1.2). Hume se refere a sua solução como
um "sistema acerca do espaço e tempo" (T 1.2.4.1) composto de duas partes que se apóiam mutuamente, contém argumentos decisivos a seu favor e
rejeita as objeções contra ele. Assim, Hume acredita ser capaz de encontrar
a solução para outra dificuldade levantada pelo método cético, talvez a mais
difícil de todas, ao menos na obra de Bayle (EHU 125, p. 158, nota 1).

Há, com efeito, um conflito para o qual Hume não vê nenhuma
solução.

> É esse princípio que nos faz raciocinar de causas a efeitos;
> e é esse mesmo princípio que nos persuade da existência
> continuada dos objetos externos, quando ausentes dos
> sentidos. Mas, embora essas duas operações sejam igualmente
> naturais e necessárias à mente humana, contudo em algumas
> circunstâncias elas são diretamente contrárias, e não é possível

para nós raciocinar adequada e regularmente sobre causas e efeitos e, ao mesmo tempo, crer na existência continuada da matéria (T 1.4.7.4; EHU 123, p. 155, quando Hume fala de uma contrariedade entre sentidos e razão).

Talvez se possa ver, nessa oposição, uma contribuição de Hume ao método cético de oposição. Mas tal contrariedade não se dá entre duas percepções ou opiniões, mas entre duas operações de um princípio da mente humana. Não se trata de opor, servindo-se de um método, duas crenças contrárias, mas antes de descobrir uma imperfeição constitutiva e incorrigível em nossa forma de pensar.

Em suma, se Hume se torna um cético, não é de maneira nenhuma em virtude do método cético de oposição. Esse método teria força variável, aplicando-se com êxito à religião natural, mas não aos assuntos filosóficos. Em alguns casos, é um argumento forte, mas frequentemente há outros argumentos disponíveis para o cético ainda mais fortes. Na maioria dos casos, Hume julga encontrar uma solução para o conflito das percepções e opiniões.

Uma ciência empírica praticamente irretocável

Vimos que a investigação humeana é uma ciência empírica que tem como seu primeiro objeto de estudo o entendimento humano. É evidente que Hume pensa que o procedimento empírico estabelece resultados sólidos e que ele mesmo logrou descobrir muitos dos princípios que regem a mente humana. A seu ver, suas explicações do funcionamento da mente são as hipóteses mais razoáveis que temos. Em geral, Hume não se retrata, nem corrige suas hipóteses sobre o funcionamento da mente. Embora possamos comparar suas obras posteriores com o *Tratado* e constatar algumas modificações em suas posições, é certo que, de maneira genérica, Hume mantém as mesmas posições iniciais. Sua ciência empírica da natureza humana alcançou resultados bastante satisfatórios e nos fez avançar no conhecimento dos princípios que governam a natureza humana.

Vejamos alguns dos princípios identificados por sua ciência empírica do entendimento humano. Hume está seguro de que nossas ideias simples são cópias das impressões simples: não somente estas são causadas por aquelas, mas são iguais em seu conteúdo; a única diferença residiria na vivacidade. O princípio da cópia está tão bem estabelecido que Hume o converte em um princípio a partir do qual poderá examinar o conteúdo de certos termos filosóficos chaves. Se não estivesse tão seguro desse princípio, Hume jamais o utilizaria de maneira tão central para suas análises mais importantes. Do mesmo modo, Hume está inteiramente confiante em que é o princípio do hábito o que determina nossa mente a inferir a causa a partir do efeito e vice-versa. Este é um princípio explicativo fundamental que o acompanha em toda a sua filosofia.

Embora Hume pareça haver mudado um pouco sua explicação da crença nos corpos, o essencial de sua doutrina permanece constante. No *Tratado*, encontramos uma detalhada e complexa exposição do "sistema do vulgo" que desaparece completamente na primeira *Investigação*, sendo substituída por uma referência a um instinto natural. Além disso, o sistema filosófico da dupla existência recebe, no *Tratado*, críticas muito mais duras do que na *Investigação*. De qualquer forma, a posição básica de Hume é quase a mesma nas duas obras e as diferenças não implicam um abandono das explicações anteriores, mas antes uma simplificação.

Há uma explicação que não parece satisfatória a Hume, a explicação da identidade pessoal. Ele reconhece que não obteve êxito, pois se viu "metido num tal labirinto que, devo confessar, não sei como corrigir minhas primeiras opiniões, nem como torná-las consistentes" (A, 10). No entanto, com essa única exceção, na qual admite que sua "explicação é muito defeituosa" (A, 20), Hume não se retrata de nenhuma das hipóteses por ele propostas, exceto de dois erros insignificantes (A, 22). É certo que Hume admite que suas explicações, como qualquer outra explicação filosófica, podem conter defeitos. "Eu tinha alguma esperança de que, embora nossa teoria do mundo intelectual seja deficiente, ela estaria livre daquelas contradições e absurdos que parecem acompanhar toda explicação que a razão humana pode dar do mundo material" (A, 10). Qual é o alcance dessa confissão? Ela seria, talvez, "uma boa razão, para o ceticismo" (A, 10), mas seguramente é uma razão para sustentar suas decisões com modéstia, não para suspeitar que estejam equivocadas.

Quanto ao resto, na "Conclusão" do primeiro livro do *Tratado*, Hume já apontava que ele não deveria confiar inteiramente em suas explicações filosóficas. Embora em certos momentos pareçam evidentes, certas ou inegáveis, essa aparência é momentânea; passado o calor propiciado pela investigação, a modéstia é a atitude adequada em face de suas hipóteses (T 1.4.7.15). O que não significa de maneira nenhuma que suas hipóteses estejam erradas ou que Hume considere seriamente essa possibilidade, mas somente que se deve mantê-las com cautela.

Assim, a construção da ciência da natureza humana, ao menos na sua primeira parte, que lida com o entendimento, parece confirmar seu otimismo inicial, isto é, Hume julgou que construiu uma ciência empírica sólida, exata e rigorosa, descrevendo a natureza humana de maneira adequada e propondo princípios explicativos aceitáveis, embora tudo isso deva ser afirmado com cautela e modéstia. Se Hume se torna cético, seguramente não será pelos supostos defeitos intrínsecos de sua ciência empírica. Por que, então, teria Hume se tornado um cético? Não tem ele uma teoria sobre a natureza que lhe parece a teoria correta sobre o ser humano? Por que o êxito da ciência empírica da natureza humana o conduziria ao ceticismo?

Das contradições e imperfeições do entendimento ao ceticismo mitigado

Embora possa parecer paradoxal, é precisamente o êxito de sua ciência empírica do entendimento humano que o converte num cético. Seus descobrimentos o levam a adotar uma posição cética, pois mostram que não se pode confiar no entendimento. Por quê, exatamente?

No *Abstract*, depois de resumir alguns dos pontos que considera os principais de sua "lógica", Hume caracteriza sua filosofia como "muito cética" e acrescenta que ela "tende a nos dar uma noção das imperfeições e estreitos limites do entendimento humano" (A, 27). Em particular, ainda segundo o *Abstract*, é seu descobrimento do princípio do hábito e seu esclarecimento da ideia de conexão necessária que constituem o núcleo de seu ceticismo. Na primeira *Investigação*, Hume está mais consciente do que no *Tratado* do caráter cético de sua teoria sobre a inferência causal. De fato, ele caracteriza tanto suas dúvidas como sua solução a respeito do princípio que nos determina a raciocinar causalmente de "céticas" (EHU IV e V), já que essas inferências não estão baseadas em nenhum "raciocínio ou processo do entendimento". Noutras palavras, o princípio que nos leva a pensar no efeito a partir da causa (ou vice-versa) não tem nenhuma natureza racional; a análise filosófica revela que a transição, se não é ilegítima ou errada, pelo menos não tem apoio na razão. E, na seção XII, Hume volta a mencionar sua teoria da causalidade como um possível argumento cético contra as evidências morais. Se as crenças causais se baseiam num instinto, e não em um processo racional, então, embora seja impossível evitar as crenças causais, temos que levar em conta que esse instinto irresistível "pode ser falaz e enganoso" (EHU 127, p. 159).

Além disso, ainda no *Abstract*, Hume menciona que a crença nos corpos externos é somente um sentimento de tipo similar ao sentimento peculiar produzido pelo hábito na inferência causal (A, 27). Hume enfatiza sua análise de que a crença é somente um sentimento como se isso fosse um elemento indispensável do seu ceticismo. Mas há outro traço de sua explicação da crença no corpo que mostra de maneira ainda mais radical como certas crenças são intrinsecamente problemáticas. Em cada etapa de sua hipótese explicativa (o "sistema do vulgo"), Hume mostra como a mente comete erros e falácias, inventa ficções, se contradiz (T 1.4.2.25-44). A crença produzida por esse complexo mecanismo mental é natural e inevitável, mas isso, longe de garantir sua verdade, nos compromete de maneira definitiva com essa ficção. Estamos, por assim dizer, irremediavelmente comprometidos com uma crença que, não somente não é sustentada pela razão (como é o caso da crença causal), mas que patentemente viola todas as regras da racionalidade. Não é preciso, suponho, examinar outras hipóteses explicativas de Hume sobre os mecanismos mentais que produzem natural e inevitavelmente crenças, como as crenças matemáticas (T 1.4.1) e a crença na identidade pessoal (T 1.4.6). Em ambos os casos, a análise filosófica denunciará erros, ficções e outras falácias do entendimento humano.

Diante de todas essas imperfeições do entendimento em sua produção natural e inevitável de crenças, não se pode senão suspeitar dessas mesmas crenças. Na "Conclusão" do livro I do *Tratado*, Hume lança um olhar retrospectivo, faz um balanço de seus descobrimentos sobre o entendimento e reconhece "a condição desoladora, a fraqueza e a desordem das faculdades", de modo que "não posso me impedir de alimentar meu desespero com todas essas reflexões desalentadoras, que o assunto presente me proporciona em tamanha abundância" (T 1.4.7.1). Hume passa em revista esses resultados deprimentes que o levam a uma melancolia profunda; organizando-os, na conclusão, de maneira sistemática, Hume chega ao extremo de que um mesmo princípio fundamental se contradiria a si mesmo em suas operações. Vejamos novamente uma importante passagem já citada.

> Não surpreende que um princípio tão inconstante e falaz deva nos levar a erros, quando seguido implicitamente (como deve ser) em todas as suas variações. É esse princípio que nos faz raciocinar de causas a efeitos; e é esse mesmo princípio que nos persuade da existência continuada dos objetos externos, quando ausentes dos sentidos. Mas, embora essas duas operações sejam igualmente naturais e necessárias à mente humana, contudo em algumas circunstâncias elas são diretamente contrárias, e não é possível para nós raciocinar adequada e regularmente sobre causas e efeitos e, ao mesmo tempo, crer na existência continuada da matéria (T 1.4.7.4).

O MÉTODO CÉTICO DE OPOSIÇÃO NA FILOSOFIA MODERNA   199

Estamos diante de um dilema: "Não temos, portanto, nenhuma escolha a não ser entre uma falsa razão e absolutamente nenhuma." (T 1.4.7.7) O impacto de suas considerações sobre o entendimento humano parece gerar a suspensão cética do juízo. "A visão *intensa* dessas múltiplas contradições e imperfeições na razão humana de tal maneira me agitou e aqueceu meu cérebro que estou pronto para rejeitar toda crença e raciocínio e não posso considerar nenhuma opinião nem mesmo como mais provável ou plausível do que outra" (T 1.4.7.8). Vale a pena insistir no ponto central: o que leva Hume a inclinar-se para abandonar as crenças são precisamente as "múltiplas contradições e imperfeições na razão humana".

A solução de Hume, voltar a jogar críquete e entregar-se à vida, pode impedir a suspensão do juízo, mas não o afasta de uma posição cética. Ao contrário, é justamente por submeter-se aos princípios naturais que Hume mostra sua "disposição e princípios céticos" (T 1.4.7.10). Na "Conclusão" do *Tratado*, Hume reserva o termo "ceticismo" e seus derivados para uma posição final que se afasta do ceticismo extremo ao qual, por momentos, ele se inclina e quase adere, por causa do impacto da visão intensa das contradições e imperfeições do entendimento, enquanto confirma a possibilidade de filosofar. Seu ceticismo final não significa, já o vimos, praticamente nenhuma revisão sobre suas explicações do funcionamento do entendimento humano; ao contrário, esse ceticismo baseia-se precisamente nessas contradições e imperfeições reveladas pela sua ciência empírica.

Talvez se possa dizer, não sem certa razão, que o mesmo argumento que serve para rejeitar os argumentos populares também serve para rejeitar os argumentos filosóficos, a saber, que a crença é inevitável. Também o argumento filosófico que se apoia na teoria humeana da causalidade é incapaz de produzir a suspensão do juízo. É certo que "enquanto o cético insiste nesses assuntos, ele mostra a força ou, melhor, realmente, sua própria e nossa fraqueza, e parece, durante algum tempo pelo menos, destruir toda segurança e convicção" (EHU 127, p. 159). No entanto, há uma objeção a esse ceticismo excessivo que pretende suspender o juízo e aboliria todas as crenças, inclusive quando, "em seu vigor e força completa" (EHU 128, p. 159), pareceria capaz de produzir uma suspensão momentânea. O pirronismo, ao pretender destruir todas as crenças, destruiria também a vida. Mas também aqui a natureza intervém e nos obriga a crer, pois crer é uma condição inescapável da vida humana, já que os homens "devem agir, raciocinar e crer" (EHU 128, p. 160).

Em que consistiria, então, a força dos argumentos filosóficos ou profundos? Estaria essa força reduzida a nos lançar em "uma confusão e espanto momentâneos", enquanto o argumento popular nem sequer lograria obter essa aparente suspensão momentânea? Essa é, seguramente, uma diferença entre esses tipos de argumentos, mas não explica suficientemente por que Hume considera os argumentos baseados na sua teoria do entendimento humano superiores aos argumentos baseados no método de oposição, pois, ao fim e ao cabo, também um argumento filosófico ou profundo deve ceder diante da força superior da natureza. Essa necessidade de crer deixa o pirrônico "na mesma condição, no que respeita à ação e à especulação, em que estão os filósofos de todas as outras seitas ou aqueles que nunca se ocuparam com quaisquer pesquisas filosóficas" (EHU 128, p. 160).

A meu ver, a diferença de força entre os argumentos céticos cuja origem radica na ciência humeana do entendimento humano e os que resultam do método de oposição provém, em primeiro lugar, do fato de os últimos admitirem algum tipo de solução filosófica e, assim, poderem ser rejeitados. Vimos que os argumentos triviais somente provavam que os sentidos isolados não eram critério de verdade, mas, com a ajuda da razão, eram, em sua própria esfera, um critério de verdade. Vimos também que as objeções populares contra a razão não nos levariam a não raciocinar, pois temos de empregar a razão na vida cotidiana; e, nessa esfera, talvez se poderia dizer, a razão contribui para nossas vidas. Por sua vez, os argumentos fortes, isto é, os profundos e filosóficos, mostram que os princípios mesmos que causam essas crenças inevitáveis (sejam elas da percepção sensível ou do raciocínio) na vida são problemáticos. "A investigação mais diligente" com relação ao "fundamento dessas operações" não é capaz de "remover as objeções que se podem levantar contra elas" (EHU 128, p. 160). Por fundamento, Hume entende os princípios do entendimento humano que produzem crenças, por exemplo, o princípio do hábito, que produz crenças causais, ou o instinto que produz a crença nos corpos. E, pior ainda, Hume não vê como poderia "melhorar ou corrigir essas faculdades" (T 1.4.7.1). Este seria um segundo sentido em que os argumentos profundos seriam mais fortes que os argumentos populares. Vejamos esse ponto mais de perto.

Uma semelhança notável com a posição de Bacon em face do ceticismo pode ajudar a deixar claro em que reside o ceticismo de Hume, tão forte que a ideia mesma de que as crenças são inevitáveis não é suficiente para rejeitá-lo. Bacon, em sua famosa doutrina dos ídolos (uma elaboração do material legado pelos céticos), distinguia entre dois tipos de ídolos: de um lado, teríamos aqueles que são "inatos", como os ídolos da espécie humana (*idola tribus*) e os ídolos da caverna (*idola specus*), e, de outro, os adquiridos, como os ídolos do teatro (*idola theatrum*).[10] Segundo Bacon, de um modo geral, não se pode, no estado atual do conhecimento, e talvez mesmo depois de erigida a ciência, erradicar todos os ídolos que assediam a mente (NO I, 38). De maneira mais específica, os ídolos inatos são impossíveis de erradicar, pois são constitutivos da mente humana, enquanto os ídolos adquiridos poderiam ser eventualmente eliminados. Quanto mais enraízado é um ídolo tanto mais difícil será de eliminá-lo. Assim, a doutrina dos ídolos não tem a função de superar de uma vez para sempre os obstáculos que se interpõem no caminho do conhecimento, mas podemos nos pôr em guarda contra seus efeitos nocivos na medida do possível (NO I, 40). Nesse sentido, Bacon introduz, elaborando de maneira original as dúvidas céticas, uma posição inteiramente nova, pois agora as objeções céticas provém, não tanto de um modo especificamente cético de argumentar, mas da própria constituição natural da mente humana. A origem das dúvidas sobre o conhecimento radica na

---

10 Os ídolos do foro (*idola forum*) teriam um estatuto mais ambíguo, pois a linguagem é adquirida, mas é necessária para a vida humana coletiva.

própria mente humana, em sua forma de conceber e perceber o mundo, não na oposição de argumentos inventados pelos filósofos dogmáticos. Se o conhecimento é problemático, é porque a mente, quando opera naturalmente, produz representações sensíveis e intelectuais falsas das coisas.[11]

Hume parece ter aprendido a lição baconiana, não somente no projeto de uma filosofia empirista, mas também sobre a origem das dificuldades para o conhecimento pretendido pelos filósofos, pois ele percebe que as objeções baseadas na própria constituição do entendimento humano não podem ser removidas. Mesmo que, de um lado, eventualmente se possa lograr somente por alguns momentos a suspensão do juízo, de outro, o fato de que estamos obrigados a crer não remove a objeção profunda ou filosófica. E como poderia fazê-lo, se o princípio em que se apoia a objeção é um princípio da *natureza* humana? Poderíamos acaso "melhorar ou corrigir" esses princípios? Poderíamos modificar nossa própria mente? Por essa razão, Bacon tinha somente a intenção de propor auxílios que remediassem essa decaída e lamentável condição de nossas mentes, pois modificá-las é impossível. Tampouco Hume pode pretender modificar os princípios que regem nosso pensamento; o máximo que está a nosso alcance é, consciente de nossos defeitos e imperfeições, evitar erros mais sistemáticos, criticar a superstição, não pretender conhecimentos que estão além de nossa capacidade. O filósofo deve estar consciente da "força da dúvida pirrônica", vale dizer, deve conhecer quais são os princípios imperfeitos de nossa natureza humana, assim como reconhecer que temos de agir e crer em virtude dessa mesma natureza imperfeita. Assim, "as decisões filosóficas são somente as reflexões da vida comum metodizadas e corrigidas" (EHU 130, p. 162).

É certo que os ídolos de Bacon são observações sobre a mente humana que se mostram a todos ou que podem ser constatados por todos os que se dispuserem a considerar o assunto, enquanto os princípios da ciência empírica de Hume são hipóteses explicativas das operações do entendimento

---

11 Como situa sua doutrina dos ídolos na *pars destruens*, Bacon concebe-a como uma espécie de ceticismo antecedente.

formuladas por um cientista da natureza humana. A semelhança se limita ao fato de que ambos (ídolos baconianos e princípios humeanos) são constitutivos da nossa mente e, portanto, não podem ser erradicados. Mas o ceticismo humeano, indo além da doutrina dos ídolos de Bacon, pretende descobrir a constituição intrínseca da mente humana e sua maneira de operar. Se Hume tem razão, então talvez os obstáculos ao conhecimento estejam enraízados de maneira ainda mais radical do que supunha Bacon. E talvez nem mesmo com auxílios o conhecimento de causas reais, físicas ou metafísicas, como Bacon pretendia, sejam possíveis.

Muitos intérpretes julgaram que as "crenças naturais" impediriam o triunfo do ceticismo e que o assim chamado "naturalismo" caracterizaria melhor a posição de Hume. No entanto, a ciência humeana mostra que as crenças que a natureza nos impõe são erros e ficções inevitáveis. Por acaso o reconhecimento de que erros, ficções, contradições e falácias são inevitáveis e naturais constitui uma solução para eles?

Contraste entre a "lógica" e a moral

É muito ilustrativo comparar a "Conclusão" do livro I com a "Conclusão" do livro III do *Tratado*, pois essa comparação confirma a ideia segundo a qual é o caráter intrinsecamente problemático do entendimento descoberto por sua ciência empírica que leva Hume ao ceticismo. Na primeira conclusão, como vimos, ao lançar um olhar retrospectivo, Hume reconhece estar em uma situação desesperadora; na segunda, entretanto, ele está bastante contente consigo mesmo e com os princípios morais que, segundo ele, nos constituem. Talvez se nosso entendimento estivesse constituído de maneira satisfatória, como é o caso da moral, não haveria nenhuma razão para que Hume reconhecesse estar numa posição cética.

Uma semelhança entre as conclusões, no entanto, persiste. Hume confia em que os princípios estabelecidos por sua ciência empírica são os que efetivamente constituem nossa natureza. "Assim, por tudo o que foi dito, tenho a esperança de que nada esteja faltando para uma prova rigorosa desse

204 PLÍNIO JUNQUEIRA SMITH

sistema de ética. Temos certeza de que a simpatia é um princípio muito poderoso na mente humana. Também temos certeza de que ela tem uma grande influência sobre nosso sentido da beleza..." (T 3.3.6.1). Sobre a ciência humeana construída empiricamente não há dúvida: embora possamos ter um certo grau saudável de suspeita (T 1.4.7.15), o fato é que Hume não tem razão particular para duvidar dos resultados a que chegou também em sua filosofia moral.

Mais importante para nossos propósitos é que os princípios morais dos quais Hume está seguro são princípios bastante adequados para uma vida virtuosa e feliz. O princípio da simpatia é fundamental a esse respeito. Se não fosse por esse princípio, seríamos indiferentes à justiça e outras virtudes. "A justiça é certamente aprovada, não por outra razão senão a de que ela tem uma tendência para o bem público; e o bem público é indiferente para nós, exceto na medida em que a simpatia nos faz interessarmo-nos por ele" (T 3.3.6.1). Além disso, depois de lembrar outros pontos essenciais de sua doutrina moral, Hume considera que ela promove nossos afetos na direção da conduta moral correta. Noutras palavras, não somente teoricamente a doutrina humeana reconhece que a natureza humana está moralmente bem constituída, mas também favorece a moralidade no âmbito prático. "Todos os amantes da virtude (e todos o somos em teoria, embora possamos degenerar na prática) devem certamente estar satisfeitos ao ver as distinções morais derivadas dessa fonte, a qual nos dá uma noção adequada tanto da *generosidade* como da *capacidade* de nossa natureza" (T 3.3.6.3). Esse sistema, acrescenta Hume, também nos "ajuda a formar uma noção adequada da felicidade, tanto da dignidade como da virtude, e pode contribuir para que todo princípio de nossa natureza se interesse para adotar e amar essa nobre qualidade" (T 3.3.6.6). Não cabe expor todos os méritos teóricos e práticos que Hume atribui à sua própria doutrina. Basta notar o tom triunfal ou, pelo menos, a satisfação consigo mesmo claramente presente nessa conclusão. O próprio Hume admite que "o anatomista nunca deve emular o pintor", embora "seja admiravelmente apto a dar conselhos ao pintor", de tal modo que "as especulações mais abstratas sobre a natureza humana, ainda que frias e pouco cativantes, se tornam úteis para a *moralidade prática* e podem tornar esta última ciência mais correta em seus preceitos e mais persuasiva em suas exortações" (T 3.3.6.6).

Graças, talvez, a essa combinação de uma explicação de nossos princípios morais com sua tendência natural para o bem público e as virtudes, o risco de um ceticismo moral não é sequer considerado na "Conclusão" do livro III. Não há, na constituição moral da natureza humana, nenhuma imperfeição análoga aos erros, falácias, ficções ou contradições do entendimento. Ao contrário, os princípios morais são adequados para a vida moral virtuosa e feliz; além disso, a teoria humeana tem o benefício adicional de promover uma paixão pela virtude, contribuindo para a moralidade prática. Noutras palavras, enquanto a descoberta das contradições e imperfeições do entendimento humano contribui para diminuir a crença (no caso de crenças religiosas e supersticiosas, por exemplo, essas crenças são abolidas; mesmo no caso das crenças básicas, estas são enfraquecidas em algum grau), a descoberta do bom funcionamento dos princípios morais contribui para fortalecer as virtudes.

Por isso mesmo, a meu ver, Hume julga, de maneira análoga, na segunda *Investigação*, que é fácil rejeitar o ceticismo moral, mas não o ceticismo na "lógica". Se os argumentos céticos profundos e filosóficos derivam do descobrimento das imperfeições do entendimento humano e se, na moral, não há nenhuma imperfeição comparável ou análoga a elas, então não há nenhum argumento cético digno de consideração na moral, como os há na "lógica". O cético estaria limitado ao método de oposição, que, em moral, como vimos, não é um argumento especialmente forte, embora talvez seja o argumento cético mais forte nessa área. "Assim, nada pode ser mais superficial do que esse paradoxo dos céticos e seria ótimo se, nos estudos mais abstrusos da lógica e metafísica, pudéssemos evitar tão facilmente as cavilações dessa seita como nas ciências mais práticas e inteligíveis da política e moral." (EPM 173, p. 214) Em suma, a ciência empírica de Hume mostra tanto o estado lamentável dos princípios do entendimento como o estado bastante satisfatório dos princípios morais. Na "lógica", é difícil resistir aos ataques céticos; na moral, não há por que ser cético.

Capítulo 7
Kant

Capítulo 7
Kant

A *Crítica da razão pura* em face dos ceticismos cartesiano, humeano e bayleano

A questão do ceticismo na filosofia crítica de Kant

Sabe-se, pelo menos desde os trabalhos de Richard Popkin, que o ceticismo é uma corrente essencial para compreender a formação e desenvolvimento da filosofia moderna. Embora se possa não aceitar todas as hipóteses e todos os esquemas interpretativos propostos por Popkin, este estabeleceu de maneira definitiva o fato de que a filosofia moderna se construiu em grande parte confrontando-se com o ceticismo, abrindo assim novos campos de investigação sobre essa questão. Pode-se, assim, completar o trabalho de Popkin, conservando suas ideias principais, ao mostrar, por exemplo, que o ceticismo acadêmico desempenhou um papel mais importante do que aquele reconhecido por Popkin.[1] Também se pode propor a revisão de algumas de suas interpretações, ao rejeitar-se que ceticismo e fideismo sejam compatíveis.[2] Finalmente, é possível estender suas pesquisas sobre o ceticismo para outros períodos e autores, ressaltando a presença do ceticismo

---

1   Essa é a posição adotada por Maia Neto (2005).

2   A esse respeito, pode-se pensar no trabalho recente de Paganini (2005b). Ver também, anteriormente, o capítulo 4.

210 PLÍNIO JUNQUEIRA SMITH

nas Luzes francesas[3] ou sublinhando sua importância para a filosofia moral[4] e a filosofia política.[5]

É esse terceiro tipo de contribuição que me interessa fazer aqui,[6] mas de uma perspectiva mais alemã e menos francesa ou britânica do impacto do ceticismo sobre o pensamento moderno.[7] Trabalhos recentes, com efeito, mostraram que o ceticismo desempenhou um papel na *Aufklärung* e no período alemão pós-kantiano.[8] No que diz respeito a este capítulo, eu gostaria de examinar o papel desempenhado pelo ceticismo no interior da *Crítica da razão pura* de Kant.[9]

Certamente, Kant não é um historiador da filosofia, nem um comentador do ceticismo, e seu objetivo não é explicar ou compreender as dúvidas céticas. Antes, ele busca refletir sobre essas dúvidas, transformá-las, incorporá-las a seu projeto crítico de tal maneira que cada uma das formas de ceticismo que ele considera desempenha um papel essencial na economia global de sua filosofia teórica.[10] Farei aqui somente um esboço dessa leitura

---

3 Charles (2003) dedica-se a estudar a recepção do egoismo berkeleyano nas Luzes francesas como uma forma de ceticismo.

4 Com fez Norton (1982) a propósito da filosofia moral de Hobbes a Hume. No contexto inglês, essa investigação foi levada a cabo por Yolton (1956), antes mesmo dos trabalhos pioneiros de Popkin.

5 A esse respeito, ver, por exemplo, Larrère (2001), Terrel (2001) e Tuck (1993).

6 Uma contribuição sistemática sobre a presença do ceticismo no século XVIII encontra-se em Charles e Smith (2013).

7 Uma apresentação geral dessa questão pode ser lida na introdução de Charles e Smith (2013).

8 Para apreciar a importância do ceticismo depois de Kant, pode-se consultar Beiser (1987), Giovanni e Harris (2000), Forster (2008), Franks (2005), Hoyos (2001) e Charles e Smith (2013), parte 4.

9 O próprio Popkin dedicou algumas páginas a esse assunto (Popkin, 1993, 1997a, 1997b). Para uma avaliação global das posições de Popkin a esse respeito, ver Charles (2013).

10 Para as relações entre o ceticismo e a filosofia prática de Kant, ver Guyer (2008). Na interpretação de Guyer, passa-se na filosofia prática algo muito parecido com o que se passa na filosofia teórica.

kantiana do ceticismo para mostrar como, uma vez reformulado, este forneceu a Kant elementos fundamentais para a construção de sua filosofia crítica.

Esta interpretação da filosofia crítica nos oferece uma dupla perspectiva, visto que ela, de um lado, conduz a perceber como Kant nos ajuda a compreender melhor os desafios céticos e as diversas significações do ceticismo e, de outro, como o ceticismo permite apreender certos aspectos essenciais do pensamento kantiano. Reformulando as diversas formas de ceticismo, Kant as aprofunda e lhes dá um contorno especial, de modo que seus leitores percebem, primeiro, que o ceticismo é um obstáculo inevitável a ser enfrentado por toda reflexão filosófica séria e, segundo, que as soluções kantianas aos problemas céticos são decisivas para a filosofia crítica e sua posteridade.[11] Esse duplo movimento permite ver como Kant contribui para a compreensão e aprofundamento do ceticismo e como o ceticismo nos ajuda a compreender mais exatamente a sua filosofia.

A importância do ceticismo para sua filosofia foi salientada pelo próprio Kant, quando afirmou, como todos sabem, que Hume o despertou de seu sono dogmático e que a *Crítica da razão pura* deveria ser considerada como uma resposta ao problema de Hume. Apesar dessa confissão de Kant, diversos comentadores ignoraram a importância do ceticismo no seio da filosofia crítica. No entanto, uma vez que a recolocamos em seu devido lugar, aceitar a importância do ceticismo na filosofia kantiana é inevitável.[12] A questão verdadeira não é saber se o ceticismo é ou não o principal adversário da filosofia crítica - é manifesto que ele representa uma das preocupações capitais de Kant, - mas em que sentido e em que medida ele o é.

Numerosos são os comentadores de Kant que aceitam reconhecer a importância capital do ceticismo, no entanto vislumbrando somente uma

---

11 Segundo Franks, "tornou-se um lugar comum na obra recente que o Idealismo alemão é uma resposta ao ceticismo expresso no despertar da filosofia crítica de Kant. Embora contenha um importante germe de verdade, essa tese precisa ser qualificada". Ver também Beiser (2002, p. 240-259) e Henrich (2003, p. 140-154 e 157-173).

12 Por exemplo, discute-se hoje em dia se os argumentos transcendentais têm por objetivo refutar o ceticismo.

forma de ceticismo.[13] Em geral, esses comentadores supõem que o ceticismo cartesiano fornece o modelo do problema cético, porque ele põe em xeque o estatuto da realidade.[14] Dessa perspectiva, o ceticismo humeano seria somente uma variação particular no interior desse modelo geral (assim como o imaterialismo de Berkeley). Mas a posição que Kant adota em face do ceticismo é mais sutil, porque ele trata o ceticismo no plural, e não no singular. É preciso, então, perguntar-se quantos tipos de ceticismo Kant distinguiu, como cada forma de ceticismo suscitou para ele um problema filosófico específico e qual foi sua resposta ou sua solução em cada um desses casos. Se se encontram interpretações que vão nesse sentido e que distinguem diferentes formas de ceticismo na obra de Kant,[15] é uma pena que elas raramente estejam baseadas num conhecimento adequado da história do ceticismo e que não sejam sempre sensíveis ao que Kant diz sobre o ceticismo, de modo que as distinções que elas propõem não correspondem exatamente à intenção kantiana.

A meu ver, Kant conhecia muito bem as diferentes formas adotadas pelo ceticismo ao longo de sua história e esse conhecimento se manifesta claramente no tratamento do ceticismo que ele propõe em sua obra crítica. De minha parte, sugiro identificar na filosofia teórica de Kant três formas de ceticismo: o ceticismo bayleano, o ceticismo humeano e o ceticismo cartesiano

---

13 Por exemplo, Franks (2005) e Gardner (1999). O que Franks propõe é uma "reconstrução" da filosofia kantiana (e do idealismo alemão) a partir dos modos de Agripa. Parece-me que essa reconstrução se limita a uma... reconstrução! Se tratamos essa questão historicamente, não se vê por que Kant teria desenvolvido um interesse particular pelos modos de Agripa. Essa perspectiva de uma "reconstrução racional" parece-me obscurecer antes que esclarecer a relação que Kant manteve com o ceticismo. O estudo histórico parece-me mais rico quando levamos em conta os detalhes do texto e do contexto.

14 O objetivo de Beiser (2002) consiste justamente em criticar a interpretação segundo a qual Kant e o idealismo alemão representatiam o apogeu da tradição cartesiana.

15 Por exemplo, Bird (2005) e Wilson (1972).

O MÉTODO CÉTICO DE OPOSIÇÃO NA FILOSOFIA MODERNA 213

(como veremos, com algumas qualificações).[16] Cada forma de ceticismo coloca em questão um nível diferente do conhecimento objetivo e utiliza um tipo diferente de argumentação que Kant se esforçou para levar em conta a fim de lhes dar respostas igualmente diferenciadas entre si. Dessa perspectiva, minha hipótese é a seguinte: na primeira edição da *Crítica*, Kant distinguiu essas três formas de ceticismo ou de problemas céticos (bayleano, humeano e cartesiano); na segunda edição, Kant reviu esse ponto e identificou somente duas formas de ceticismo (os ceticismos bayleano e humeano), porque ele chegou à conclusão de que a terceira forma de ceticismo (o ceticismo cartesiano) corresponderia, no fundo, antes a uma forma de idealismo (um dogmatismo, portanto) do que a uma forma de ceticismo.[17] De acordo com essa hipótese,

---

16 Forster (2008, p. 3-5) e Guyer (2006, p. 8-13) distinguem igualmente três formas de ceticismo. A meu ver, essas são as duas melhores interpretações do papel desempenhado pelo ceticismo na *Crítica da razão pura*. Eu conheci a interpretação de Guyer (2008, capítulo 1) sobre as três formas de ceticismo na filosofia moral de Kant em 2001 num colóquio sobre o ceticismo realizado na UNAM, México. Nessa época eu já havia desenvolvido minha interpretação sobre as três formas de ceticismo na filosofia teórica de Kant. Essa interpretação foi um dos resultados de um estágio pós-doutoral que realizei em Oxford, 1997. Conversamos muito sobre o assunto e eu lhe enviei, então, uma versão do que, muitos anos depois, viria a ser este artigo. Guyer (2008, p. 70, nota 35) gentilmente reconhece minha pequena colaboração para sua interpretação final. De passagem pelo Canadá para dar duas conferências (uma sobre Kant, outra sobre Bayle) comprei o livro de Guyer, no qual ele expõe sua interpretação sobre a filosofia teórica de Kant e as três formas de ceticismo. Com relação ao livro de Forster, eu o li entre a primeira avaliação deste artigo pela *Dialogue* e sua revisão para a publicação. Creio que temos três desenvolvimentos inteiramente independentes de uma mesma intepretação que chega a resultados muito parecidos no seu aspecto mais geral. Seria esse um indício da objetividade desta interpretação?

17 A grande maioria dos intérpretes, incluindo Forster (2008) e Guyer (2006), pensam que a "Refutação do Idealismo" é uma refutação do ceticismo. Forster (2008, p. 12), contudo, indicando as fraquezas do "ceticismo" cartesiano, está no caminho certo quando identifica uma razão pela qual o ceticismo cartesiano não ocupa um lugar central na filosofia crítica. O ceticismo cartesiano "repousa essencialmente na pressuposição que resulta ser vulnerável ao ceticismo". Seria preciso insistir, como farei

214   PLÍNIO JUNQUEIRA SMITH

sustento que o ceticismo cartesiano, frequentemente apresentado como o modelo básico de ceticismo, não é tão importante como se acredita, na verdade não é de maneira nenhuma essencial ao tratamento kantiano do ceticismo, e que o ceticismo bayleano, pelo qual houve menos interesse, é bem mais importante para permitir uma compreensão exata do projeto crítico.[18] Nesse sentido, os ceticismos bayleano e humeano estariam no coração da filosofia crítica, enquanto o ceticismo cartesiano ocuparia somente um lugar secundário.[19]

Antes de entrarmos em nossa discussão detalhada e tentar confirmar a hipótese sugerida, cabe indicar sua importância na economia interna da *Crítica da razão pura* e dar uma caracterização mais precisa de cada uma dessas três formas de ceticismo, apresentando sucintamente o que será desenvolvido posteriormente.

Numa carta a Marcus Herz, Kant reconheceu que é o problema das antinomias que "me despertou de meu sono dogmático e me conduziu na direção de uma crítica da própria razão para resolver a manifesta contradição da razão consigo mesma" (AK XII, 258 *apud* Allison (1983), p. 35). Essa questão das antinomias remete ao ceticismo bayleano. O ceticismo bayleano tem um valor inestimável, pois, quando denuncia as antinomias que são naturalmente engendradas pela razão, ele permite à razão despertar de seu sono dogmático (Prol., 50; AK IV, 338). O que justificaria tamanha importância é o fato de que essa forma de ceticismo desafia a própria razão. O ceticismo bayleano consiste em *um método de duvidar que leva a razão a um*

---

adiante, que o pressuposto de uma dúvida de tipo cartesiano, na segunda edição da *Crítica*, é caracterizado como um pressuposto idealista.

18 Hegel aprenderá a lição kantiana: o principal problema que os céticos legaram é o das antinomias. Por essa razão, para Hegel, o ceticismo antigo aparece como superior ao ceticismo moderno e o desafio cético deste último lhe pareça menos sério do que o desafio lançado pelos céticos antigos (Hegel 1986). Para uma comparação entre Kant e Hegel sobre o ceticismo, ver Forster (2008, p. 77).

19 Estou de acordo com Forster, quando ele diz que "eu não creio nem de longe que esse problema seja tão importante quanto comumente se supõe." (2008, p. 12). Contudo, não creio, contra Forster, que o ceticismo cartesiano seja quase inteiramente desprovido de interesse e "entre as partes mais fracas da *Crítica*."

conflito consigo mesma. As antinomias são o exemplo mais claro desse método já utilizado pelos céticos antigos para destruir a razão dogmática. Já vimos que a fonte dessa forma de ceticismo é um método de opor teses e antíteses de modo a suspender o juízo sobre todas as coisas. O ceticismo, antigo e moderno, constituiu-se, portanto, como um desafio à razão, porque ele extrai da própria razão contradições inevitáveis. Se não pode harmonizar-se consigo mesma, a razão não resistirá ao teste da coerência, o primeiro e mais fundamental teste filosófico. Essa forma de ceticismo é estritamente racional, porque encontra na própria razão sua razão de duvidar.

O ceticismo humeano também ocupa um lugar absolutamente central na *Crítica da razão pura*, não somente porque, como diz Kant, "Hume é talvez o mais sutil de todos os céticos" (B, 792), mas sobretudo porque a *Crítica* se apresenta como "a solução ao problema de Hume em sua maior extensão possível" (Prol., pref.; AK IV, 260-261). Num certo sentido, pode-se sustentar a tese segundo a qual a filosofia crítica é, antes de tudo, uma resposta ao problema levantado por Hume, como o reconhece o próprio Kant, quando diz que "o aviso de Hume foi precisamente o que, já há muitos anos, interrompeu meu sono dogmático e deu uma direção inteiramente diferente a minhas pesquisas no domínio da filosofia especulativa" (Prol., pref. AK IV, 260). De que modo o ceticismo humeano realiza essa tarefa capital para o projeto crítico? O ceticismo humeano apoia-se numa análise empírica do conceito de causa. Segundo Kant, esse segunda forma de ceticismo poderia e, mesmo, deveria ser generalizada para outros conceitos metafísicos, como o de substância. É uma forma de ceticismo que *visa negar a validade objetiva das categorias do entendimento*, já que pretende mostrar, por meio de uma ciência empírica, sua origem subjetiva na imaginação e seu caráter contingente na experiência.

Quanto ao ceticismo cartesiano, ele certamente também desempenha algum papel na construção da filosofia crítica, visto que "é um benfeitor da razão humana, no sentido de que ele nos obriga a abrir os olhos até sobre o menor passo da experiência comum e não aceitar imediatamente como uma posse adquirida o que obtivemos somente por surpresa" (A, 377-378). Kant, no entanto, não parece atribuir-lhe nenhum papel especialmente relevante na constituição de sua *Crítica da razão pura*. Quando se examina o que está em jogo, percebe-se a razão pela qual o ceticismo cartesiano não ocupa, nem poderia ocupar, um lugar central na reflexão de Kant. Com efeito, o ceticismo cartesiano propõe *uma dúvida sobre a realidade (ou existência) das coisas externas*.[20] Trata-se de uma dúvida que incide sobre os conceitos empíricos, que dizem respeito à experiência comum, como ressalta a citação mais acima.

Em relação a esta terceira forma de ceticismo, convém notar desde já uma mudança terminológica de Kant. Na primeira edição da *Crítica*, Kant chamava de "idealismo cético" a posição que consistia em duvidar da realidade ou existência das coisas exteriores a nós, posição que ele chama de "idealismo problemático" na segunda edição. Nas duas edições, Kant tem em mente a dúvida elaborada por Descartes em suas *Meditações Metafísicas*, mas ele trata essa dúvida de uma maneira diferente em cada edição de sua

---

20 Não se devem confundir a dúvida humeana sobre os sentidos e a dúvida cartesiana sobre o mundo exterior. Segundo Hume, seus argumentos são "consequentes" à ciência, mas os argumentos cartesianos são "antecedentes" (EHU 116-117). Além disso, o raciocínio de Hume, ao menos no *Tratado*, tenta explicar as causas de nossa ideia de corpo, a qual se revela uma pura ficção repleta de erros; Descartes, por sua vez, se interessa pela referência dos conceitos empíricos. Assim, Hume não se ocupa da realidade das coisas fora de nós, mas somente de nossa crença sobre as coisas: suas origens causais e o conteúdo de nossa ideia de corpo. Da perspectiva kantiana, a dúvida humeana não diz respeito à realidade objetiva dos conceitos empíricos, mas à validade objetiva das categorias, o que equivale a dizer que, no caso do corpo, investiga-se se o conceito de corpo tem validade universal e necessária e não, como em Descartes, se conceitos empíricos como "árvore" e "livro" têm referência. Guyer (2008, p. 132, nota 2) explica a diferença de maneira similar: "O problema de Hume com os objetos externos é assim diferente do de Descartes: Descartes aceitou a inteligibilidade de nossa ideia de objetos externos, mas levantou dúvidas sobre a certeza de nossa inferência para eles com base em nossas representações internas deles...; Hume, ao contrário, não tinha problema com sua explicação psicológica dos fundamentos para crer em objetos externos, mas achava a própria ideia deles inexplicável com base em sua premissa empirista".

Crítica. Parece-me que esse ponto, embora menos importante na elaboração da filosofia kantiana, não é desprovido de interesse filosófico. A contribuição mais essencial, para nossos propósitos, será que o problema do mundo exterior não é um problema cético, como Kant acreditou na primeira edição, mas é um problema estritamente idealista, o que ele perceberá somente na segunda edição.

O ceticismo bayleano: as antinomias como contradição interna da razão

O problema essencial levantado por essa primeira forma de ceticismo refere-se às contradições da razão consigo mesma. A divisão interna da razão engendra uma diversidade de problemas ligados uns aos outros. Primeiro, é preciso evocar o problema epistemológico: como saber onde está a verdade? Se argumenta igualmente a favor de p e de $\neg p$, como a razão poderia identificar qual é a proposição verdadeira? É preciso, em seguida, falar do problema lógico, mais delicado, que conduz a razão a afirmar e negar simultaneamente a mesma proposição, o que desemboca numa contradição que nos impediria de pensar. Não somente é impossível de conhecer os objetos metafísicos, mas seria, além disso, impossível pensá-los racionalmente e sem cair em contradição. A metafísica está em questão, porque se duvida de seu funcionamento: é ainda possível ter uma metafísica se não podemos conhecer nem mesmo pensar coerentemente seus objetos? Diante das contradições da razão, essa ciência parece impossível. Disso decorre um último problema, desta feita um problema moral: como a razão pode sustentar, ao mesmo tempo, de um lado, que a liberdade existe, visto que certas ações nossas não seriam determinadas, e, de outro, que a liberdade é ilusória, visto que todas as nossas ações seriam causalmente determinadas? Como conservar uma moral que pressuporia o fato de que os homens agem livremente? Ora, para retomar o problema epistemológico, não se pode saber se agimos livremente e, atentando ao problema lógico, é impossível pensar a liberdade

218 PLÍNIO JUNQUEIRA SMITH

da alma sem cair em contradições insuperáveis. A moral pareceria, assim, impossível e impensável.

Esses problemas mostram claramente o profundo alcance do ceticismo bayleano, que testemunha o caráter destrutivo da razão e a necessidade de uma conciliação de proposições aparentemente contraditórias para garantir não somente a possibilidade da moral, mas também a possibilidade do conhecimento dos objetos (enquanto fenômenos) e a possibilidade de pensá-los metafisicamente (enquanto coisas em si). Essa forma de ceticismo toca no coração mesmo de todo empreendimento filosófico que se quer racional e coerente.

O ceticismo, da perspectiva de Kant, consiste sobretudo numa espécie de ignorância que visa à suspensão do juízo. Deve-se suspender o juízo quando não se sabe a qual das duas proposições (p ou $\neg p$) se deve dar o assentimento, porque não se sabe qual é verdadeira ou mais provável. O fundamento dessa forma de ceticismo é a ideia segundo a qual é sempre possível opor um discurso a outro que lhe é contrário e que possui a mesma força persuasiva, fazendo com que a razão se destrua a si mesma. Para Kant, se não se faz uma crítica dos poderes e dos limites da razão, o dogmatismo pode conduzir somente ao ceticismo, que se apresenta então como uma espécie de reação às pretensões dogmáticas desmesuradas (B, 22-23; AK III, 41). Assim, quando o dogmático propõe uma tese, é sempre possível propor a tese inversa. A simples proposição de uma antítese é de natureza dogmática, mas, quando se procede de maneira sistemática equilibrando tese e antítese, entra-se no campo cético. Dessa maneira, deve-se distinguir a *objeção dogmática*, que afirma a verdade da antítese, da *objeção cética*, que suspende o juízo sobre tese e antítese (A, 388-389; AK IV, 243). O resultado final desse procedimento sistemático é a ignorância e a suposta tranquilidade cética.

Haveria, então, como que uma contradição interna à razão, que, segundo Kant, se descobre pelo ceticismo.[21] Kant qualifica o procedimento cé-

---

21 Não pretendo negar que outros modelos de argumentação de tipo antinômico sejam utilizados por Kant, como a dialética aristotélica. De maneira genérica, a

tico de "princípio de neutralidade em todas as controvérsias" (A 756/B 784, AK III, 494).[22] Se a razão nos conduz, ao mesmo tempo, à tese e à antítese, nossas principais questões metafísicas ficam sem resposta, o que conduz ao triunfo do cético: "visto que a razão se vê assim dividida consigo mesma, estado que agrada ao cético, mas que deve levar a o filósofo crítico à reflexão e à inquietude" (Prol., 52a, AK IV, 340). A forma que o ceticismo adota aqui é estritamente racional, já que encontra, na própria razão, o motivo da sua dúvida, pois são os conflitos internos à razão que tornam suspeita a metafísica. O cético sabe "excitar a razão contra si mesma, fornecer-lhe armas dos dois lados e observar tranquilamente e com ar zombeteiro essa luta ardente" (A 756/B 784, AK III, 494).[23]

Não há nenhuma dúvida de que Kant tinha em vista os céticos antigos, como atestam algumas passagens de sua *Lógica*. Em sua muito breve história

---

argumentação a favor e contra é frequentemente utilizada por muitos filósofos (pode-se lembrar, por exemplo, a *Suma teológica* de Tomás de Aquino, cuja estrutura é precisamente uma argumentação a favor e contra, sempre com uma solução em favor de um dos lados), mas os céticos, antigos e modernos, converteram essa prática num método para destruir as pretensões dogmáticas. Como diz Bayle, no artigo "Pirro": "Embora ele [Pirro] não seja o inventor desse método de filosofia, ele não deixa de levar seu nome: a arte de disputar sobre todas as coisas sem jamais tomar partido exceto o da suspensão do juízo se chama pirronismo: é o seu título mais comum." De resto, o próprio Kant indica que o ceticismo é, pelo menos, uma de suas fontes, se não a fonte principal.

22 Pascal identificou a neutralidade com a característica essencial do ceticismo: "eis a guerra aberta entre os homens, na qual é preciso que cada um tome partido, e se coloque necessariamente do lado do dogmatismo ou do pirronismo, pois quem pensar em permanecer neutro será pirrônico por excelência. Essa neutralidade é a essência da cabala" (L, 131).

23 Bird (2006, p. 27, 35 e 37) e, em certa medida, Gardner (1999, p. 35) compreenderam mal a metáfora da metafísica como campo de batalha. Eles creem que os combatentes são, de um lado, os dogmáticos e, do outro, os céticos. Mas os combatentes são todos os dogmáticos, ao passo que os céticos somente observam e estimulam os dogmáticos a prosseguir em combate. Essa metáfora estava presente já em Montaigne (E II, 12, p. 504/257), Bayle (DHC, "Zenão de Eleia", G) e Hume (DNR VIII, p. 88-89) no sentido utilizado por Kant.

220 PLÍNIO JUNQUEIRA SMITH

da filosofia, Kant atribui aos céticos acadêmicos, Arcesilau e Carnéades em particular, a prática da argumentação a favor e contra (*Lógica*, p. 46-47, AK IX, 30-31), e aos pirrônicos o método de filosofar que conduz à suspensão e ao equilíbrio do julgamento. A suspensão cética do juízo não se caracteriza pela investigação de um juízo definitivo sobre o assunto, mas por uma ausência de juízo. "O cético renuncia a todo julgamento" (*Lógica*, p. 91, AK IX, 74). Kant também evoca a metáfora segundo a qual as objeções céticas são como venenos que servem para combater outros venenos produzidos por nosso corpo próprio (B, 771, AK III, 487). Essa metáfora foi utilizada por Sexto Empírico exatamente no mesmo sentido (AM 8.480; HP 3.280-281).

A meu ver, entretanto, o ceticismo de Bayle, mais do que o dos céticos antigos, serviu de modelo para Kant, apesar de seu conhecimento do ceticismo antigo.[24] A razão para isso é que Bayle introduziu no ceticismo antigo algumas modificações que Kant retomou. É verdade que, quando fala de ceticismo, Kant não menciona Bayle, mas a estrutura dos problemas antinômicos me leva a propor que Bayle era uma fonte importante, se não a mais importante, para Kant. É possível que este último talvez não considerasse Bayle como um filósofo cético; no entanto, convém lembrar que Hume, cuja *Investigação* Kant conhecia bastante bem, afirmou que Bayle, depois de Berkeley, era o maior cético de todos os tempos (EHU 122, nota 1). De qualquer forma, Bayle foi fonte importante de informação sobre o ceticismo antigo e moderno, oferecendo diversas reflexões tipicamente céticas sobre questões que afligiam a filosofia moderna. O fato é que seu *Dicionário* era amplamente lido e é provável

---

24 Al-Azm (1972) sustentou que as antinomias tinham por origem o debate entre Leibniz e Clarke. Allison (1983, p. 38) acredita que isso é válido para a primeira antinomia e que, para o método cético em geral, Bayle ofereceu argumentos semelhantes. Guyer (1995, p. 385) também indicou Bayle como uma das fontes de Kant. Grier (2001, p. 172-173) também crê que o debate entre Leibniz e Clarke é somente uma das fontes de Kant e que Bayle poderia ser outra fonte. Contudo, esses comentadores não oferecem uma razão para essa afirmação. É preciso notar que a antinomia no ceticismo de Bayle (entre Descartes e Malebranche, de um lado, e Newton e Huygens, do outro) é muito parecida às posições antinômicas adotadas por Leibniz e Clarke.

que Kant possa ter se inspirado nos artigos mais metafísicos (como Hume os chamava) para dar forma precisa às suas antinomias.

Como já vimos, Bayle introduziu modificações decisivas no método cético de oposição.[25] Retomarei aqui somente os aspectos mais importantes da perspectiva kantiana. Primeiro, ao contrário dos céticos antigos que tinham pensado a *diaphonía* da filosofia dogmática como uma *oposição* entre diversas doutrinas (p, q, r, s), Bayle aplicou esse método na sua forma estritamente lógica da *contradição* (p ou $\neg p$). É certo que Sexto frequentemente opôs argumentos positivos a argumentos negativos, as provas da existência de deuses e as provas da inexistência de deuses etc., assim como Bayle também apresentou a filosofia dogmática em sua pluralidade irredutível. Mas é igualmente certo que Sexto, nesses argumentos todos, sempre reuniu uma gama de argumentos provenientes das mais diversas filosofias, enquanto Bayle, tratando dos principais temas filosóficos, privilegiou a oposição na forma de alternativas lógicas. Nisso reside uma diferença notável. Para os céticos antigos, a argumentação de que p não é defensável racionalmente não implicava que q, r ou s poderiam eventualmente verdadeiras. De maneira mais precisa, não se segue da falsidade de algumas teorias (digamos p, q, r) que a última alternativa (s) seja a correta. E a razão para isso é simples: não se pode jamais estar seguro de que a enumeração das doutrinas está completa e as alternativas esgotam as possibilidades teóricas. A oposição, no modelo pirrônico, é percebida como uma contrariedade, e não como uma contradição em sentido estrito. Para um pirrônico, basta que duas doutrinas afirmem coisas diferentes sobre um mesmo assunto para que a oposição se instaure. De uma maneira geral, a *diaphonía* entre as filosofias dogmáticas repousa sobre um conjunto importante de teses conflitantes. Dessa perspectiva, é certo que a verdade de uma delas implica a falsidade de todas as demais, sem que por isso seja certo que a falsidade dessa doutrina, e mesmo a de todas as outras, exceto uma, implique a verdade desta última. O que explica esse fato é que sempre existe a possibilidade de existir outra tese a ser considerada e examinada. Com a

---

25 Ver, anteriormente, capítulo 5.

modificação introduzida por Bayle, é o sentido mesmo da oposição que se encontra alterado. Para Bayle, a oposição se apresenta como uma contradição em sentido estrito, o que significa que não somente a verdade de uma tese implica a falsidade da tese contraditória, mas também, ao contrário, que a falsidade de uma tese implica a verdade de sua contraditória. E é esse tipo de argumentação que Bayle explora: a defesa de p, não com argumentos a favor de p, mas com a crítica de $\neg p$.

Esse sentido mais preciso de oposição será conservado por Kant: não como contrariedade de diversas teorias, mas como contradição das alternativas logicamente possíveis. Com efeito, ele reduz a antinomia a uma escolha entre alternativas contraditórias (p ou $\neg p$). E, como no caso de Bayle, a argumentação a favor da tese consiste numa *reductio ad absurdum* da antítese e vice-versa: a argumentação a favor da antítese consiste numa *reductio ad absurdum* da tese. Como a falsidade de uma implica a verdade da outra, esse procedimento parece legítimo aos olhos de Kant. Esse tipo de procedimento pode ser legítimo somente no caso de uma oposição no sentido estrito, mas não em um conflito de doutrinas contrárias. Se a oposição, para Kant, tivesse o sentido pirrônico de opiniões contrárias, não se poderia jamais sustentar a verdade da tese ou da antítese por meio da refutação de doutrinas rivais. Com efeito, não é logicamente válido aceitar p a partir da refutação de q, r e s, se t e u são possíveis de serem concebidas e defendidas. De "ou p, ou q, ou r, ou s" e "$\neg q$, $\neg r$, $\neg s$", segue-se "p", se a enumeração das alternativas ("ou p, ou q, ou r, ou s") for completa. Mas se t e u são possíveis (e a fertilidade e a capacidade dos filósofos mostram que sempre é possível inventar uma nova doutrina defensável), não se segue nada a respeito da verdade de p. Para os pirrônicos antigos, o conflito entre as filosofias dogmáticas deveria ser concebido como um horizonte aberto, jamais esgotado totalmente pela enumeração completa das alternativas possíveis. Por sua vez, Kant, seguindo Bayle, considera as oposições simplesmente sob a forma "p ou $\neg$p" na qual nenhuma dúvida se coloca a respeito de sua completude, tendo como resultado que a refutação da tese (ou da antítese), de um ponto de vista estritamente lógico, pode ser considerado como uma prova dessa antítese (ou dessa tese).

Dessas considerações, segue-se outra modificação importante introduzida por Bayle em relação ao ceticismo antigo: a razão procede de maneira destrutiva, não construtiva. Para o cético antigo, a razão é sempre capaz de sustentar uma tese, qualquer que seja esta. Desse modo, adquire-se consciência do poder da razão, que pode construir ou elaborar um discurso persuasivo sobre todos os assuntos. O cético antigo vê o procedimento dogmático da seguinte maneira: se o dogmático sustenta p, é porque ele dispõe de bons argumentos em favor de p, e não somente de argumentos contra as doutrinas alternativas (q, r, s). Como acabamos de ver, a negação das alternativas não é um argumento decisivo para p, pois não implica sua verdade. A razão dogmática pretende ter a força persuasiva para estabelecer (a verdade de) p independentemente da negação das outras possibilidades. Em face dessa pretensão da razão dogmática, o cético antigo não somente argumenta dos dois lados de uma questão, como também justapõe e compara a força persuasiva dos diversos argumentos que sustentam as posições alternativas, cujo exame ele já fez, e suspende o juízo. Como as forças dos argumentos para as alternativas disponíveis são iguais e a *diaphonía* não encontra solução racional, o cético antigo não dá seu assentimento a nenhuma das proposições. Iguais entre si, as forças de todas as doutrinas dogmáticas se neutralizam mutuamente.

Bayle se destaca por defender uma concepção da razão exatamente contrária. Ele sublinha a fraqueza da razão, mais precisamente da razão dogmática: esta não é persuasiva, exceto quando destroi teses dogmáticas rivais, jamais quando tenta construir e sustentar uma posição dogmática. A razão, em seu uso dogmático, nega uma tese para estabelecer a tese contraditória, isto é, para defender p, ela critica $\neg p$ (e, vice-versa, para defender $\neg p$, ela denuncia a falsidade de p).[26] O filósofo dogmático emprega um silogismo

---

26 Esse era um procedimento dogmático comum na filosofia moderna. Pascal (EG, p, 78), por exemplo, empregou-o para estabelecer a divisibilidade ao infinito e

224 PLÍNIO JUNQUEIRA SMITH

disjuntivo: X é F ou G (ou H etc.); ora, X não é G (ou não é H etc.); Logo, X é F.

O que dizer desse raciocínio? Segundo Bayle, "o defeito de vosso raciocínio não está na forma, mas na matéria: seria preciso abandonar vosso silogismo disjuntivo e empregar esse silogismo hipotético" (DHC, "Zenão de Eleia", G): se X existe, então ele é F ou G (ou H etc.); ora, X não é nem F, nem G (nem H etc.); logo, X não existe. Ao entendermos a razão pela qual Bayle substitui o silogismo disjuntivo pelo silogismo hipotético, entenderemos por que o argumento empregado pelo dogmático é insatisfatório.

O silogismo hipotético empregado pelo cético é não apenas formalmente válido, mas também tem premissas verdadeiras.

> Não há nenhum defeito na forma desse raciocínio; o sofisma da *non sufficienti enumeratione partium* não se encontra na premissa maior; a consequência é, portanto, necessária, desde que a premissa menor seja verdadeira. Ora, basta considerar os argumentos dos quais essas três seitas se servem para se atacarem mutuamente e compará-los com as respostas; basta isso, digo, para ver manifestamente a verdade da premissa menor (DHC, "Zenão de Eleia", G).

O que o cético faz é, no entender de Bayle, generalizar o procedimento dogmático: não somente é preciso examinar criticamente as outras alternativas, mas também é preciso examinar todas as alternativas da mesma maneira crítica, inclusive a própria posição que se adota. É preciso reunir, num mesmo silogismo, tanto a crítica avançada contra p pelos defensores de $\neg p$ como a crítica de $\neg p$ proposta pelos advogados de p. Assim, a equipolência entre tese e antítese é reinterpretada: não se trata mais de duas partes que, cada uma, têm bons argumentos para suas próprias teses, mas de duas partes que têm bons argumentos contra as teses adversárias, sem, entretanto, disporem de bons argumentos para suas próprias teses. Também há, nessa generalização da atitude crítica, uma neutralização da razão - como era o

---

Malebranche (RV III, 2, i, p. 236-248) para estabelecer a teoria da visão em Deus.

caso no ceticismo antigo, - mas, desta feita, por um procedimento diferente. O cético bayleano reúne todas as argumentações destrutivas num mesmo silogismo hipotético para negar que X existe realmente; ele não as opõe à maneira do cético antigo. Por isso mesmo, o silogismo hipotético do cético bayleano nos conduz à conclusão de que X não existe realmente. Para Bayle, é preciso admitir que X existe idealmente (por exemplo, a extensão e o movimento têm uma existência ideal - embora Bayle não nos explique claramente em que consistiria essa existência "ideal") e que nossos conceitos não dizem respeito a uma realidade em si.

É precisamente essa concepção destrutiva da razão que Kant retoma de Bayle.[27] Nas antinomias kantianas, não se encontra uma argumentação positiva em favor de uma tese, mas sempre a destruição da tese contraditória. A estrutura argumentativa utiliza o princípio do terceiro excluído ou a enumeração completa das alternativas. Sendo dado que há somente duas teses possíveis e contaditórias e que a falsidade de uma implica logicamente a verdade da outra, basta que a razão destrua uma alternativa para estabelecer que a verdade da outra. E a conclusão kantiana não é diferente da de Bayle: se se tem razão de rejeitar ambos os lados das antinomias, é preciso concluir que a razão não pode conhecer as coisas em si, mas deve limitar-se às aparências ou fenômenos.

O ceticismo bayleano e sua solução estão igualmente presentes na estética transcendental, quando Kant opõe a posição dos matemáticos da natureza (Newton) e os metafísicos da natureza (Leibniz) sobre o espaço (B, 56-58, AK III, 63-65). Para Kant, a filosofia transcendental concilia essas duas teorias reconhecendo seus méritos e suas dificuldades. Bayle já tinha identificado no artigo "Zenão de Eleia" de seu *Dicionário* essa aparente contradição entre a física e a metafísica da natureza e tinha proposto uma solução similar entre as teorias dos matemáticos da natureza (Newton e Huygens) e

---

27 Solère (2003, p. 99) diz que, para Bayle, "a razão é de estrutura antinômica e se esgota em uma luta intestina, uma dialética infinita, que rapidamente assume uma feição erística, o ataque sendo sempre mais forte que a defesa, o a favor e o contra podendo ser sempre bem sustentados".

226   PLÍNIO JUNQUEIRA SMITH

as metafísicas da natureza (Descartes e Malebranche), mostrando que a física lida com os movimentos aparentes e a metafísica com as coisas reais, que estão além dos fenômenos.[28]

Talvez se possa indicar ainda outra diferença entre os céticos antigos e Bayle. O resultado da aplicação do método de oposição pelos céticos antigos é provisório, pois é sempre possível descobrir ou inventar outras posições e propor outros argumentos, de modo que o cético não pode jamais estar seguro quanto à equipolência no futuro. O cético antigo insiste na ideia de que ele somente relata o que lhe aparece aqui e agora e que não pode afirmar de maneira nenhuma que essa situação de equilíbrio é definitiva. Para Bayle, contudo, o resultado da aplicação sistemática do método de oposição não é provisório, mas definitivo. A meu ver, também neste ponto, Kant segue o cético de Bayle. Para Kant, as antinomias são um produto inevitável da razão e o impasse é definitivo. Kant não pensa que o futuro poderá mudar o que é, por assim dizer, uma situação estrutural da razão.

Bayle nos deu uma metáfora muito feliz do ceticismo e da situação da filosofia dogmática: "cada uma dessas três seitas, quando somente ataca, triunfa, arruina e destroi; mas, por sua vez, ela é destruída e aniquilada quando se coloca na defensiva" (DHC, "Zenão de Eleia", G). Essa metáfora de Bayle é retomada por Kant, que faz da metafísica "uma arena dialética, na qual a vitória pertence ao partido ao qual se permite tomar a ofensiva, e na qual aquele que é forçado a somente defender-se deve necessariamente sucumbir" (B 450, AK III, 291). Na linha de Bayle (e de Hume), Kant qualifica os céticos de "nômades" (A, ix), porque eles não fazem senão atacar, sem jamais terem uma proposição própria para defender.

---

28 Segundo Guyer (1995, p. 385), "com base na suposição de que as coisas como são em si mesmas realmente são espaciais e temporais, ele [Kant] argumenta, a razão necessariamente se enreda em paradoxos... o que foi novamente defendido na época de Kant por Bayle e Hume... Mas com base na suposição de que espaço e tempo são somente características de nossas representações de objetos, mas não dos objetos em si mesmos, Kant afirma, somente com base nessa suposição, que esses paradoxos podem ser evitados."

Finalmente, pode-se indicar o fato de que as antinomias kantianas já estavam presentes em Bayle. No que diz respeito às duas primeiras antinomias, podem-se lembrar os argumentos de Bayle sobre a extensão. Bayle expõe uma antinomia que lida com mais de duas teorias contraditórias entre si (DHC, "Zenão de Eleia", H). Para que esse tipo de antinomia seja possível, a enumeração das teses sobre um assunto preciso deve ser completa. É o caso das disputas sobre a extensão: ou a extensão é infinitamente divisível (teoria da infinita divisibilidade) ou não o é (p ou $\neg p$); se não o é, o ponto indivisível ou tem uma dimensão (teoria dos pontos físicos ou átomos) ou não tem (teoria dos pontos matemáticos) (q ou $\neg q$). De acordo com Bayle, não há uma quarta teoria, ou alternativa, porque a segunda antinomia (q ou $\neg q$) é somente um desmembramento de uma das alternativas ($\neg p$) da primeira antinomia (p ou $\neg p$).

Também a terceira antinomia kantiana, sobre a causalidade e a liberdade, já estava presente em Bayle. Para Bayle, haveria uma antinomia entre liberdade e necessidade: ou a liberdade existe, ou ela é ilusória e, neste último caso, tudo estaria necessariamente determinado (DHC, "Jansenius", G e H; "Crisipo", H). Finalmente, Bayle não acredita que se possa provar a existência de Deus e que, uma vez que começamos a discutir esse assunto, não paramos nunca (DHC, "Maldonat", L; "Euripides", Z; "Zabarella", G). Sobretudo, é preciso insistir que, para Bayle, como para Kant, o método cético não está limitado a essas antinomias, mas pode ser aplicado a todos os assuntos filosóficos.[29]

Kant, entretanto, não se contenta em retomar as modificações introduzidas por Bayle no método cético de oposição. Ele vai reformulá-lo e aprofundá-lo, a ponto de dar-lhe uma nova direção. Assim, Kant se utiliza do ceticismo não somente como um instrumento de combate contra o dogmatismo, mas também como uma via que conduz à sua doutrina positiva e

---

29 Forster (2008, p. 20) mostra que Kant propôs muitos outros exemplos de antinomias. Isso também é verdade no caso dos céticos antigos. Guyer (2008, p. 53-56) também se refere a antinomias na filosofia prática de Kant.

228   PLÍNIO JUNQUEIRA SMITH

construtiva (B 771, AK III, 487). O ceticismo bayleano não diz respeito às *causas* das contradições nas quais a razão inevitavelmente cai, mas limita-se a apontar essas contradições, como a que enuncia que "o mundo tem um começo" e que "o mundo não tem um começo". É preciso examinar as provas dos dois lados e utilizá-las simultaneamente contra a tese e a antítese. Consequentemente, a *objeção cética* não é suficiente para rejeitar o dogmatismo e é preciso desenvolver outra forma de objeção. Kant nos propõe, então, uma "lógica das ilusões", na qual não bastaria mostrar as contradições inevitáveis que a razão enfrenta, mas seria necessário também compreender o mecanismo pelo qual se engendram essas contradições. Essa é a *objeção crítica* ao dogmatismo, que nasce de uma discussão com o ceticismo e que reconhece seus méritos e insuficiências. A objeção crítica "é a única com a característica de que, limitando-se a mostrar que se invoca em apoio à sua afirmação alguma coisa nula e puramente imaginária, inverte a teoria, unicamente pela razão de que ela lhe subtrai seu pretenso fundamento, sem querer ademais decidir qualquer coisa sobre a natureza do objeto" (A 389, AK IV, 243).

É fundamental salientar a distinção existente entre o *ceticismo* e o *método cético* (B 451, AK III, 292). Uma coisa é produzir sistematicamente conflitos de opiniões de acordo com um método, outra, bem diferente, é afundar na ignorância como faz o ceticismo. Se, de um lado, Kant não se limita às conclusões céticas, rejeitando a postura cética, de outro, ele pensa que o método cetico aponta para o bom caminho. O método cético é, então, para Kant, a atividade que se dá como missão descrever ou provocar um conflito entre afirmações contraditórias. O cético não é somente aquele que observa de longe o combate entre filósofos dogmáticos, mas também aquele que ajuda a reestabelecer a igualdade entre os combatentes quando um deles parece triunfar. Essa atitude não se propõe como tarefa a investigação da verdade, simplesmente porque ela não visa à verdade, mas somente ao prazer, o cético gozando um prazer maligno na contemplação desse espetáculo lamentável que o dogmatismo lhe oferece (Prol., 52a, AK IV, 340). Ora, nada impede Kant de utilizar o método cético de maneira mais positiva. Para Kant, esse método, em primeiro lugar, visa somente a "investigar se o objeto não seria por acaso uma pura ilusão, à qual cada um se liga em vão e com a qual ele não tem nada a ganhar, mesmo quando não encontrasse resistência" (B 451, AK III, 292). Mas ele propõe outro uso para esse método cético, quando "o método cético, com efeito, tende à certeza, buscando descobrir, nesse combate, engajado de boa fé e levado com sentido dos dois lados, o ponto de incompreensão" (B 451-452, AK III, 292). Assim, trazendo à luz a fonte dessa incompreensão, pode-se vir a superar o conflito e encontrar a certeza tanto buscada. A função do método cético é precisamente ajudar-nos a descobrir o pressuposto dos conflitos dogmáticos (B 513, AK III, 335).

É preciso dar mais um passo para penetrar no terreno da filosofia crítica. Assim como Kant distinguiu claramente entre a objeção cética e a objeção crítica, a primeira preparando o caminho para a segunda, agora ele distinguirá entre o método cético e o método crítico, o primeiro novamente preparando o caminho para o segundo. Se o *método cético* não nos dá um resultado definitivo, o *método crítico* nos mostra que a antinomia tem sua origem na ausência de distinção entre os objetos considerados como coisas em si e como fenômenos. É a assimilação entre essas duas maneiras de considerar o objeto que explica por que a razão se extravia e se perde entre teses e antíteses. Na falta dessa distinção, os raciocínios parecem corretos ou válidos e as provas dadas por cada seita dogmática parecem convincentes. Contudo, munidos dessa distinção, percebemos então que os raciocínios dogmáticos não passam de sofismas (B 528, AK III, 344), ou que é impossível conciliar proposições aparentemente contraditórias (B 569, AK III, 368), ou ainda que as provas não produzem nenhuma convicção. No fundo, *não há antinomia* (B 771, AK III, 486), as provas são racionais somente em aparência (B 449, AK III, 290), donde se segue que as contradições devem desaparecer completamente.

No começo, Kant pensou que as antinomias pareciam conduzir a razão a entrar em contradição consigo mesma. Essa aparente contradição colocava, para Kant, uma série de questões filosóficas fundamentais que o levaram a pensar que era indispensável para a filosofia e, sobretudo, para a metafísica e a moral, resolvê-la. O ceticismo bayleano tinha, então, a útil função de servir de escudo contra o dogmatismo e suas pretensões desmesuradas: as objeções céticas seriam superiores às objeções dogmáticas. No entanto, as objeções céticas eram frustrantes e não permitiam nenhuma certeza. Foi preciso, então, elaborar a noção de objeção crítica. Como entender esta objeção? Como alcançar a certeza? Para reelaborar o ceticismo de Bayle, Kant em seguida dissociou o ceticismo do método cético. O primeiro é somente a ignorância que resulta de uma certa prática desse método, quando não se faz mais do que opor tese e antítese com seus respectivos argumentos. Ora, é preciso ir além e substituir o método cético pelo método crítico, a fim de buscar a certeza e descobrir a fonte das contradições a partir do exame de suas causas. Assim, o que marca a diferença entre o método cético e o método crítico é o recurso à distinção transcendental. Sem a distinção transcendental, a razão incide inevitavelmente em contradições insuperáveis, mas, com essa distinção, as contradições desaparecem e os argumentos se revelam inválidos. Mais do que retomar o ceticismo, como o tinha feito Descartes, Kant sublinha suas deficiências, mesmo quando lhe reconhece uma função metodológica contra o dogmatismo, transforma-o dando-lhe um novo sentido a fim de que possa gerar uma forma de certeza. Esta certeza não é uma verdade ou um conhecimento, como no caso de Descartes, mas somente o reconhecimento da *possibilidade* de uma metafísica e de uma moral, isto é, a possibilidade de *pensar* os objetos metafísicos e nossa liberdade.

Essa distinção permite também a Kant resolver os problemas essenciais levantados pelo ceticismo bayleano. A esse respeito, é preciso notar que o problema lógico desaparece inteiramente, porque se desfez a contradição interna da razão. No caso das duas primeiras antinomias, as duas proposições podem ser falsas e, no caso das duas últimas, ambas podem ser verdadeiras. Uma vez desaparecida a contradição, os outros problemas também encontram solução. Em primeiro lugar, pode-se atribuir um valor de verdade a cada proposição, de modo que não há mais um problema epistemológico. Por exemplo, é verdade que, no domínio dos fenômenos, todas as ações são causalmente determinadas e que, no domínio das coisas em si, existe a liberdade. Se, no domínio dos fenômenos, tudo é determinado causalmente, então é possível ter uma ciência empírica dos fenômenos e de nossas ações. Consequentemente, o conhecimento científico, como a ciência newtoniana, é preservado. Isso acarreta também uma solução para o problema moral, visto que o determinismo está restrito somente ao domínio dos fenômenos e a liberdade é possível no domínio das coisas em si. O que faz com que se possa pensar sem contradição a liberdade da alma, embora nos seja impossível conhecê-la; e isso bastaria para a possibilidade de uma moral. A possibilidade de uma metafísica depende também da distinção transcendental. Embora seja impossível conhecê-los, é, contudo, possível pensá-los; e isso bastaria igualmente, aos olhos de Kant, para abrir as portas para a metafísica como ciência.

A solução das antinomias provém, assim, da distinção transcendental entre os dois sentidos do termo "coisa": a coisa em si e a coisa como fenômeno. Se se traça essa distinção, os conflitos da razão consigo mesma desaparecem e as duas proposições antinômicas aparentemente em contradição deixam de ser contraditórias: ou ambas podem ser falsas ao mesmo tempo (caso das duas primeiras antinomias), ou ambas podem ser verdadeiras (caso das duas últimas antinomias). Assim, a resposta kantiana ao ceticismo de Bayle comporta um duplo aspecto. De um lado, ela garante a possibilidade da metafísica e da moral, porque os objetos metafísicos são pensáveis e porque não há mais contradição da razão consigo mesma, o que é sem dúvida o resultado mais importante a extrair da solução das antinomias. De outro, ela garante o conhecimento das coisas, embora não como "coisas em si", mas ainda assim como coisas, não como ilusões ou meras aparências subjetivas. Portanto, é possível conhecer, no sentido rigoroso do termo, as coisas como fenômenos e é possível ter uma ciência do mundo desses fenômenos.

O ceticismo humeano: uma ciência empírica contra a validade objetiva dos conceitos puros do entendimento

É possível ter uma ciência das coisas, mesmo se as considerarmos como fenômenos? Estamos seguros de que o ceticismo não pode colocar em questão o conhecimento das coisas como fenômenos? Por que não se poderia duvidar de nossa ciência empírica das coisas como fenômeno? A ciência newtoniana é uma ciência verídica ou não passaria de ilusão e ignorância? Essas questões têm origem, não no ceticismo bayleano, mas no ceticismo humeano, que põe em xeque justamente aquilo que a solução dada ao desafio do cético bayleano procurava garantir; e mostram que não estamos ao abrigo do ceticismo sequer no domínio dos fenômenos. Entramos aqui no famoso "problema de Hume".

Hume, no entanto, segundo Kant, não viu de maneira clara, nem de maneira geral "seu" problema. Seu mérito, contudo, teria sido o de ter sido aquele que mais se aproximou desse problema, sem, no entanto, jamais formulá-lo de maneira precisa.

> David Hume, quem de todos os filósofos mais se aproximou desse problema, mas permaneceu longe de pensá-lo suficientemente determinado e em sua generalidade, limitando-se à proposição sintética de ligação do efeito com sua causa, acreditava poder concluir que essa proposição *a priori* é impossível (B 19, AK III, 40).

Assim, Hume é o filósofo que, "entretanto, fez cintilar uma faísca que teria permitido produzir luz, se ela tivesse atingido uma mecha incandescente, cuja combustão tivesse sido cuidadosamente mantida e cultivada" (Prol. pref., AK IV, 257). Mas, no caso de Hume, não passou de uma faísca, porque o ceticismo humeano não tinha oxigênio (diríamos hoje) que permitisse transformá-la em fogo. Mas por que, exatamente, Hume não soube colocar seu problema? Porque ele não o pensou com "determinação e generalidade".

O que isso significa? E quais são as consequências de não ter pensado esse problema com "determinação e generalidade"?

Se tivesse se dado conta de seu problema em toda a sua extensão e se ele tivesse à sua disposição um vocabulário adequado para formulá-lo, Hume teria, então, compreendido que o ceticismo jamais poderia ser uma resposta adequada a ele. Essa é a razão pela qual Kant teve o cuidado de distinguir entre a questão levantada por Hume e o ceticismo humeano. Uma parte importante da resposta de Kant a Hume consistirá precisamente em elaborar de maneira completa e rigorosa o "problema de Hume", que este somente vislumbrou de maneira parcial e imprecisa. De acordo com a interpretação que proponho, existiria uma espécie de contradição entre, de um lado, o problema de Hume formulado com toda clareza e em toda sua extensão e, de outro, o ceticismo humeano. Antes de examinar a elaboração proposta por Kant do problema de Hume, é importante lembrar os desafios levantados por essa forma de ceticismo.

Poder-se-ia dizer que Hume utiliza a ciência empírica contra si mesma, destruindo-a. Para Kant, o ceticismo humeano apoia-se numa análise empírica da origem do *conceito* de causa. "Hume, portanto, fundou toda uma filosofia cética sobre a questão: como se chega ao conceito de causa?" (*Metaphysik Volckman*, AK XXVIII, 403-404 *apud* Guyer (1995), p. 238). Viu-se, no ceticismo humeano, uma reflexão contra a ciência empírica,[30] mas Kant mostrou que, ao contrário, é o projeto empírico do estudo da origem dos conceitos que o conduziu ao ceticismo. Se se pensam as coisas com base na aplicação de um método empírico à filosofia (aos conceitos de que a filosofia trata), então o ceticismo seria o resultado natural desse método. O ceticismo humeano, portanto, apresenta-se sob forma científica e empírica, tendo por objetivo a negação da *validade objetiva* das categorias do entendimento por causa de sua origem empírica na imaginação e de seu caráter contingente na experiência. Isso significa para Kant que Hume "é talvez o mais sutil de todos os céticos e sem dúvida o mais insígne com relação

---

30 Ver, por exemplo, Passmore (1980, p. 41 e 151).

234 PLÍNIO JUNQUEIRA SMITH

à influência que pode ter o procedimento cético para suscitar um exame fundamental da razão" (B 792, AK III, 499). Essa citação tem o mérito de colocar o problema crítico, já evocado uma primeira vez de maneira clara na carta a Herz, que põe em questão a origem e a validade objetiva dos conceitos puros.[31]

Kant explica em diversas ocasiões por que Hume se tornou cético (B 5, AK, III, 29; B 127, AK III, 105; B 788, AK, 496; B 792-793, AK III, 499; Prol., pref. AK IV, 260-262; Prol., par. 4, AK IV, 272-274; Prol., par. 27, AK IV, 310).[32] Em primeiro lugar, "ele se preocupava unicamente com a origem desse conceito e não com a absoluta necessidade de se servir dele" (Prol., pref., AK IV, 259). Em segundo lugar, é seu empirismo, que nega o fato de que julgamentos causais têm uma *validade objetiva*, que o conduziu a essa conclusão cética. Para Kant, se se começa sendo um empirista, como Locke, termina-se por ser um cético, como Hume. Tratar-se-ia de uma evolução inevitável. Quando se propõe uma dedução empírica dos conceitos, como por exemplo a do conceito de causalidade, compromete-se a necessidade e a universalidade do conceito. Uma vez que se busca, na experiência, a origem dos conceitos, sua formação temporal na mente, não se podem mais explicar essas suas duas características. Locke não soube ser inteiramente consequente

---

31 Gardner (1999, p. 29).

32 Guyer (2008, p. 93) propõe que Hume teria despertado Kant por uma sugestão sobre o dogmatismo da ideia de uma harmonia pré-estabelecida, e não por seu ceticismo. De maneira pouco compatível com o que ele diz no capítulo 1, Guyer defende, no capítulo 2, a interpretação naturalista de Hume contra a interpretação cética. Se Hume não era uma cético, por que falar de um ceticismo humeano ao qual Kant teria respondido? Além disso, o problema dessa proposta não é apenas que não estou de acordo com Guyer, mas que Kant não estaria de acordo com ele (Guyer). Para Kant, Hume é um cético (e jamais passou pela cabeça de Kant que Hume seria um "naturalista", interpretação proposta muito tempo depois por Kemp-Smith), É preciso manter a interpretação que Kant tinha de Hume para compreender o papel desempenhado por Hume na filosofia kantiana, mesmo que porventura se esteja em desacordo com a interpretação kantiana. Para a minha interpretação de como Hume se tornou um cético, ver o capítulo 6.

em seus raciocínios filosóficos, enquanto Hume, indo mais longe e com mais coerência em seu procedimento filosófico, soube extrair dele as consequências inevitáveis, como no-lo mostra claramente sua análise do conceito de causalidade (B 127, AK III, 105).

Talvez seja preciso ressaltar que a questão levantada por Hume pouco tem a ver com as antinomias, embora por vezes Kant pareça misturar o desafio humeano e as antinomias. Quando se examina o que Kant atribui a Hume, percebe-se que não se trata de decidir entre duas teses opostas, mas somente de saber como a experiência pode legitimar um uso objetivo e universal das categorias. No tratamento que Hume dá do conceito de causa, não há nenhuma antinomia em jogo. Todo o problema diz respeito somente à incapacidade de a razão fazer a transição da causa para o efeito (e vice-versa). Além disso, no *Tratado*, não há nenhuma antinomia na explicação humeana sobre a crença comum nos corpos, mas erros, falácias e ficções da imaginação. Há, certamente, na conclusão do *Tratado*, que Kant conhecia (embora não conhecesse o resto do livro), uma oposição entre o princípio que nos leva a crer nas relações causais e o princípio que nos leva a crer nos corpos. Essa oposição, já presente no capítulo sobre a filosofia moderna do *Tratado*, reaparece na *Investigação*, quando Hume se refere mais uma vez a uma espécie de oposição entre os sentidos e a razão. Mas, propriamente falando, não há nenhuma antinomia, no sentido mais estrito de tese e antítese. Em geral, Hume crê que os argumentos antinômicos dos céticos (antigos e modernos) são frágeis e quase sempre se pode encontrar uma solução para eles. Por exemplo, as contradições entre as aparências sensíveis podem ser resolvidas pela razão.[33] Além disso, Kant não parece jamais ter em vista as oposições humeanas quando menciona o problema de Hume ou quando desenvolve suas antinomias. Eis por que me parece que Kant não utilizou Hume como uma fonte para as antinomias. A dúvida humeana é, como salientou Kant, uma dúvida empírica que visa um conceito do entendimento, o de causalidade, isto é, uma dúvida suscitada pela dedução empírica do

---

33   A esse respeito, ver capítulo 6, item 3, e Smith (2011b, p. 172-181).

conceito de causa. Parece-me um erro, portanto, atribuir às análise de Hume sobre a causalidade qualquer espécie de antinomia e, de modo mais geral, tentar descobrir no pensamento humeano uma antinomia que fosse a fonte das antinomias de Kant ou que o despertasse de seu sono dogmático.[34]

A questão levantada por Hume é a de saber como a mente é *determinada* na inferência causal.[35] O que leva a mente a inferir B da causa A ou, ao contrário, a causa A a partir do efeito B? Sua resposta é inequívoca: a razão é incapaz de efetuar essa transição, seja *a priori*, seja com a ajuda da experiência. Se a mente infere B a partir de A, não será por um raciocínio, visto que, para a razão, qualquer efeito pode *a priori* se seguir da causa; e, mesmo que a razão recorra à experiência para descobrir qual é o efeito dessa causa, nada impede que, no futuro, qualquer outro efeito possa se seguir de uma causa semelhante. Uma vez que se aceita a ideia segundo a qual não é contraditório que o futuro possa ser diferente do passado, não é mais possível prever o futuro a partir da experiência passada e do presente invocando somente o conteúdo da ideia e o princípio de não-contradição. Com efeito, é evidente que o contrário do que se passou até hoje não implica contradição, o que significa que o futuro (ou tudo o que não foi observado) pode se apresentar de maneira diferente do passado (ou tudo o que foi observado). Nossa mente é constituída de tal maneira que, quando espera que o futuro seja semelhante ao passado, ela é determinada pelo hábito que a conduz a conceber juntos A e B, que se tornam então para ela a causa e o efeito. É a imaginação que passa de A para B (e vice-versa), isto é, da causa para o efeito, e que generaliza

---

34 Kuehn (1983) foi o primeiro a propor a interpretação segundo a qual haveria em Hume uma espécie de antinomia que teria despertado Kant de seu sono dogmático. Trata-se, evidentemente, de uma tentativa de conciliação das duas passagens em que Kant reconhece que o ceticismo teria tido esse papel no desenvolvimento de sua filosofia crítica. Mas é preferível entender como cada forma de ceticismo contribuiu nesse sentido, do que tentar, a meu ver, equivocadamente, unificar as duas formas na filosofia humeana.

35 Para uma defesa de que, para Hume, o problema é explicar como a mente é determinada a raciocinar causalmente, e não como se pode justificar esse tipo de raciocínio, ver Garrett (1997, capítulo 4).

o que foi observado. Quando se aceita que os julgamentos causais não dependem do princípio de não-contradição, deve-se concluir que eles não têm necessidade metafísica ou objetiva, mas também que não têm universalidade, ao menos se se aceita que a imaginação somente generaliza o passado. A investigação empírica a respeito do entendimento humano e, em particular, do conceito de causa, teria revelado a Hume que os julgamentos causais são contingentes (porque o contrário é sempre pensável pela razão) e gerais (porque não se pode legitimamente estendê-los além de nossa experiência).

É, portanto, a validade objetiva de nossos conceitos que deve ser preservada pela dedução transcendental.[36] Se, para Kant, as categorias não apresentam as condições sob as quais os objetos são dados na intuição e se esses objetos não podem ser associados às funções do entendimento, então não é certo que o entendimento contenha ainda suas condições *a priori* e também não é certo que as condições subjetivas do pensamento possam ter uma validade objetiva.

> As categorias do entendimento, ao contrário, não nos apresentam de maneira nenhuma as condições sob as quais os objetos são dados na intuição, consequentemente, os objetos podem seguramente nos aparecer sem dever se referir necessariamente às funções do entendimento e sem que este contenha as condições *a priori*. Disso resulta uma dificuldade que nós não encontramos no campo da sensibilidade, a saber, como as *condições subjetivas do pensamento* poderiam ter um *valor objetivo*, isto é, fornecer as condições de possibilidade de todo conhecimento de objetos? (B 122, AK III, 103).

---

36 Uma resposta completa a Hume sobre a causalidade deveria lidar, segundo Guyer (2008, p. 93-95) com três textos: o primeiro na dedução transcendental e no esquematismo; o segundo, na segunda analogia da experiência; o terceiro na terceira crítica. Discutiu-se muito sobre o lugar exato dessa resposta. A meu ver, a resposta principal está na dedução transcendental: se a dúvida humeana procede de uma dedução empírica, somente pelo estabelecimento de uma dedução transcendental se pode garantir a legitimidade das categorias.

Os fenômenos devem se conformar a nossas condições de sensibilidade, porque, caso contrário, eles simplesmente não seriam fenômenos ou não seriam percebidos por nós. Eles podem, contudo, aparecer de tal maneira que não seriam subsumidos sob as categorias do entendimento, por exemplo poderiam aparecer de uma maneira inteiramente confusa e irregular, de modo que o conceito de causalidade não se aplicaria a eles.

Em suma, o problema da origem de nossos conceitos e o problema da validade objetiva desses mesmos conceitos são indissociáveis. O primeiro problema é resolvido pelo princípio do entendimento (a faculdade de julgar), que nos mostraria que certos conceitos têm uma origem *a priori* no entendimento, enquanto o segundo problema seria resolvido pela dedução transcendental, que nos mostraria que esses conceitos têm uma validade objetiva, isto é, necessária e universal.[37] Disso se segue que é preciso provar contra o ceticismo humeano, primeiro, que os conceitos têm origem no entendimento e, em seguida, que os juízos que utilizam esses conceitos puros são universais e necessários, ou seja, que existe um conhecimento sintético *a priori*. Se se julga que "A é causa de B" ou que "X tem a propriedade F", esses dois juízos são válidos para todo mundo, em todos os lugares e em todos os tempos, e não somente para nós, segundo a experiência que temos aqui e agora.

Até aqui, o que fiz foi retomar a formulação propriamente humeana do "problema de Hume" tal como Kant interpretou Hume. Passemos, agora, à elaboração propriamente kantiana do problema levantado por Hume, isto é, à formulação determinada e universal. Como já vimos, segundo Kant, Hume não teria formulado seu problema de maneira suficientemente determinada, nem o teria visto em toda a sua extensão. Kant, então, dedica-se a elaborar de maneira determinada e universal o problema de Hume.

---

37 Forster (2008, p. 25) propõe outra interpretação para o papel do ceticismo humeano: com seu empirismo, Hume teria duvidado da referência dos conceitos puros e de sua existência. A meu ver, como veremos mais adiante, a ideia de referência parece ligada à de realidade objetiva, em oposição à validade objetiva, e, nesse sentido, diz respeito antes aos conceitos empíricos do que aos conceitos puros.

Encontra-se nessa elaboração a resposta de Kant ao problema da origem dos conceitos puros do entendimento.

Para bem compreendê-la, é preciso notar a dissociação que faz Kant entre o ceticismo humeano e o "problema de Hume".[38] Segundo Kant, o ceticismo humeano é uma resposta inadequada ao problema de Hume, pois, quando se formula de maneira determinada e completa o problema de Hume, percebe-se imediatamente que o ceticismo de Hume não constitui, nem pode constituir, uma resposta aceitável ao problema e que Hume chegou ao ceticismo somente porque ele não colocou "seu" problema corretamente.

Na opinião de Kant, Hume não teria visto claramente seu problema, porque ele não dispunha da distinção entre juízos sintéticos e juízos analíticos. Se ele pudesse ter traçado essa distinção, talvez ele pudesse ter chegado a uma formulação de seu problema de maneira mais clara sob a forma da seguinte questão: existem juízos sintéticos *a priori*? É um erro crer que a distinção traçada por Hume entre relações de ideias e questões de fato corresponde exatamente à distinção entre juízos analíticos e juízos sintéticos. Embora similares, como o reconhece Kant (e é por isso que Hume pode ter se aproximado de seu problema), essas distinções não se recobrem inteiramente, faltando "precisão" (B 19, AK III, 39) à distinção humeana, segundo Kant.[39]

Quais são as características das relações de ideias, segundo Hume? Em primeiro lugar, não é preciso apoiar-se sobre a experiência para poder estabelecer uma relação entre ideias. Ao contrário, basta comparar as ideias relacionadas com a ajuda do princípio de não-contradição. Negar uma tal

---

38 Já vimos que Kant traçou distinções análogas no caso do ceticismo bayleano, em especial entre método cético e ceticismo. Ao separar o método cético do ceticismo, Kant pode atribuir outro uso ao método cético, que permitiu a formulação de seu método crítico. Pode-se dizer algo similar sobre a distinção entre objeção cética e objeção crítica.

39 Não se devem confundir as relações de ideias e os juízos analíticos. A meu ver, Kant pensava que há uma semelhança entre as relações de ideias e o juízo analíticos. Se tivesse lido o *Tratado*, Kant talvez tivesse percebido o erro de atribuir a Hume a ideia de que as relações de ideias seriam como os juízos analíticos, nem, consequentemente, teria atribuído a Hume a tese de que as matemáticas seriam "analíticas".

240 PLÍNIO JUNQUEIRA SMITH

relação entre duas ideias (quando existe) é contraditório e, portanto, inconcebível. Em segundo lugar, é preciso admitir que essa relação entre ideias depende do conteúdo das ideias relacionadas. Inversamente, as questões que dizem respeito a fatos não dependem do conteúdo das percepções que são associadas e o princípio de não-contradição é insuficiente para estabelecer entre elas qualquer relação. Uma verdade matemática, por exemplo a que enuncia que a soma dos ângulos internos de um triângulo é igual a dois ângulos retos, é estabelecida, segundo Hume, pelo conteúdo das ideias de triângulo, de ângulo reto, de reta etc., com a ajuda do princípio de não-contradição. Negar essa igualdade equivale a fazer desaparecer a ideia mesma de triângulo, porque não se pode mais formar a figura do triângulo. Uma relação empírica entre duas percepções é sempre suscetível de ser negada sem contradição, o que torna indispensável o recurso à experiência para associar corretamente essas percepções.

Essa distinção humeana entre relações de ideias e questões de fato pareceu imprecisa a Kant. Para este, não se devem distinguir os conhecimentos humanos segundo os tipos de *associação de ideias*, mas sim entre tipos de *juízos*. A razão para essa mudança de perspectiva explica-se pelo fato de que se diz do juízo que ele é falso ou verdadeiro, o que não vale exatamente para uma associação de ideias. Assim, a questão não é mais de saber como se devem associar as ideias na mente, mas qual é a ligação que se deve estabelecer entre o sujeito e o predicado num juízo a fim de examinar mais precisamente como se atribui um predicado a um sujeito. Um predicado pode estar "contido" no sujeito; neste caso, a contradição provém da negação desse predicado que está, de fato, confusa ou implicitamente contido no sujeito. Se extensão é um conceito que está "contido" no conceito de corpo e se dizemos "um corpo não é extenso", isso equivale a dizer "uma coisa extensa não é extensa", o que é uma manifesta contradição. Por isso, "todo corpo é extenso" é um juízo analítico verdadeiro. Essas verdades analíticas somente explicitam o conceito do sujeito, tornando-o mais claro, mas não trazem novos conhecimentos. O conhecimento ganha clareza, mas não aumenta.

De outro lado, um predicado pode não estar "contido" no sujeito e, neste caso, ele acrescenta alguma coisa ao sujeito. Como se pode atribuir (corretamente) um predicado a um sujeito que não o contém? Pode-se, como bem viu Hume, recorrer à experiência. Por exemplo, o juízo sintético "o cavalo é branco" será verdadeiro se a experiência mostrar que esse animal, que é um cavalo, tem a cor branca. Mas, segundo Kant, em alguns casos especiais, também se pode, o que Hume não viu, fazê-lo *a priori*.

Dessa imprecisão decorre o erro de Hume, erro este que explicaria porque ele não teria visto a abrangência do problema que ele mesmo deveria colocar-se. Para Hume (sempre na interpretação de Kant), o domínio do conhecimento humano se compõe unicamente de verdades *a priori* (as matemáticas) e as verdades *a posteriori* (todas as demais ciências). É por essa razão que Kant atribui a Hume uma concepção analítica das matemáticas. Com efeito, do fato de que relações de ideias não dependem, para Hume, senão do conteúdo dessas ideias e do princípio de não-contradição, seguir-se-ia que as verdades matemáticas somente poderiam ser, no vocabulário de Kant, juízos analíticos, porque os juízos analíticos partilham dessas mesmas características das relações de ideias, a saber, a dependência do conteúdo e a suficiência do princípio de não-contradição para estabelecer um vínculo (entre as ideias, no caso de Hume; entre sujeito e predicado, no caso de Kant). Mas, e esse é o erro de Hume para Kant, as verdades matemáticas devem ser compreendidas como juízos sintéticos *a priori*. A crítica da falta de precisão dirigida a Hume permite apreender a importância das matemáticas no argumento de Kant contra Hume. Menos do que um argumento dogmático que prejulga a questão, como uma espécie de *petitio principi*, o recurso kantiano às matemáticas mostra que a distinção humeana conduz a uma má compreensão das verdades matemáticas, ao passo que a distinção kantiana dos juízos permitiria explicar adequadamente essas verdades matemáticas.

O recurso às matemáticas, então, permitiria compreender por que o ceticismo humeano é filosoficamente injustificável. Com efeito, se tivesse formulado seu problema com precisão, Hume teria provavelmente visto que as

242 PLÍNIO JUNQUEIRA SMITH

matemáticas (e a parte teórica da física) são conhecimentos sintéticos *a priori*, e não uma espécie de relações de ideias. Para Hume, toda verdade matemática é descoberta ou estabelecida pelo conteúdo das ideias e pelo princípio de não-contradição, o que equivale a dizer, no vocabulário mais preciso de Kant, que as matemáticas conteriam somente juízos analíticos. Mas as verdades matemáticas não são puras tautologias; ao contrário, elas aumentam nosso conhecimento, o que é uma marca certa e infalível dos juízos sintéticos.

Portanto, a existência das matemáticas mostrar-nos-ia que existem juízos sintéticos *a priori*, de forma que a posição cética não apenas se revela inaceitável, porque negaria um fato indiscutível, mas também somente é possível quando se formula o problema cético numa linguagem imprecisa e inexata que esconde essa negação do caráter sintético *a priori* das matemáticas.

Convém insistir neste último ponto, pois ele explicaria como Hume, um filósofo tão perspicaz e sutil, estava cego para seu próprio problema. Dada a sua distinção entre dois campos do conhecimento, ele não teria sido capaz de enxergar que *juízos* sintéticos *a priori* são possíveis. Dando a esse problema, ao contrário, uma formulação mais precisa e exata, vê-se manifestamente, em particular graças ao exemplo das matemáticas (e da parte teórica da física), não somente que os juízos sintéticos *a priori* são possíveis, mas que eles existem verdadeiramente (B 19-20, AK III, 39-40; B 128, AK III, 106; Prol., par. 4, AK IV, 272-273). O problema de Hume formulado num vocabulário rigoroso proíbe, então, que o ceticismo possa se apresentar como uma resposta adequada à questão que ele levanta. E uma vez que sabemos que existem juízos sintéticos *a priori*, a questão deixa de ser sobre *se* esses juízos são possíveis. Da realidade à possibilidade, a inferência é boa; se juízos sintéticos *a priori* existem, então eles são possíveis. Não caberia mais discutir se são ou não possíveis. Assim, a resposta cética de Hume ("os juízos sintéticos *a priori* não são possíveis") não é pertinente ou válida, deixando de ser uma alternativa aceitável. Hume, no entanto, julgando que não são possíveis, não poderia ter formulado rigorosamente o problema da *Crítica*: "*como* juízos sintéticos *a priori* são possíveis?" (B 19, AK III, 39; itálico meu).

Essa falta de precisão e o consequente erro sobre o estatuto filosófico das matemáticas teriam custado muito caro a Hume.

Mesmo se tivesse adotado uma formulação mais precisa, ainda assim Hume não teria visto suas questões como um problema, ao menos não em sua completude. Porque teria limitado sua investigação ao conceito de causalidade, Hume não teria alcançado uma visão abrangente do problema. Para alcançar esse visão geral, ele deveria ter procedido da mesma maneira com todos os conceitos metafísicos, coisa que, segundo Kant, ele não fez, limitando-se ao conceito de causa. Consequentemente, o trabalho de Kant consistirá, ao menos num primeiro momento, em dar ao problema de Hume uma generalização completa.

Para compreender nosso sistema conceitual, é preciso, segundo Kant, partir de um princípio único, que subjaz, por assim dizer, a todos os conceitos puros, em vez de considerar cada um destes conceitos isoladamente. "Mas os erros céticos desse homem [Hume], de resto muito penetrante, procederam de um defeito que, contudo, ele tinha em comum com todos os dogmáticos, a saber, que ele não considerava sistematicamente de um só golpe todas as espécies de síntese *a priori* do entendimento" (B 795, AK III, 93). Se tivesse sabido evitar esse erro e se tivesse buscado o que articula todos os conceitos puros, Hume teria descoberto que todos os conceitos são obtidos "sistematicamente a partir de um princípio comum, a saber, o poder de julgar" (B 106, AK III, 93) e teria compreendido "porque esses conceitos precisamente, e não outros, se encontram no entendimento" (B 107, AK III, 93). Assim, a faculdade de julgar é o fio condutor dessa investigação que deve ser completa e sistemática. Descobrindo o número e os tipos de nossos juízos no emprego lógico do entendimento, é possível saber quais são todos os conceitos fundamentais de nosso entendimento, dos quais a causalidade é somente um conceito particular. Ora, o conhecimento desses conceitos fundamentais, de seu número e de suas articulações permite descobrir ao mesmo tempo sua origem, que reside no próprio entendimento, o que significa que eles têm uma origem *a priori*. Hume, portanto, estava errado em deduzir a partir da experiência o conceito de causalidade. Essa solução cética (termos de Hume) somente é possível quando se pensa o conceito de causalidade de maneira isolada, sem relação com os outros conceitos do entendimento. Nesse caso preciso (isto é, numa dedução empírica), não é evidente que ele apareça como uma função lógica do entendimento e, assim, se pode pensar que esse conceito nos é fornecido pela experiência. Mas, quando se investigam os conceitos sistematicamente e de maneira completa, aparece claramente que todos esses conceitos estão *a priori* no entendimento. O primeiro aspecto do problema cético, que diz respeito à origem de nossos conceitos, é assim resolvida quando se coloca o problema de maneira completa e sistemática.

Nesse sentido, pode-se falar de uma dupla incompatibilidade entre o problema de Hume e o ceticismo humeano. Ao ampliar o problema para todos os conceitos, percebe-se a origem *a priori* de todos eles no entendimento; se se formula o problema num vocabulário exato e rigoroso, vê-se que as matemáticas (e a parte teórica da física) remetem aos juízos sintéticos *a priori*. Mas Kant ainda não se dá por satisfeito com essas respostas, posto que o principal problema levantado por Hume ainda não foi respondido.[40]

Resta o problema da validade objetiva de nossos conceitos puros, que é o aspecto mais difícil das questões levantadas por Hume. É aqui que reside o núcleo duro da resposta de Kant. Como o próprio Kant confessou, encontrar uma solução a essa dificuldade custou-lhe mais esforços do que qualquer outra parte da *Crítica*. Por isso mesmo, é-nos impossível entrar nos detalhes dessa complexa argumentação. Indicarei, no entanto, a ideia básica da resposta de Kant a Hume. A dedução transcendental mostra-nos, entre outras coisas, que os conceitos puros do entendimento têm uma validade objetiva, o que significa que os juízos que têm uma certa forma (por exemplo, "A é

---

40 Deve-se notar que, para Kant, o ceticismo humeano não apresenta nenhuma contradição interna ou incoerência, como é comum fazer hoje em dia a partir dos assim chamados argumentos transcendentais. A contradição aqui apontada diz respeito somente à relação entre, de um lado, o problema de Hume como elaborado por Kant e, de outro, o ceticismo humeano.

causa de B") são necessários e universais. Para garantir essa validade objetiva, é preciso fazer (mais uma vez) uma distinção transcendental entre as coisas em si e as coisas como fenômeno. Dada a distinção transcendental, seria possível garantir a validade objetiva dos conceitos puros do entendimento, inclusive do conceito de causalidade.

Para alguns comentadores, a resposta de Kant a Hume se encontraria na segunda analogia (B 232-256, AK III, 167-180),[41] quando Kant explicita sua concepção da causalidade. É evidente que Kant se afasta aqui de Hume no que diz respeito à sua explicação do conceito de causa. Essa interpretação, contudo, foi combatida por aqueles que preferem ver na *Crítica do juízo* a formulação da resposta definitiva de Kant.[42] Parte das discussões gira em torno da questão de saber se o problema de Hume sobre a causalidade diz respeito a relações causais particulares (neste caso, a segunda analogia constitui a resposta a Hume) ou à máxima causal geral evocada na terceira *Crítica*, na qual Kant demonstraria, contra Hume, que não se pode duvidar da regularidade da natureza.

Pode-se perguntar se essas duas críticas dirigidas a Hume constituem o essencial da resposta kantiana ao problema de Hume. Se esse problema, contudo, diz respeito sobretudo à validade objetiva dos conceitos puros, e não especificamente à relação causal, importa menos aqui saber se a resposta de Kant diz respeito a relações causais particulares ou à máxima causal geral. Vimos como era essencial, para Kant, formular de maneira exata e completa o problema que Hume apontou, mas não elaborou suficientemente. E, nesse sentido, tratar da causalidade fora desse quadro mais amplo e sistemático do

---

41 O debate entre Beck, Murphy e Williams, em Farr (1982), e Melnick (2005).

42 Floyd (2003, p. 22) sustenta que a resposta de Kant a Hume não se encontra, como normalmente se supõe, na segunda analogia, mas antes na *Crítica do juízo*. Essa interpretação é também a de Allison (1983). Sem entrar no detalhe dessa questão, eu gostaria de lembrar somente que, mesmo que na terceira *Crítica* se encontrem elementos adicionais na resposta de Kant a Hume, isso não modifica o essencial e que Kant, de certa maneira, já parecia considerar evidente que sua resposta a Hume já estava contida na *Crítica da razão pura*.

246 PLÍNIO JUNQUEIRA SMITH

problema de Hume é justamente perder o foco que Kant deu a esse problema. Assim, a solução reside primariamente na dedução transcendental,[43] e não nas considerações que tratam especificamente do conceito de causalidade ou sobre a regularidade da natureza. Ora, convém insistir nesse ponto: o problema de Hume passa, como vimos acima, por uma elaboração kantiana, pois o próprio Hume não o teria apresentado de maneira determinada e em sua forma geral. Além de formulá-lo com mais rigor e clareza, Kant tratou de ampliá-lo para todos os conceitos. É por essa razão que as considerações de Kant sobre a causalidade, isoladas do resto, não podem constituir o coração de sua resposta, mas somente um desenvolvimento mais específico e mais detalhado sobre a causalidade.

Retomemos nossa questão inicial: não seria possível ao cético duvidar de uma ciência que diz respeito às coisas entendidas como fenômeno? Hume teria tentado pôr em xeque uma ciência desse tipo, mostrando que o conceito de causa teria validade meramente subjetiva. Mas, se a argumentação kantiana é correta, então um tal ceticismo é inaceitável. A ciência empírica pode usar legitimamente o conceito de causalidade, com sua validade objetiva preservada, e descobrir relações causais entre objetos e eventos, sem que os juízos causais tenham de se limitar à experiência passada ou ao sujeito que o enuncia. Dessa forma, Kant pretende ter protegido a ciência newtoniana do ataque cético promovido por Hume.

Existe um "ceticismo cartesiano"?

Ainda resta, ao menos à primeira vista, uma possibilidade para o cético questionar nosso conhecimento das coisas. Depois de ter rejeitado o ceticismo bayleano sobre as ideias da razão e o ceticismo humeano sobre as categorias do entendimento, não seria possível problematizar os conceitos empíricos? O conhecimento das coisas como fenômenos seria realmente indubitável? Não podemos duvidar das próprias coisas fenomênicas? Talvez

---

43 Guyer (2006, p. 12-13 2 70-72).

seja verdade, como diz Kant, que os juízos causais têm uma validade objetiva e que, se dissermos "A é causa de B", esse juízo é universal e necessário (e não somente geral e contingente, como sustentava Hume). Mas como estar seguro de que A e B se referem a coisas existentes no mundo? A forma do julgamento se aplica a todos os objetos de nossa experiência ou de toda experiência possível, mas como saber se esses objetos são reais? Formular essa questão é o papel que cabe ao idealista cético, mais conhecido sob o nome de cético cartesiano.

O ceticismo cartesiano põe em questão a realidade objetiva dos conceitos empíricos. Essa é a razão pela qual a dúvida cartesiana sobre a existência do mundo exterior parece representar para Kant o tipo de ceticismo mais essencial e, por isso mesmo, foi a forma de ceticismo que mais chamou a atenção dos comentadores. É preciso distinguir com cuidado o ceticismo humeano e o ceticismo cartesiano, que são às vezes confundidos ou insuficientemente distinguidos. Nos dois casos, o cético coloca em dúvida nosso conhecimento *objetivo*, mas, no primeiro caso, é a "validade objetiva" (dos conceitos puros) que é posta em xeque, enquanto, no segundo, é antes a "realidade objetiva" (dos conceitos empíricos). Parece-me indispensável insistir nessa diferença.[44]

A validade objetiva diz respeito aos *conceitos puros* do entendimento ou às características do juízo, isto é, quanto a saber se um juízo tem um valor *universal e necessário* ou se tem somente um valor subjetivo e contingente. Por exemplo, se dizemos que "o calor do sol derrete a manteiga", deve-se

---

44 Ver, a esse propósito, Wilson (1972, p. 597): "Antes, estou interessada em mostrar que, ao contrário do que o próprio Strawson supõe, sua versão do argumento de Kant tem consequências desiguais sobre o ceticismo humeano e cartesiano. Não distinguir adequadamente os tipos diferentes de argumentos subjetivistas não é, parece-me, um problema peculiar à abordagem de Strawson. Essa imprecisão é uma fonte bastante comum de confusão ou simplificação excessiva em discussões das posições subjetivistas e das respostas de Kant a elas. No caso de Strawson, a assimilação das posições cartesiana e humeana resulta no erro de atribuir efetividade *geral* a uma defesa do realismo que, no melhor dos casos, é efetiva contra a doutrina muito peculiar de Hume."

248 PLÍNIO JUNQUEIRA SMITH

pensar que esse juízo causal vale para todos os casos em que a manteiga está exposta ao sol ou se limita à nossa própria experiência? Os outros devem aceitar esse juízo em todas as circunstâncias semelhantes ou antes devemos afirmá-lo somente em nossas experiências singulares, sem pretender que esse juízo possa aplicar-se no futuro aos outros e a mim mesmo?

O ceticismo cartesiano, por seu turno, não tem nenhuma relação com a validade objetiva dos conceitos puros do entendimento. O que ele põe em questão é a realidade objetiva dos *conceitos empíricos*. Para retomar o mesmo exemplo, esta terceira forma de ceticismo trata da questão de saber se a manteiga existe realmente ou se não passa de um produto da imaginação ou do sonho. A realidade objetiva consiste na referência que os conceitos empíricos têm ao mundo exterior. O próprio Descartes parece ter aceito, ao menos implicitamente, essa distinção quando, na terceira *Meditação*, empregou o princípio causal para descobrir a existência de um ser exterior ao seu pensamento, depois de ter duvidado da existência das coisas materiais. Descartes jamais duvidou das noções comuns e dos princípios que organizam nosso pensamento; sua dúvida hiperbólica jamais questionou o princípio de causalidade. O que ele pôs entre parêntesis foram suas crenças sobre o mundo, por exemplo se ele tinha em mãos um papel ou se diante dele havia um fogo, mas não sua capacidade de utilizar o juízo causal para raciocinar. Kant apreendeu essa diferença e compreendeu que a dúvida cartesiana atingia somente os conceitos empíricos e sua referência às coisas no mundo exterior.[45]

Devemos, agora, nos perguntar se, para Kant, a questão da existência do mundo exterior é ou não uma questão cética. Está claro que ele sempre pensou que se trata de uma questão idealista. Mas seria também, a seus olhos, uma questão cética? Na primeira edição da *Crítica da razão pura* sua resposta foi positiva, enquanto, na segunda edição, ele mudou de opinião e respondeu

---

45 O que não é o caso de Hume, como o mostram suas observações críticas em EHU 116. Para Hume, a dúvida hiperbólica de Descartes atinge a veracidade das nossas faculdades, não apenas nossas crenças.

negativamente. Tentemos entender por que Kant chegou a essa dissociação entre o problema cético e o problema idealista.

Em primeiro lugar, a questão que se coloca é saber por que, na primeira edição, Kant pensou que o problema do mundo exterior se apresentava sob a forma de um "idealismo cético". Como um filósofo chega a formular uma questão tão surpreendente? Para respondê-la, lembremos, antes de tudo, o argumento simples e relativamente célebre que Kant atribui ao idealista cético:

1) O que pode ser causalmente inferido nunca é certo;

2) Ora, os objetos exteriores são causalmente inferidos e não são imediatamente percebidos por nós;

3) Logo, não se pode jamais estar certo da existência dos objetos exteriores.

Com a ajuda da distinção transcendental, Kant critica a premissa 2. Mas isso não nos diz por que o idealista cético aceita essa premissa. Segundo Kant, ele o faz com base num segundo argumento:

4) Somente o que está em nós pode ser imediatamente percebido;

5) Minha própria existência é o único objeto de minha percepção imediata;

2) Logo, a existência de um objeto exterior jamais é dada numa percepção imediata (A 367, AK IV, 231).

Assim, o idealista cético pensa que está obrigado a inferir a existência dos objetos exteriores com base em nossas percepções. A premissa 2 não é uma proposição arbitrária, mas apresenta-se de fato como a conclusão inevitável da combinação das proposições 4 e 5. É a reunião dessas duas premissas que permite sustentar a proposição fundamental que conduz ao idealismo cético. Com efeito, o problema do mundo exterior surge quando se aceita a ideia de que as coisas em nós podem ser imediatamente percebidas e quando não se coloca a distinção transcendental entre as duas significações da expressão "coisas exteriores a nós". Uma das fontes do problema idealista e cético é, portanto, a tese segundo a qual somente o que está presente em nós é imediatamente percebido (premissa 4). Kant não rejeita essa premissa; ao contrário, ele a utiliza em sua argumentação a favor do idealismo transcendental e do realismo empírico. A controvérsia entre Kant e o idealismo empírico não diz respeito sobre a presença em nós do que é imediatamente percebido, mas sobre a questão de saber o que realmente está presente em nós. A esse respeito, o idealista cético introduz a premissa 5, enquanto Kant introduz sua distinção transcendental para chegar a conclusões bem diferentes.

O idealista cético, de um lado, afirma sua própria existência e, de outro, duvida do mundo exterior. Essa afirmação e essa dúvida são os dois lados de uma mesma moeda. Como ele faz isso? Tudo leva a crer que ele raciocina da seguinte maneira:

4) Somente o que está em nós pode ser imediatamente percebido;

6) Ora, nossos estados mentais e nossa existência estão em nós;

7) Logo, nossos estados mentais e nossa existência são imediatamente percebidos.

Uma vez que o idealismo foi estabelecido, é preciso alcançar o ceticismo. Pode-se pensar que o raciocínio que permite alcançá-lo é o seguinte:

4) Somente o que está em nós pode ser imediatamente percebido;

8) Ora, o objeto exterior está fora de nós;

2) Logo, o objeto exterior não é imediatamente percebido.

Observe-se que, nesse nível, as premissas 6 e 8 são os correlatos da premissa 5. Mas Kant, apoiando-se sobre a mesma premissa 4, dá-lhe outro uso a fim de provar, contra o idealismo cético, a validade do que ele chama de "realismo empírico". Para chegar a essa conclusão diametralmente oposta, parece-lhe necessário introduzir a distinção transcendental, que permite dizer simultaneamente que, se falamos das coisas em si mesmas, estas estão fora de nós e, portanto, não estamos seguros de sua existência, e, se falamos das coisas como fenômenos, a conclusão é diferente, como mostra o seguinte raciocínio:

4) Somente o que está em nós pode ser imediatamente percebido;

9) Ora, o objeto como fenômeno está em nós;

10) Logo, o objeto como fenômeno é imediatamente percebido.

Essa conclusão mostra que o objeto (como fenômeno) não precisa ser inferido, o que equivale a dizer que sua existência é certa. Assim, a existência do mundo exterior é provada. O idealismo cético é refutado pela combinação de sua própria premissa 4 com a distinção transcendental. Observe-se, para terminar este ponto, que Kant não utiliza a premissa 4 de maneira dialética, isto é, como se a aceitasse somente para argumentar contra seu adversário. Muito ao contrário, ele recorre a essa premissa a fim de provar sua própria doutrina, o "realismo empírico". Essa prova pressupõe também, como acabamos de ver, a distinção transcendental, de modo que o "realismo empírico" não pode ser provado sem a adoção do "idealismo transcendental".[46]

Para compreender, agora, as razões que conduziram Kant a *dissociar o problema idealista* do mundo exterior *do problema cético*, é preciso examinar o novo diagnóstico que faz Kant da origem da questão da existência do mundo exterior. Por que, se nos limitamos à segunda edição da *Crítica da razão pura*, somente o idealista colocou em questão a existência do mundo exterior? Sem dúvida porque ele aceita simultaneamente dois dogmas filosóficos, a saber, o dogma epistemológico segundo o qual nós percebemos imediatamente apenas nossos próprios pensamentos e estados mentais e o dogma ontológico segundo o qual nós somos substâncias pensantes. Essa dupla aceitação está ligada, por sua vez, à aceitação de outras duas teses filosóficas: uma tese epistemológica, de acordo com a qual temos contato indireto com as coisas exteriores, nossas percepções desempenhando o

---

46 Essa é uma das razões pelas quais o esforço de Strawson (1995) para dissociar o realismo empírico do idealismo transcendental parece inútil, visto que sem o idealismo transcendental não há prova do realismo empírico.

papel de intermediários (epistêmicos) entre as coisas e nós; e uma tese ontológica, de acordo com a qual, sendo substâncias pensantes, nós poderíamos discriminar imediatamente os conteúdos de nossos pensamentos sem recorrer ao auxílio do mundo exterior. Assim, tornar-se-ia possível distinguir as ideias das coisas exteriores presentes na mente, as quais esta supostamente representa, o que nos permitiria pensar numa coisa sem que esta exista, contribuindo para tornar duvidosas as referências externas de todos os nossos pensamentos e crenças.

Um ponto fundamental da nova posição kantiana é *o abandono do dogma epistemológico* contido na premissa 4, um dogma que, como vimos, havia desempenhado um papel decisivo no argumento kantiano em defesa do realismo empírico da primeira edição. Embora Kant diga que ele somente muda seu método de exposição, é impossível não ver que há igualmente mudanças de opinião, em particular a que diz respeito à tese segundo a qual "somente o que está presente em nós é imediatamente percebido", concebida agora como um dogma a ser rejeitado. Uma das ideias centrais da "Refutação do Idealismo" é precisamente a de que nós sabemos indiretamente o que se passa em nós, o que supõe a mediação de uma exterioridade concebida como permanente. O novo método de refutação elaborado por Kant consiste em fazer o jogo do idealista se voltar contra ele mesmo, isto é, a deduzir, pressupondo que existe um conhecimento certo de nossos estados conscientes, a consciência ou existência de uma coisa exterior permanente. Esse método o conduz a reformular a tese da consciência direta e imediata de nossos estados mentais, visto que é preciso que exista uma exterioridade permanente para poder aceitar essa consciência interna admitida pelos idealistas. Assim, é preciso agora, para provar o "realismo empírico" contra o idealista, não somente abandonar a premissa 4, mas também inverter seus raciocínios com base em suas próprias convicções idealistas. Além disso, o que é ainda mais importante, não é preciso recorrer à distinção transcendental, nem limitar, ao menos explicitamente, a realidade provada ao domínio dos fenômenos.

A pretensão idealista, segundo a qual temos um acesso direto a nossos estados mentais, repousa, no fundo, sobre *o dogma ontológico*. Ora, para Kant, a determinação de nossos estados mentais depende da permanência de algum ser; ora, esse ser não está em nós, ao contrário do que pretendia Descartes, mas fora de nós. O idealista, por sua vez, pensa que esse permanente está nele, pois ele se concebe como uma substância pensante. Se o permanente está em nós, então seria possível que nossos estados fossem determinados sem supor a existência de um permanente externo (pois o permanente interno seria suficiente para essa discriminação dos estados mentais). Se isso é correto, então seria possível um acesso imediato a nós mesmos e, portanto, é razoável supor que o acesso ao mundo exterior se daria por meio de nossos estados mentais. Para refutar definitivamente o idealismo, portanto, não basta rejeitar o dogma epistemológico, mas é preciso também refutar o dogma da substância pensante.

Torna-se claro, então, que, diferentemente da primeira edição, o problema da existência do mundo exterior, na segunda edição, não pode ser concebido pelo cético. Entre as duas edições, Kant deu-se conta de que *o mundo exterior se torna problemático somente quando se aceitam os dois dogmas filosóficos mencionados mais acima*. Ora, um cético dificilmente aceitaria o dogma epistemológico e contestaria veementemente o dogma ontológico. Além disso, o cético poderia até mesmo ser um aliado do criticismo com relação ao problema idealista do mundo exterior, visto que Hume nega que nós sejamos substâncias pensantes. Se para refutar o idealismo problemático Kant precisa invocar a ideia de que não há um permanente em nós e se Hume sustenta justamente a posição filosófica segundo a qual somos apenas um "feixe de percepções", então Hume fornece o argumento para a premissa kantiana. Ora, sem esse dogma ontológico, a autodeterminação de nossos estados mentais cai por terra; sem a autodeterminação de nossos estados mentais, não há mais conhecimento direto de nossos estados mentais; sem conhecimento direto de nossos estados mentais, não se pode mais falar de um conhecimento indireto do mundo exterior; e, finalmente, não se pode supor uma incerteza a seu respeito.

Vê-se, assim, como o idealismo cético, na primeira edição da *Crítica da razão pura*, pode ajudar Kant a elaborar o seu idealismo transcendental (assim como o ceticismo bayleano e o ceticismo humeano, devidamente reelaborados, puseram Kant no bom caminho da filosofia crítica). Embora o idealista cético se apresente como seu adversário, Kant retém ao longo de sua argumentação a favor do idealismo transcendental a premissa utilizada pelo cético cartesiano, segundo a qual somente o que está em nós é imediatamente percebido (e certo); essa premissa servia para mostrar que não conhecemos as coisas em si mesmas, mas, ao mesmo tempo, podemos conhecer imediatamente as coisas como fenômenos, já que estes estariam "em nós". Na segunda edição, o idealista cético não é mais o adversário declarado de Kant, o idealista problemático ocupando o seu lugar. Em vez de combater o ceticismo e precisar transformá-lo para poder se beneficiar dele, Kant agora utiliza-o para refutar o dogma ontológico que está, a seu ver, na base do problema da existência do mundo exterior e sobre o qual repousa o dogma epistemológico. O ceticismo humeano com sua dúvida sobre a identidade pessoal e, talvez, o ceticismo bayleano desempenham um papel indispensável para mostrar que o permanente não está em nós.[47] A partir desse momento, o problema do mundo exterior deixa de ser um problema cético, para tornar-se um problema unicamente idealista, e o ceticismo se apresenta como um aliado nesse combate contra a substância pensante e o idealismo problemático que dela resulta, sem precisar de nenhuma reformulação ou transformação por parte de Kant. Em suma, Kant compreendeu bem que o ceticismo não tem nenhuma vocação para colocar em dúvida a existência do mundo aparente.

---

47 Bayle (DHC, "Pirro", F): "De resto, a inconstância das opiniões e das paixões é tão grande que diríamos que o homem é uma pequena república que muda frequentemente seus magistrados".

Conclusão

Os estudos atuais sobre a história do ceticismo permitem não somente mensurar a importância e o alcance desse movimento filosófico, mas igualmente aprofundar nosso conhecimento a respeito de suas diferentes manifestações históricas. Este capítulo insere-se nessa perspectiva e a análise levada a cabo da filosofia teórica de Kant permite compreender melhor tanto a função do ceticismo moderno, graças à distinção que propõe Kant entre três formas diferentes de ceticismo, como o papel dessas formas específicas de ceticismo no interior do criticismo kantiano. Com base nele, pode-se concluir que não se deve reduzir o ceticismo moderno à sua formulação cartesiana, a qual está longe de ser a principal manifestação do período moderno. A análise do criticismo kantiano oferece-nos, assim, um esquema para uma melhor compreensão do significado das diferentes formas do ceticismo moderno, com seus desafios e suas argumentações específicas, a saber: o ceticismo bayleano, cuja existência decorre da natureza da própria razão; o ceticismo humeano, que provém da elaboração de uma ciência empírica; e o ceticismo cartesiano, próprio de uma filosofia subjetivista. Kant convida-nos, além disso, a pensar que esta última forma de ceticismo não é autenticamente cética, visto que depende de certos dogmas filosóficos. Vê-se, então, como o estudo do lugar do ceticismo no sistema kantiano nos permite dar uma visão ao mesmo tempo geral e detalhada da história do ceticismo moderno.

No que diz respeito à própria filosofia kantiana, supõe-se comumente que ela trata somente de uma forma de ceticismo, à qual os argumentos transcendentais ofereceriam uma resposta. Quando distinguem mais de uma forma de ceticismo, certos comentadores não logram defini-las adequadamente, nem explicar a função precisa que Kant lhes atribui. Ao contrário, procurei mostrar como Kant distingue, elabora e transforma três formas de ceticismo, tanto para responder a elas, como para incorporá-las em sua filosofia crítica. Dessa perspectiva, não haveria um único problema cético em particular para o qual a *Crítica da razão pura* deveria fornecer a resposta. O papel que o ceticismo desempenha na *Crítica* é, portanto, mais nuançado e sutil do que normalmente se supõe. Sem separar essas três formas de ceticismo distinguidas por Kant, não se pode entender como Kant compreende o ceticismo e qual uso ele pretende fazer do ceticismo. Somente quando nos damos conta do fato de que o ceticismo se ramifica e penetra diversas partes da filosofia crítica – entre essas partes principais estão a dedução metafísica, a dedução transcendental, a refutação do idealismo, o quarto paralogismo, as antinomias – pode-se apreender a importância capital do ceticismo a fim de fornecer uma interpretação do pensamento kantiano que seja mais justa e mais exata.

Pistas

1. Não acredito que se possam inferir conclusões gerais de uma análise da história da filosofia.[1] Somente a miopia de uma visão parcial poderia sugerir que a história da filosofia tem este ou aquele sentido. Sempre se pode dizer que os rumos da história da filosofia são múltiplos e que filósofos de um mesmo período seguiram os mais variados caminhos em busca de diferentes objetivos. É relativamente fácil encontrar contra-exemplos para qualquer generalização sobre a história da filosofia, mesmo as menos apressadas e que consideram o maior número de casos. De fato, quanto mais complexo for nosso estudo, tanto mais pluralidade de sentidos encontraremos nela. Por essa razão, não cabe concluir este livro extraindo essa ou aquela lição geral como se a história contada tivesse um sentido oculto e fundamental.

Mesmo limitados a uns poucos filósofos e restritos na sua abrangência temática, os estudos aqui realizados talvez sejam suficientemente complexos para não permitirem sequer a tentação de extrair uma tal lição geral. Espero que tenha ficado patente que cada um desses filósofos modernos sobre os quais me debrucei retomou a seu modo o método cético de oposição, que

---

1 Este capítulo foi escrito após a defesa da tese de livre-docência. Nele, procuro responder a alguns dos comentários, observações e críticas feitos nas arguições. Eu já tinha a ideia de escrevê-lo antes da defesa, mas preferi aguardar as arguições. Agradeço, portanto, aos membros da banca (prof. dr. Cicero Romão Araújo, prof. dr. Danilo Marcondes de Souza Filho, profa. dra. Olgária Chaim Férez Matos, prof. dr. Pablo Ruben Mariconda, prof. dr. Renato Lessa e prof. dr. Roberto Bolzani Filho) pelas suas arguições, que me ajudaram a dar forma e conteúdo a este capítulo.

cada um deles o intepretou e o utilizou com uma finalidade particular, de maneira que o conjunto apresenta diversas concepções que não se reduzem a um único sentido mais profundo ou obedeçam a uma única lógica comum que explicaria essa sequência particular de reflexões sobre o método cético. Não há, a meu ver, nenhuma teleologia imanente, por assim dizer, comandando o que esses filósofos pensaram.

Não se segue dessas observações que a história da filosofia não possa nos ensinar nada. Ao contrário, talvez possamos aprender com ela muitas coisas, embora talvez não uma grande lição geral. Cada um de nós, ao se debruçar longamente sobre os filósofos de um período e maduramente considerar suas filosofias, poderá aprender uma coisa diferente, conforme suas próprias reflexões e interesses. Libertar-nos do mito de uma lição geral pode abrir nossos olhos para a ideia de uma diversidade de pequenas (e talvez grandes) lições. Aqui, tentarei desenvolver algumas pistas que poderiam nos conduzir a algumas dessas várias lições. O estudo das filosofias do passado pode fornecer ao menos três tipos de pistas para nossa atividade filosófica, seja histórica ou de reflexão pessoal.

Primeiro, a própria diferença entre as perspectivas filosóficas pode nos ensinar que aparentemente um mesmo problema pode receber diferentes formulações. Não há algo como "o" problema filosófico X, um único problema que seja independente dessas várias formulações, embora mais ou menos parecidas entre si. Qual o critério de identidade de um problema filosófico? Eis uma pergunta talvez sem resposta exata. Isso não significa, naturalmente, que filósofos não possam compartilhar um problema. Do mesmo modo, conexões conceituais, embora tidas como necessárias por muitos, podem ser consideradas meramente contingentes por outros. Conseguir perceber e entender claramente diferentes problemas e diferentes conexões conceituais pode trazer ganhos teóricos para a compreensão tanto da história da filosofia, como para os assuntos filosóficos, além de ampliar nossa capacidade de imaginação e reflexão, libertando-nos de certas amarras intelectuais.

Segundo, em cada filósofo, podem-se talvez encontrar sugestões fecundas e originais, nas quais não tínhamos pensado anteriormente, ou, até, no outro extremo, pode-se redescobrir o significado filosófico de alguma ideia batida, mas cuja força nos tenha escapado, talvez justamente por causa de sua repetição até a exaustão: por ter se tornado lugar-comum, uma ideia pode não aparentar sua importância e profundidade, deixando escapar também seu alcance e consequências. Nesse sentido, os estudos históricos podem nos fornecer pistas para entendermos melhor alguns problemas filosóficos que nos afligem e, quem sabe?, sugerir respostas que nos pareçam aceitáveis, desde que adaptadas ao novo contexto e reformuladas em linguagem atual, debatendo com a literatura mais recente sobre o assunto.

Finalmente, também me parece claro que o fato de não existirem lições gerais, uma lógica comum aos filósofos ou uma teleologia imanente não impede o estudioso da história da filosofia de tentar propor alguns esquemas, certamente simplificadores e imprecisos, do desenvolvimento histórico do pensamento filosófico. Esses esquemas não têm, naturalmente, a pretensão de uma lição histórica definitiva ou de uma adequação perfeita ao que aconteceu, mas servem ao menos para orientar e alimentar nosso pensamento, auxiliando tanto na compreensão das filosofias passadas quanto na elaboração de algo como uma concepção geral da filosofia.

Entendidas como meras hipóteses de trabalho, seja histórico, seja filosófico, essas pistas podem ser seguidas para ver aonde nos levam.

2. Há uma opinião razoavelmente difundida segundo a qual os filósofos são maus historiadores da filosofia. Não é difícil perceber o que dá margem a tal opinião. Interessados em sustentar de maneira mais vigorosa suas próprias ideias, os filósofos frequentemente acabam por atribuir a outros filósofos teses que eles não sustentaram ou então se sentem compelidos a reformular seus argumentos a fim de rebatê-los com mais facilidade. Mas nem sempre é assim. Talvez se possa dizer que, mesmo se eventualmente tende a distorcer as ideias alheias, um filósofo ainda assim é capaz de lançar

luz sobre o que outro filósofo disse. Afinal, sendo ele suficientemente sagaz e tendo longamente meditado sobre o que o outro disse, é natural que suas observações, mesmo se questionáveis de certo ponto de vista, ajudem a compreender a filosofia criticada. Não há algo como a compreensão completa de uma filosofia, a ideia de uma interpretação derradeira não passando de um mito. É bem possível que, mesmo cometendo erros de interpretação, um grande filósofo seja capaz de nos fazer ver coisas que, sem sua ajuda, dificilmente seríamos capazes de enxergar. Além disso, não constituirá certa falta de modéstia declarar que um grande filósofo não entendeu outro filósofo, sobre o qual longamente se debruçou, enquanto nós o teríamos entendido? Como dizer quem realmente entendeu o que um certo filósofo disse?

O caso de Kant, a esse respeito, parece-me exemplar. Talvez se possa dizer, como muitas vezes se disse, que "Kant não entendeu Hume". Talvez se possa mesmo mostrar, por meio de uma interpretação histórica rigorosa e detalhada, seus "erros" de interpretação, alguns desculpáveis porque ele não teria lido o *Tratado*, mas outros talvez indesculpáveis para alguém de seu porte. Proceder assim, entretanto, seria um desperdício. Desperdício de tudo aquilo que Kant poderia nos ensinar, seja sobre Hume, seja, de maneira mais abrangente, sobre o ceticismo moderno, ou, mesmo, sobre a filosofia moderna. Durante cerca de dez anos, Kant calou-se para pensar profundamente sobre o desafio humeano; durante esses dez anos, Kant também meditou sobre as antinomias da razão; e até o fim da vida Kant continuou lutando contra o problema do mundo exterior, como atestam seus fragmentos póstumos. Tanto esforço concentrado durante tanto tempo por parte de um dos maiores gênios de toda a história da filosofia não poderia ser infrutífero, quaisquer que porventura possam ser os seus "erros" de interpretação. Longe de debilitar o desafio cético para responder-lhe com mais facilidade (como propunha Crisipo, que, entretanto, felizmente, não seguia seu mau conselho), Kant procurou elaborar longamente os desafios céticos.

Confesso-o francamente: eu, pelo menos, aprendi muito sobre o ceticismo moderno lendo Kant. Julgo que, mesmo reservando-nos o direito de discordar da leitura kantiana ou até da filosofia kantiana, ainda assim levar a sério o que Kant disse sobre o ceticismo moderno pode resultar extremamente benéfico. Ao menos duas ideias de Kant são, a meu ver, muito promissoras. Em primeiro lugar, Kant nos fornece uma tipologia sobre as formas do ceticismo moderno que permitem entender boa parte do que se passou desde o amplo e fundamental uso dos textos céticos por Montaigne até as inovações de Hume, a seu ver, o mais perspicaz dos céticos. Kant nos legou, como procurei mostrar no último capítulo, um esquema interpretativo do ceticismo moderno. Esse é o terceiro tipo de pista a que me referi no item anterior.

Vale a pena relembrar o esquema kantiano sobre o ceticismo moderno. Este assumiria três formas distintas. A primeira visaria à própria razão: mostrando suas contradições internas, o cético tentaria destruir nossa capacidade de estabelecer racionalmente qualquer verdade, já que a razão sustentaria igualmente tese e antítese. A segunda forma diria respeito ao entendimento e suas categorias (ou conceitos puros). Estas últimas não se aplicariam sequer ao mundo fenomênico e todo juízo seria relativo à pessoa que o julga, nas circuntâncias em que julga; seus juízos não teriam nenhuma validade objetiva sobre o mundo da experiência. A terceira e última forma questionaria a referência dos conceitos empíricos que empregamos para formular nossos juízos particulares e, assim, toda crença sobre o mundo deveria ser suspensa.

Não é preciso sustentar a distinção kantiana entre razão e entendimento ou entre conceitos puros e conceitos empíricos para ver a utilidade dessa tripartição. Além disso, mesmo se impreciso e insuficiente, o esquema kantiano lança luz sobre boa parte do que os céticos modernos estavam fazendo. Mesmo se, num certo sentido, "Kant não entendeu Hume", como querem alguns, Kant, noutro sentido, entendeu Hume muito bem. E isso vale para sua crítica a Descartes e para suas considerações sobre as antinomias modernas. Na verdade, poucos talvez tenham compreendido tão bem os diferentes desafios lançados por essas diferentes formas de ceticismo. A profundidade da reflexão filosófica de Kant tornou-o muito sensível às formas historicamente constituídas do ceticismo moderno.

O projeto mesmo deste livro tem origem nessa tripartição kantiana do ceticismo moderno. Kant identificou e respondeu a três formas de ceticismo. O historiador pode, então, se perguntar até que ponto essa identificação de três formas corresponde ao que os céticos modernos (e seus adversários) fizeram? Qual a contribuição desse esquema para a compreensão do fenômeno histórico que é a presença do ceticismo como um dos pilares da filosofia moderna? Esse esquema permite descrever e explicar, ao menos em parte, a importância do ceticismo para a filosofia moderna? Foi tentando responder a perguntas como essas que este livro surgiu. Dada a extensão do assunto, concentrei-me sobretudo em uma única forma de ceticismo moderno. Creio que o mesmo poderia ser feito sobre as demais formas: uma série de estudos sobre o ceticismo baseado na experiência e sobre o "ceticismo" cartesiano.[2]

Na introdução, sugeri que os estudos mais recentes enriqueceram bastante nossos conhecimentos sobre a história do ceticismo moderno. Hoje, conhecemos uma gama enorme de autores que, ou foram céticos, ou se preocuparam com o ceticismo, com grau maior ou menor de importância. Mas nenhum esquema novo substituiu o esquema proposto por Popkin. A meu ver, o esquema kantiano, mesmo que limitado e insuficiente, permite reavaliar o esquema de Popkin, seja para corrigi-lo, complementá-lo ou confirmá-lo no que tem de correto. Em verdade, a meu ver, ambos os esquemas têm muito em comum; isso apenas testemunha que ambos devem ter boa dose de razão. Popkin e Kant identificam uma forma de ceticismo ligada especificamente à filosofia de Descartes; ambos também chamam a atenção para uma forma empírica e construtiva de ceticismo, da qual Hume seria o grande nome; finalmente, filósofos como Montaigne e Bayle apresentariam o desafio pirrônico mais próximo de sua origem, com vasta e sistemática aplicação do método de oposição. O esquema kantiano, assim, tende a nos

---

2   De fato, essas outras duas formas de ceticismo são mais bem conhecidas do que o ceticismo que se apoia no método cético de oposição. Essa foi outra razão para concentrar-me no ceticismo baseado no método cético de oposição.

assegurar de que essa tripartição, presente no esquema de Popkin, é correta, com a vantagem adicional de delinear de maneira muito clara, rigorosa e profunda os diferentes desafios céticos.

A outra ideia importante de Kant, a meu ver, é a seguinte. Dessas três formas de ceticismo moderno, a menos importante é sua forma cartesiana. Dada a obsessão presente tanto na filosofia moderna como na filosofia analítica contemporânea com o problema do mundo exterior, não é fácil dar--se conta do alcance limitado dessa forma de ceticismo. Esse problema não atinge a razão, que continuaria a funcionar perfeitamente em face dele, nem sequer abala os conceitos mais gerais que estruturariam nosso pensamento sobre o mundo, como o de causa, mas somente diria respeito a crenças e conceitos empíricos sobre o mundo. Embora tenha ocupado extensamente muitos filósofos modernos, inclusive o próprio Kant, esse problema não pertenceria ao coração mesmo da filosofia. É preciso saber dimensioná-lo adequadamente; infelizmente, foi-lhe dada excessiva importância. Compreender o lugar exato do desafio do cético cartesiano ajuda-nos a corrigir esse erro. Curiosamente, muita interpretação de Kant, vítima da sobrevalorização do problema do mundo exterior, exagera sua importância no interior mesmo da filosofia kantiana, distorcendo sua interpretação.

Mais ainda, é preciso de um certo brilho filosófico para perceber que, no fundo, esse tipo de problema resulta de pressupostos idealistas e que o cético, longe de aderir a esse problema, é um aliado para denunciar seus pressupostos dogmáticos. O próprio Kant precisou de muita reflexão para descobrir o caráter puramente idealista, e não cético, desse problema filosófico. Ainda hoje repete-se à exaustão que se trata de um problema "cético". Mas se o ceticismo é uma filosofia da suspensão do juízo, como dizer que um problema que exige a adesão prévia a certas teses filosóficas é um problema cético? Trata-se não somente de uma ignorância sobre o ceticismo histórico, mas sobretudo de uma ignorância filosófica sobre um problema: desconhece-se como surge conceitualmente o problema do mundo exterior. A meu ver, temos muito a aprender com Kant sobre a importância, o alcance e os pressupostos do problema (idealista) do mundo exterior.

Essa é uma pista do primeiro tipo acima mencionado, desfazendo supostas conexões conceituais e apresentando uma nova maneira de conceber um problema filosófico. Talvez alguns filósofos libertem-se do preconceito contra o ceticismo quando se derem conta de que o problema do mundo exterior é estritamente idealista, não cético, e que o cético pode, inclusive, ajudar a combater o idealismo.

3. Outras pistas também foram sugeridas ao longo deste livro. Retomemos a ideia de um esquema geral para a compreensão do ceticismo moderno. Uma categoria fundamental no esquema de Popkin é a de "ceticismo fideista". Longe de pretender rejeitar essa categoria, pode-se pelo menos colocá-la sob suspeita ou dar-lhe um nome mais adequado. Os capítulos sobre Pascal e sobre os céticos franceses do século XVII mostraram a dificuldade de se falar de um "cético fideista". O alvo primordial do ceticismo é a suspensão do juízo ou a abolição das crenças, inclusive das crenças religiosas. Assim, a ideia mesma de um "ceticismo fideista" aparece como contraditória. Ou se punha em dúvida a sinceridade da fé (caso de Le Vayer) ou não estava claro se havia um ceticismo sério (caso de Foucher). De qualquer forma, é um fato que muitos filósofos tentaram combinar o ceticismo com a fé (inclusive Le Vayer e Foucher). Como entender esse fenômeno? Ora, cabe falar antes de um uso do ceticismo por aqueles que têm a fé do que de um trajeto do cético em direção à fé. Nesse uso do ceticismo, ficou bastante clara a necessidade de operar um corte seletivo no ceticismo (a circuncisão de São Gregório, como disse Le Vayer), isto é, seria preciso fazer com que os argumentos céticos não se voltassem contra as crenças religiosas. Assim, pareceria mais correto falar de um "fideismo cético", isto é, de certos pensadores, como Pascal, que entenderam que o ceticismo poderia ajudar a conduzir as pessoas à fé, como uma espécie de propedêutica à crença religiosa. Daí todo o seu esforço em usar o método cético para sua apologética,

O MÉTODO CÉTICO DE OPOSIÇÃO NA FILOSOFIA MODERNA   267

fazendo o filósofo abandonar o território da filosofia para adentar os reinos celestes da religião.[3] Em suma, a meu ver, não existe um "ceticismo fideista", mas somente o "fideismo cético".

Não devemos nos esquecer que Hume, nos *Diálogos sobre a religião natural*, cria dois personagens distintos para pensar a relação entre ceticismo e religião: Demea, o personagem religioso que representa a tradição cristã, e Philo, o personagem cético que atacará a religião (revelada ou natural). A aliança inicial que Philo estabelece com Demea, desde as primeiras páginas dos *Diálogos*, mostra quão difícil é separar o ceticismo especulativo (termo que Hume usa para caracterizar o ceticismo de Philo) e a ortodoxia cética de Demea. Essa proximidade aparente permitiria falar da história do ceticismo religioso e irreligioso. Segundo Hume, a tradição cristã sempre se associou ao ceticismo, pois, dada a ignorância da época, o ceticismo lhe caia bem; com a mudança (bem recente) dos tempos, entretanto, e o advento da ciência moderna, o ceticismo deixaria de ser útil à religião e, consequentemente, o discurso em defesa da fé teria de se adaptar aos novos tempos.

No entanto, a proximidade entre Demea e Philo é somente aparente e a aliança, no seu devido momento, se romperá. Demea pretende erigir a fé religiosa sobre o ceticismo filosófico, mas o ceticismo pode cumprir sua função filosófica somente depois de as crianças terem sido doutrinadas e suas mentes cativadas pela fé. Para Hume, somente em épocas ignorantes e com a imposição prévia da fé (ou doutrinamento), o ceticismo poderia servir a propósitos religiosos. Em suma, rigorosamente falando, no contexto cristão, em que a crença é tão importante, não haveria um ceticismo religioso, mas somente usos religiosos do ceticismo em que se explora a ignorância, isto é, um fideismo cético, sendo todo ceticismo, que seja filosófico e esclarecido, em algum sentido irreligioso.

---

3   De modo análogo, Descartes usou, no campo da metafísica e da epistemologia, o ceticismo como uma propedêutica à liberdade da mente e como uma preparação para a verdadeira metafísica. Esse uso metodológico, por assim dizer, do ceticismo se faz de uma perspectiva assumidamente dogmática. Se se fala de um "ceticismo cartesiano", é somente porque se abstrai do contexto em que esse "ceticismo" se insere.

A esse respeito, convém lembrar algo que foi dito na introdução e que pode ter passado despercebido ao leitor. Nela, foi dito que este livro estava em consonância com as tendências mais recentes da história da filosofia moderna, ao situar a metafísica e a teoria do conhecimento num contexto intelectual mais amplo que inclui questões morais, políticas, teológicas e religiosas. É certo que pouco ou nada se falou neste livro especificamente sobre moral, política e teologia. Mas sempre se teve em vista, ao discutir certas questões e certos autores, os problemas religiosos suscitados pelas discussões epistemológicas, como deve ter ficado evidente no caso dos capítulos sobre Pascal e os céticos franceses do século XVII. Embora não se tenha tido a intenção de descrever o contexto intelectual desses debates, procurou-se discutir as conexões das questões epistemológicas com a religião, abrindo uma perspectiva mais ampla.

Esse ponto me permite lembrar o papel desempenhado pelo ceticismo contra a ideia de autoridade. Um dos pontos mais importantes da Reforma foi justamente o de criticar a autoridade da Igreja católica. E não por acaso o ceticismo serviu-lhe de apoio (entre muitas outras coisas que lhe serviram de apoio) nessa rejeição da autoridade. A Contra-Reforma também usou certas ideias céticas para resistir a essas críticas. Foi, portanto, no contexto da Reforma e Contra-Reforma que a retomada do ceticismo ganhou um impulso enorme e, no centro das preocupações desse período, estava a questão da autoridade. Embora a Contra-Reforma tenha pensado que o ceticismo emprestava força à autoridade da Igreja constituída, o fato é que o pensamento cético contribuiu para a crítica do recurso à autoridade em filosofia e, em geral, no pensamento, inclusive na religião. Os capítulos sobre Montaigne e Bacon estão evidente e diretamente vinculados ao problema da autoridade, embora pouco se tenha dito explicitamente nessa direção.

Essas são pistas do segundo tipo a serem seguidas noutra oportunidade.

4. Do mesmo modo, ao longo deste livro, aludiu-se diversas vezes às relações existentes entre, de um lado, a metafísica e a epistemologia e, de

outro, a ciência moderna. Infelizmente, de fato, pouco foi dito sobre a própria ciência moderna. Aqui, como no caso da religião, o tratamento foi, por assim dizer, implícito, somente aludindo ao contexto científico. O tópico da ciência natural apareceu de maneira indireta sobretudo em dois capítulos: no capítulo sobre Bacon e no capítulo sobre Hume; também no capítulo sobre Kant algo foi dito a esse respeito. Citou-se, mais de uma vez, a passagem de Bayle em que ele diz que quase todos os cientistas estão de acordo com o ceticismo. As relações do ceticismo com a ciência moderna são múltiplas e exigiriam um estudo próprio. Como a ciência moderna, inicialmente concebida de maneira dogmática, acabou por receber uma interpretação cética? Eis uma questão muito instigante e fundamental.

Algumas pistas para esse estudo, no entanto, puderam ser vistas aqui. Bacon, mesmo que tivesse a intenção de descobrir verdades, acabou por conceder um papel crucial para o ceticismo. Esse papel não se limitava à *pars destruens*, mas também incluía a parte positiva de sua *Grande Instauração*, indo até sua quinta parte. Neste livro, em função de sua perspectiva, tratei somente do papel do ceticismo na rejeição da tradição filosófica, mas seria interessante investigar o papel exato do ceticismo na construção da nova ciência. Dessa forma, poderemos começar a entender como a ciência moderna pode receber, inclusive de um de seus primeiros e mais ardorosos defensores, uma interpretação cética. Em seguida, seria preciso examinar o legado baconiano ou como, por exemplo, a Royal Society se apropriou de certas ideias baconianas. Desde o princípio, a filosofia de Bacon recebeu ao menos duas interpretações muito diversas, ambas com boas bases textuais. De um lado, Bacon seria um dogmático, que deu pouca atenção ao ceticismo ou somente deu-lhe atenção na parte crítica; no que diz respeito à parte positiva, a concepção baconiana de ciência seria francamente dogmática. De outro lado, alguns viram na sua concepção de ciência fortes elementos céticos, a indução baconiana jamais permitindo um conhecimento de verdades sobre as coisas em si mesmas. Ora, esta segunda interpretação acabou por se impor em certos círculos, como por exemplo na Royal Society; e o próprio

Newton seria em parte, segundo alguns, herdeiro dessa concepção indutivista e da modéstia baconiana.

Hume seria o cume dessa concepção cética da ciência moderna. E parte importante da sua originalidade não reside em interpretar a ciência moderna como cética. Afinal, essa interpretação começou cedo, com pensadores como Gassendi e o próprio Bacon. Popkin, como vimos, referiu-se a essa forma de ceticismo moderno como "ceticismo construtivo". O mais interessante de Hume é que ele fez o percurso inverso: em vez de interpretar a ciência moderna como uma forma de ceticismo, ele partiu do sucesso dessa concepção de ciência (ou filosofia natural), estendendo-a para a "filosofia moral" e, em particular, para a "lógica", extraindo dela uma forma original de ceticismo. Mais do que fornecer uma interpretação cética para a ciência moderna (ao lado da interpretação dogmática), Hume foi capaz de mostrar que a aplicação rigorosa dessa ciência empírica às áreas centrais da filosofia (à "capital", como ele disse) constitui o principal argumento em defesa do ceticismo, um argumento mais forte ainda do que as tradicionais oposições céticas, que nos ocuparam ao longo deste livro. Não é que, do ponto de vista de Hume, a interpretação cética da ciência moderna seria superior à intepretação dogmática, como se ambas interpretações disputassem sobre um terreno neutro; a seu ver, a ciência moderna é intrínsecamente cética, porque desvenda a fragilidade e o estado lamentável de nosso entendimento, levando-nos ao ceticismo. A própria ciência empírica traçaria os limites para seu conhecimento, impedindo qualquer forma de dogmatismo.

Essa controvérsia, entretanto, pode encaminhar mal as discussões sobre Bacon e a ciência moderna. Discutir se a ciência moderna é dogmática ou cética pode cegar-nos para uma das suas novidades. Essas duas categorias seriam inadequadas para pensar o que os novos cientistas e filósofos estariam fazendo ao construírem essa nova ciência. Nesse sentido, uma lição a ser extraída de Bacon seria precisamente a de que, no caso da ciência moderna, não caberia mais falar da oposição entre ceticismo e dogmatismo. Essa oposição, no entender de Bacon, somente teria sentido no contexto da filosofia e da ciência gregas ou pagãs. Assim, não caberia mais chamar a ciência moderna, seja de dogmática, seja de cética. Um dogma seria uma tese sobre o mundo sustentada por um certo tipo de argumentação e imersa num certo tipo de discurso; um dogma estaria associado a outros dogmas por essa rede argumentativa e por essa construção discursiva, de modo que o conjunto levaria o nome do seu inventor. Mas a ciência moderna não procede dessa maneira. Ela não visa à sustentação de dogmas; uma teoria científica não é uma invenção pessoal; não há argumentos que a sustentem, mas experimentos; suas hipóteses devem ser aceitas pela comunidade científica e, mesmo que um cientista as proponha, resta que ela pertence à comunidade como um todo; a ciência é um empreendimento coletivo, paulatinamente construída ao longo de gerações, não o produto de uma mente individual e concebida num curto espaço de tempo; o cientista aplica com humildade um método experimental, enquanto o filósofo cederia à sua vaidade e inclinações pessoais. Para Bacon, dada essa mudança radical nos meios pelos quais se constrói a nova ciência, não caberia mais perguntar-se se a ciência é ou não uma forma de dogmatismo; e, se não o é, isso não implica que seja compatível com o ceticismo; isso quer simplesmente dizer que é uma atividade de natureza inteiramente diferente.

5. Há, nessas duas últimas pistas, um tema comum: a saída da filosofia. Se o método cético de oposição parece impedir todo conhecimento filosófico, seria preciso abandonar a própria filosofia e buscar um outro tipo de conhecimento. Abandonar a filosofia tornar-se-ia uma questão crucial. O impasse a que somos levados pelo método cético de oposição parece exigir, ao menos para alguns autores, um enorme esforço de superação da filosofia, um abandono ao menos de um certo tipo de racionalidade e a conquista de outra maneira de refletir, investigar e compreender a realidade que nos cerca. Curiosamente, o método cético de oposição serve tanto para condenar de dentro essa racionalidade filosófica, como de trampolim para essa nova maneira de conceber o mundo.

No caso de Pascal, sair da filosofia era ser conduzido (pela própria razão) para a religião, enquanto, no de Bacon, a construção de uma ciência moderna deveria substituir a filosofia pagã. Para ambos, Pascal e Bacon, o ceticismo constitui um ingrediente absolutamente central da filosofia (grega por excelência) e a posição mais coerente, dada a concepção grega de filosofia; para ambos, dada essa concepção, o ceticismo aparece como a vertente mais forte ou, ao menos, como aquela vertente que, pondo o dedo na ferida, ressalta que não se chegou, e não se chegará, a verdade nenhuma; para ambos, o ceticismo é a maneira mesma pela qual deveremos superar, por assim dizer, a filosofia de dentro da própria filosofia.

Nem todos os que sentiram o impacto do método cético de oposição, entretanto, entenderam que seria preciso sair da filosofia para encontrar uma alternativa. Talvez bastasse apresentar uma "nova cena do pensamento", que não desse margem às oposições céticas ou fazer uma "revolução" dentro da filosofia, copernicana ou não. Kant ofereceu-nos uma terceira alternativa, que se pretende distinta tanto do dogmatismo como do ceticismo: a filosofia crítica. Seria possível elaborar uma reflexão tipicamente filosófica e que, no entanto, não seria uma forma nem de dogmatismo nem de ceticismo? Eis uma questão crucial para a filosofia legada pelos modernos.

Pascal afirma que não há uma terceira alternativa, dentro da filosofia, para as alternativas cética e dogmática. Estar consciente de que o método cético de oposição também pode aplicar-se à oposição entre ceticismo e dogmatismo pode sugerir diversas coisas. Primeiro, muitos poderiam se tornar mais sensíveis ao uso peculiar que Kant fez do termo "dogmatismo", restringindo-o de maneira excessiva e arbitrária. Para Kant, seria dogmático somente aquele discurso que pretende enunciar verdades sobre as coisas em si. Mas dogmático é todo discurso que pretenda enunciar verdades que vão além do mundo fenomênico ou empírico. Se visse tentativas filosóficas como a de Kant, que se apresentam como uma terceira via, Pascal certamente diria que a filosofia kantiana não passaria de mais uma forma de dogmatismo; provavelmente, a seu ver, a filosofia crítica somente restabeleceria o dogmatismo, após o momento cético humeano, dando continuidade à perpétua oscilação da filosofia. Enunciar verdades sobre o "sujeito transcendental" ou, se se preferir, tentar fornecer a explicação correta da mente humana, investigando filosoficamente um domínio não empírico, é certamente uma forma de dogmatismo. A pretensão mesma de ir além dos fenômenos (e falar de um domínio transcendental) é uma confissão de dogmatismo no sentido mais correto dessa palavra. Se, como Pascal, entendermos que, em filosofia, não há alternativas senão entre ceticismo e dogmatismo, teremos de proclamar a tentativa kantiana de "dogmática". E, a meu ver, com razão.

Pascal sugere ainda outra pista interessante. Se, de um lado, o empate entre ceticismo e dogmatismo parece constituir a vitória do ceticismo, pois o equilíbrio é "a essência da cabala", como ele diz, de outro, esse mesmo equilíbrio mostra que o ceticismo não pode arrogar-se uma vitória final em sentido nenhum, pois o dogmatismo é igualmente forte e sempre renascerá. O cético deve ater-se estritamente à sua modéstia, sem jamais pretender dizer que o ceticismo é o resultado racional da filosofia, que o ceticismo leva às últimas consequências a postura racional da filosofia, que o cético é o único filósofo que se mantém fiel ao princípio filosófico da argumentação dos dois lados de uma questão. Se Pascal tem razão e é preciso aplicar o método de oposição inclusive à oposição entre céticos e dogmáticos, noutras palavras, se o método de oposição não se restringe às oposições dogmáticas, mas abrange todas as oposições filosóficas, então o cético deveria incluir-se no desacordo generalizado e, mesmo se permanecer cético, não deveria pensar que está em qualquer posição privilegiada.

A meu ver, sobre a impossibilidade de autoproclamar-se o mais racional e coerente dos filósofos, Pascal tem razão. Seria precipitado e arrogante da parte do cético pretender alguma superioridade em relação ao dogmático. No entanto, Pascal não teria razão sobre a necessidade de pular fora do barco da filosofia ou recorrer à fé e à religião. Essa passagem, parece-me, é inteiramente ilegítima. O cético poderia permanecer um cético, porque sua posição tampouco é inferior à do dogmático e, como o próprio Pascal insiste, o equilíbrio "é a essência da cabala".

Poder-se-ia, então, fazer como Hume e propiciar "uma nova cena do pensamento", na qual as oposições não teriam esse impacto paralisador da razão? Seria possível uma filosofia empírica, na qual os desacordos seriam superados? Num certo sentido, Montaigne com sua pesquisa da diversidade das formas de vida humana, Bayle com sua pesquisa histórica das vidas e ideias, Hume com sua ciência da natureza humana, cada um deles à sua maneira continuou a tarefa filosófica com mais modéstia e cautela, limitando-se a uma investigação empírica, sem pretensões ao conhecimento absoluto ou à investigação de um domínio não empírico. Seria essa uma solução para neutralisar o impacto do método cético sobre ao menos uma certa maneira de filosofar? Deve a filosofia converter-se numa investigação empírica sobre o mundo cotidiano e sobre as vidas comuns dos homens?

6. Voltemos a Bacon, que ainda nos fornece outras pistas. Uma delas é sobre o que significa a investigação, a *zétesis*, cética. O cético, como os demais filósofos, busca a verdade. O que o diferencia dos demais filósofos é que, não a tendo encontrado, ele continua a buscá-la; os demais teriam interrompido sua investigação, seja porque encontraram a verdade que buscavam, seja porque desistiram de encontrá-la. No entanto, a busca, em si mesma, não diferencia o cético do dogmático: ambos buscam a verdade da mesma maneira; todos os filósofos, céticos ou dogmáticos, buscariam a verdade empregando procedimentos similares.

E de que maneira se dá essa busca da verdade? Como os céticos investigam a verdade? Eis o que Bacon nos mostra com todas as letras. O objeto da investigação cética são os discursos dogmáticos. Se quer descobrir a verdade sobre o mundo, um cético não se põe a examinar o mundo, mas sobretudo a ler e ouvir o que os dogmáticos escrevem e dizem sobre o mundo. Nisso, sugere Bacon, os céticos não diferem muito dos dogmáticos, pois também estes pouco dirigem seu olhar para o mundo quando tentam descobrir verdades

O MÉTODO CÉTICO DE OPOSIÇÃO NA FILOSOFIA MODERNA   275

sobre ele. Montaigne já reclamava da mesma coisa, ao dizer que escrevemos mais livros sobre livros do que sobre as coisas, que seria preciso "voltar às coisas elas mesmas". Segundo Bacon, para sair da filosofia (seja cética ou dogmática), é preciso substituir o modo pelo qual investigamos a verdade.

Ora, essa queixa se tornou tão habitual que esquecemos de seu significado. (Essa é, portanto, uma pista do segundo tipo.) Achamos, corretamente, que ela vale contra o aristotelismo e que, uma vez este superado, não mais corremos o risco de incidir no mesmo erro dos aristotélicos. Mas se o aristotelismo abusava dos livros de Aristóteles (não somente como autoridade a ser respeitada, mas como o lugar em que a verdade deveria ser procurada), isso não significa que a crítica não poderia ser estendida a outros pensadores. Uma das ideias de Bacon é que, no final das contas, com algumas honrosas exceções (Demócrito, por exemplo), o pensamento grego como um todo era passível da mesma crítica: ninguém olhava para o mundo com um olhar perscrutador. Quando os empiristas observavam algo aqui e ali, era somente de maneira um tanto casual, com repetições da mesma observação e sem um método poderoso de investigação que poderia levar a novas descobertas. Em particular, mesmo os céticos, que tanto criticavam os procedimentos dogmáticos e apontavam as limitações dessa forma de filosofia, não seriam capazes de se libertar dela: também eles somente refutavam o dogmatismo de dentro do dogmatismo sem abrir a porta a novas formas de inquirir a natureza.

Em filosofia, é preciso, às vezes, redescobrir velhas verdades e perceber sua importância. Creio que o que Bacon diz sobre céticos e dogmáticos se aplica a como muitos de nós, hoje, fazemos filosofia: nós lemos livros e nada mais fazemos exceto ler livros. No caso de a atividade filosófica ser a de historiador da filosofia, é difícil imaginar como isso possa ser diferente. De fato, a maioria de nós dedica-se a estudar e compreender o passado filosófico; portanto, esses entre nós basicamente leem (ou deveriam ler) pilhas de livros, dos filósofos e dos comentadores. Nesse caso, a meu ver, a história da filosofia é uma espécie de ciência empírica e os textos são nossas fontes para descobrir o que os filósofos pensaram. Ler um livro é uma forma de olhar para o mundo. O capítulo sobre Bayle mostrou como o princípio cético de oposição deve orientar nossa interpretação do passado.

E os que estão interessados em desenvolver uma reflexão pessoal? O que, em geral, faz boa parte desses filósofos nas últimas décadas senão inventar argumentos para defender teses filosóficas tendo em vista exclusivamente o que outros filósofos dizem? Sua única referência é a própria filosofia. Assim como para os historiadores da filosofia, também para aqueles que filosofam, realizar uma investigação filosófica é debruçar sobre livros e mais livros, consultar as revistas em busca dos artigos mais relevantes, eventualmente ir a um colóquio ouvir o que outros filósofos têm a dizer. Assim, a maioria dos que filosofam voltou a uma concepção de filosofia que havia sido abandonada em nome de outra forma de investigação sobre o mundo. Sustentar ou rejeitar teses sobre como o mundo é dependeria apenas de argumentos abstratos que encontramos nos livros e nas revistas de filosofia. Essa maneira atual de filosofar entenderia que a tarefa da filosofia é pesar os argumentos já empregados, elaborar talvez um argumento novo ou inventar uma tese original.

Mas o filosofar não se confunde com a atividade do historiador da filosofia, talvez não porque a filosofia não seja uma ciência empírica (como a história da filosofia o é) e, neste caso, somente ler livros talvez não baste. Para o filosofar, ler um livro não é uma fonte (um dado empírico, por assim dizer) ou uma maneira de descobrir o que um filósofo pensou, mas tem um papel muito diferente: deve ser um meio para ajudar a pensar por conta própria. Não quero dizer com isso que uma reflexão filosófica exclusivamente autorreferencial, por assim dizer, não tenha valor. Alimentar-se de outros livros certamente continua a ser uma atividade central do filosofar. O próprio Bacon reservava um papel importante para a reflexão filosófica, embora esta não tenha um papel especial para o conhecimento científico do mundo. No entanto, parece estar novamente em voga a ideia de que o filosofar se esgotaria nessa autorreferencialidade, nessa trama que se teceria entre livros e artigos. Mas se a filosofia deve contribuir para o conhecimento geral do mundo, então somente ler livros e revistas especializadas da área não basta. Os wittgensteinianos, ao menos, não diziam que o resultado da filosofia seria um conhecimento do mundo e os quineanos, por sua vez, propuseram uma continuidade entre as ciências e a filosofia, de modo que, numa visão filosófica mais abrangente, seria preciso também levar em conta os resultados científicos.

7. Creio que muitas outras pistas poderiam ser seguidas, como estas duas: até que ponto cabe efetivamente falar da igualdade de força entre dois argumentos contrários? E será mesmo correto atribuir ao método de oposição tanta força assim? Como vimos, a primeira é suscitada sobretudo por Montaigne, que a discute em diversas ocasiões; a segunda, por Hume, que a discute nos mais diversos assuntos, restringindo seu alcance. Não é o caso de indicar como essas pistas poderiam ser exploradas. Creio que já se disse o suficiente para tentar mostrar a fecundidade dos estudos históricos, seja para aprofundar uma compreensão mais geral das filosofias passadas, respeitando a riqueza particular de cada uma delas, seja para estimular a reflexão pessoal em face de certos problemas que cada um pode considerar como prementes. Porque, no final das contas, embora não se confunda com ela, a filosofia não se desvincula de sua história.

Memorial

Concurso de livre docência

"É necessário agora que eu diga que espécie de homem sou.
A constituição inteira de meu espírito é de hesitação e de dúvida."

Fernando Pessoa, *O eu profundo*

"And these tend inward me, and I tend outward to them,
And such as it is to be of these more or less I am,
And of these and all I weave the song of myself"

Walt Whitman, *The song of myself*

Observações iniciais

"É difícil para um homem falar longamente de si mesmo sem vaidade: portanto, serei breve." É assim que David Hume começa seu *My Own Life*. E, de fato, foi breve. Sua vida, diz ele, consistiu fundamentalmente em ambições e ocupações literárias, de modo que lhe bastou narrá-las com sinceridade. Sem ser tão breve como eu gostaria, pois as exigências acadêmicas são múltiplas, espero ao menos não ser muito enfadonho.

Um memorial é uma espécie de autobiografia intelectual, um momento em que se lança um olhar para trás e se tenta atribuir um sentido preciso a uma trajetória, às vezes errática, às vezes com um rumo razoavelmente consciente e explícito. É inevitável relatar alguns fatos talvez desinteressantes e recuperar, na medida do possível, coisas embotadas pelo tempo, mas o mais importante será usar essas memórias para tentar elaborar uma reflexão filosófica, embora incipiente, sobre minha experiência acadêmica. Michael Frede, em memorável artigo intitulado "Memorismo", mostra que essa tradição grega foi vencida pela tradição racionalista, cujos principais representantes seriam Platão e Aristóteles. Segundo o racionalismo, toda e qualquer reflexão é feita por uma inferência da razão e, à memória, caberia somente o papel de recuperar fielmente o passado. A tradição memorista, ao contrário, entende que a memória tem também uma função inferencial: nós *raciocinamos* com base em nossas memórias; seria um preconceito racionalista julgar que somente a razão é capaz de fazer inferências. E Frede lembra, com razão, que o cético pirrônico Sexto Empírico, aceitando o signo rememorativo, inscreve-se nessa tradição memorista, assim como, muitos séculos depois, o cético Hume também o fará, ao dizer que a inferência causal se deve ao hábito, isto é, um princípio derivado das repetições observadas e da experiência passada. Guardadas as devidas proporções, espero que este memorial consiga exemplificar a capacidade de a memória produzir reflexões e inferências que nos orientem em nossa vida prática e faça um pouco de justiça filosófica aos vencidos.

Não há um episódio especial em minha vida que tenha determinado meu interesse pela filosofia ou um acontecimento que teria me marcado definitivamente para a filosofia. Por exemplo, não cai de um cavalo como Montaigne, nem levei um tombo como Rousseau, nem, ainda, sofri uma queda da escada como Vico, experiências essas que foram a ocasião de muitas reflexões filosóficas profundas e instigantes em seus textos autobiográficos. Tampouco posso relatar episódios como os de Malebranche, que, ao ler o *Tratado do homem* de Descartes, sentiu palpitações; ou o de Nietzsche, que, ao ver o *Mundo como vontade e representação* de Schopenhauer exposto numa vitrine, teria sentido um impulso incontrolável para comprá-lo. Essas relações especiais com livros clássicos também foram relatadas por filósofos mais recentes. R. G. Collingwood, em sua autobiografia, relata que aos 8 anos teria lido a *Fundamentação da metafísica dos costumes* de Kant e o biógrafo de Alfred J. Ayer conta que ele, durante uma febre em viagem à África, teria finalmente compreendido toda a força da *Crítica da razão pura*, mas, quando a febre passou, essa compreensão do pensamento kantiano também teria se desvanecido... Minha experiência pessoal seguiu o caminho comum daqueles que passam pela universidade sem grandes sobressaltos. Formação, docência e pesquisa, todos esses tópicos acham-se indissoluvelmente ligados aos hábitos e ao cotidiano de uma vida na academia. Espero, no entanto, conseguir algo similar ao que diz Walt Whitman: "Não com palavras rotineiras este canto de mim mesmo/ Mas abruptamente questionar, saltar adiante, contudo trazer mais perto."

O MÉTODO CÉTICO DE OPOSIÇÃO NA FILOSOFIA MODERNA   285

Este memorial é uma ocasião importante para realizar aquilo que Sócrates recomendava como a principal atividade do filósofo: examinar-se a si mesmo; a seu ver, uma vida sem consciência não vale a pena ser vivida. É preciso, pois, se se é filósofo, ganhar consciência do que se faz. Pierre Hadot, em seus estudos da filosofia antiga, insistiu na ideia de "exercício espiritual", de que mesmo os textos mais teóricos teriam uma finalidade prática, e lamentou que a filosofia, em nossos dias, tenha perdido essa característica. Embora também vise a produzir um sentido teórico preciso sobre minha carreira acadêmica, este memorial deve ser entendido antes como uma *atividade* filosófica na qual a reflexão teórica se vincula estreitamente com a vida na qual essa mesma reflexão se insere. Não há exagero em dizer, com Hadot, que a filosofia no mundo acadêmico distanciou-se da vida. Não se devem, contudo, dissociar vida e filosofia. Este memorial, portanto, deve promover a reaproximação de uma reflexão filosófica com uma vida em boa parte dedicada à academia e à filosofia. Nem se deve ignorar a contribuição que a filosofia pode dar para melhorar nossas vidas. Consequentemente, este memorial deve contribuir para o aperfeiçoamento de minhas atividades filosóficas e de minha própria vida, depois de examiná-las da maneira mais ampla e aberta que me é possível.

Formação

Peter F. Strawson, em sua *Autobiografia intelectual*, diz que sempre pensou "a grande poesia como a maior das realizações humanas" e confessa que, "se eu pudesse ter escolhido meus talentos, teria escolhido ser poeta." Reconhecendo, entretanto, não ser um "versificador competente", acabou enveredando pela filosofia. E Willard van Orman Quine, na *Autobiografia de W. V. O Quine*, diz que ganhou um concurso de poesia na escola, chegou a considerar a carreira de escritor, mas "meu interesse autêntico não era literário". De maneira não muito diferente, fui estudar filosofia porque pensava que esta poderia ajudar-me a entender um certo tipo de literatura de que já eu gostava na juventude e que me tem acompanhado ao longo de toda a vida. Em 1981, na hora de inscrever-me para o vestibular, segui a opinião de um amigo mais velho e que cursava Letras, José Alfredo dos Santos Abrão: ele pensava que o curso de Filosofia, mais do que o de Letras, poderia dar-me a formação adequada para entrar no mundo da literatura e suas ideias. De acordo com ele, as matérias filosóficas que não dissessem respeito à literatura seriam pelo menos mais interessantes em si mesmas do que as de Letras, como morfossintaxe (esse era seu exemplo favorito). Segui seu conselho, que me parecia sensato.

Anos depois, encontrei em Hume uma defesa similar da filosofia:

> A maior parte da humanidade pode ser dividida em duas classes, a dos pensadores *rasos*, que ficam aquém da verdade, e a dos pensadores *abstrusos*, que vão além dela. A última classe é de longe a mais rara e, posso acrescentar, de longe a mais útil e valiosa. Eles, pelo menos, oferecem pistas e levantam dificuldades para as quais talvez lhes falte habilidade para resolver, mas que podem produzir belas descobertas quando lidadas por homens que têm uma maneira mais justa de pensar. No pior dos casos, o que eles dizem é incomum e, se custa algum esforço entendê-los, tem-se, contudo, o prazer de ouvir alguma coisa nova. Não se deve estimar um autor que nada diz exceto o que se pode aprender em qualquer conversa de bar.

Como Hume, nunca tive a impressão de que os devaneios dos filósofos seriam desprovidos de interesse por irem muito além da verdade, isto é, da vida comum e experiência, entrando, como ele diz noutro texto, "na terra da fantasia"; ao contrário, parece-me que os filósofos mais profundos, como Malebranche, Leibniz e Berkeley, não temem extrair as consequências menos plausíveis de seus princípios. É nessa fidelidade a seus princípios e na coerência de suas ideias que, a meu ver, reside sua força filosófica e seu poder sedutor. Um filósofo que hesita diante das consequências inevitáveis e da força de seus princípios ou que teme ferir opiniões comuns sempre me pareceu menos instigante e, num certo sentido, menos filósofo. Aventurei-me, pois, nesse mundo estranho e fantasioso, mas profundamente rico e sugestivo, da filosofia.

A verdade é que, à parte uma disciplina sobre tragédia grega com a professora Filomena Hirata, de que me lembro vivamente até hoje, pouco ou nada estudei de literatura ou sobre a relação entre filosofia e literatura. Em compensação, recebi uma sólida formação em história da filosofia. A meu ver, um bom curso de graduação necessariamente contempla de maneira significativa o desenvolvimento da filosofia ao longo do tempo. É importante que o aluno receba uma visão ampla de diversas correntes filosóficas, bem como adquira conhecimento detalhado de algumas filosofias mais relevantes. Situamo-nos sempre com relação a algumas dessas filosofias clássicas e diante delas nos posicionamos. Além disso, ter uma visão histórica adequada da formulação e reformulação dos problemas filosóficos (ou mesmo de seu eventual abandono) é indispensável para o bom filosofar. Seria uma ingenuidade pensar que os problemas filosóficos têm existência autônoma, objetiva ou independente do contexto e da linguagem em que foram formulados. Antes de procurarmos responder a esses problemas, cabe entender como se formou o vocabulário filosófico e como os filósofos colocaram suas questões. O respeito pelo passado, a compreensão das rupturas e continuidades das linhas filosóficas, a consciência da história das idéias ocidentais, da lenta e laboriosa evolução do pensamento, são aquisições fundamentais, não somente para um filósofo, mas para qualquer pessoa culta. Ao compreender assim o passado filosófico, o aluno aprende a ter um cuidado especial na leitura dos textos e no trato das idéias alheias, assim como desenvolve a modéstia indispensável na reflexão e juízo próprios. Julgo que a graduação me ensinou isso.

Essa formação que recebi na graduação foi complementada pela Iniciação Científica, que, por volta de 1984, ainda era algo raro. Meu orientador foi Oswaldo Porchat, que me propôs estudar Hume. Após seis meses de elaboração, o projeto foi enviado à FAPESP, que o aprovou. Ainda no primeiro ano de meus estudos com Porchat, Roberto Bolzani Filho se juntou a nós para fazer seu mestrado sobre ceticismo antigo. A bolsa durou dois anos e ainda continuei trabalhando mais uns bons meses sem bolsa, de modo que, no total, foram cerca de 3 anos estudando na graduação sob a orientação de Porchat. De fato, durante anos, fizemos seminários semanais, que só foram interrompidos quando terminei meu doutorado, em 1991.

A iniciação científica certamente reforçou e aprimorou minha formação de historiador da filosofia, proporcionando-me a disciplina, a paciência e o treinamento para a pesquisa acadêmica, num nível que a graduação naturalmente não pode dar. Eu jamais havia lido textos com tanta atenção e rigor, jamais havia imaginado que a tarefa de entender o significado explícito de um texto filosófico se revela muito mais difícil e laboriosa do que a tentativa de captar aquilo que o texto poderia querer dizer além do que de fato diz. Fui treinado por Porchat a interpretar uma filosofia segundo as regras do método estrutural, mas ele não me ensinou a filosofia estruturalista. Porchat me ensinou o que hoje eu entendo ser uma técnica de leitura que me parece indispensável para a tarefa do historiador da filosofia. Procuro, nas minhas atividades docentes e de orientação, transmitir essa técnica de leitura a meus alunos e orientados. Essa técnica, a meu ver, é anterior e independente de qualquer método de interpretação (no sentido rigoroso do termo). Num certo sentido, quase tudo que aprendi na filosofia aprendi com Porchat ou por causa da formação que ele me deu. Não tenho sequer como começar a dizer tudo o que lhe devo. Até hoje continuo aprendendo com ele.

A formação filosófica é longa e exige uma maturação que somente pode ser adquirida na pós-graduação. Imediatamente após o término da graduação, iniciei o mestrado, porque nunca tive dúvidas sobre o caminho a seguir, que, de resto, já estava aberto pela iniciação científica. Graças a ela, eu ingressava no mestrado com o trabalho bastante adiantado. Não somente eu tinha um projeto bem definido, como as leituras principais estavam feitas e uma hipótese interpretativa, delineada.

Quando terminei a redação da dissertação de mestrado, Porchat abriu uma possibilidade inesperada: passar direto para o doutorado. A transformação da dissertação de mestrado em tese de doutorado levou quase dois anos. As mudanças no texto foram substanciais. A conclusão da dissertação era composta de, no máximo, dez ou doze páginas. Essas poucas páginas viraram a parte 2 da tese de doutorado, com cerca de cento e cinqüenta páginas. Era preciso desenvolver em detalhe uma interpretação somente esboçada; era preciso discutir minuciosamente os comentadores; era preciso separar os diversos temas relevantes (como realismo, naturalismo e empirismo) e mostrar, em cada um deles, como a interpretação proposta se desdobrava; era preciso articular explicitamente a relação de Hume com as duas formas de ceticismo grego. Tudo isso custou-me trabalho, mas um trabalho necessário, a saber, o trabalho que separa uma dissertação de mestrado de uma tese de doutorado. Defendi o doutorado em agosto de 1991.

Ainda durante a pós-graduação, recebi uma bolsa de estudos por dois anos para integrar o quadro de formação de jovens pesquisadores do CEBRAP. Essa foi uma experiência relevante, porque, levando-me a ler uma série de pensadores de outras áreas e a entrar em contato com pesquisadores de formação distinta da minha, proporcionou-me um conhecimento razoável de vários assuntos das humanidades. Li Weber, Parsons, Lévi-Strauss, Freud, Robert Dahl, Schumpeter, Przerworski, Sartori, Joaquim Nabuco, entre outros. Foi, também, a ocasião de conhecer mais de perto a maneira de trabalhar de José Arthur Giannotti, com quem tive a oportunidade de conversar várias vezes sobre filosofia. Data dessa época minha amizade com Cícero Romão Araújo, pois não somente tínhamos muitos interesses filosóficos comuns, como houve uma afinidade pessoal entre nós. Cícero sempre mostrou uma rara retidão intelectual, sendo capaz de separar o lado pessoal e o lado profissional. Além disso, a bolsa me permitiu terminar o doutorado.

Em suma, tendo recebido a formação de um historiador da filosofia, tornei-me um especialista em Hume. Mas, mesmo naquele momento, com o diploma de doutor em mãos, ainda me parecia que minha formação estava incompleta. Eu sentia um certo incômodo. Qual? Por que estaria eu ainda insatisfeito? E o que exige uma formação completa em filosofia?

Embora eu tivesse *estudado* diversos filósofos modernos (como Descartes, Malebranche e Berkeley) e os céticos antigos, Hume fora sempre o único autor a ser *pesquisado* por mim. Meu incômodo seria causado pela especialização precoce? Esse é um medo legítimo, um problema que muitos veem na formação atual, na qual o aluno, já na graduação, em virtude da iniciação científica, não adquire um conhecimento amplo da filosofia, mas já envereda por um caminho muito determinado. Eu, de fato, enquadrava--me mais ou menos nessa descrição da especialização precoce. Mas meu problema, parecia-me, não era ter uma especialização *precoce*. O problema principal, como eu pensava já naquela época, residia no fato mesmo de ser um *especialista*. Enquanto a filosofia sempre se caracterizou como uma visão *geral* sobre as coisas, eu sentia que se exigia de mim uma visão cada vez mais estreita. Parecia que eu ia contra a idéia mesma de filosofia ao me restringir a um autor ou tema específico. Eu sentia necessidade de estudar mais profundamente outros autores e períodos, de ampliar meus estudos e de adquirir uma visão mais geral da filosofia e do mundo.

Outra parte significativa desse meu incômodo, ligada à anterior, dizia respeito a ter uma formação basicamente de historiador da filosofia e não conhecer quase nada das questões atuais da filosofia. Creio que, fora uma disciplina sobre a escola de Frankfurt com a professora Olgária Chain Féres Matos e a de filosofia da ciência com o professor José Raymundo Novaes Chiappin, em nenhuma outra disciplina, salvo engano, eu estudei autores do século XX. Eu achava que deveria remediar essa lacuna em minha formação. Lembro-me de que Celso Favaretto, após ler um texto meu de duas páginas, quando eu ainda era um aluno de primeiro ano da PUC-SP, me disse que eu nunca deveria deixar de refletir por conta própria. Foi outro conselho sábio decisivo na minha formação.

Assim, duas considerações opostas me pressionavam. De um lado, eu não queria afastar-me completamente de minha formação, pois era o que eu sabia fazer e a história da filosofia sempre me pareceu fascinante, mas, de outro, eu entendia que deveria ampliar minha formação e conhecer a fundo ao menos parte da filosofia contemporânea para que eu pudesse filosofar por conta própria. Assim, para satisfazer, na medida do possível, essas duas pressões, decidi pesquisar, como tema da bolsa de recém-doutor em São Carlos (1992), a filosofia de Wittgenstein, concentrando as atenções em seu último "livro", *Sobre a certeza*, que tratava de assuntos ligados ao ceticismo, à teoria do conhecimento e à filosofia moderna. Ressalte-se aqui a continuidade entre meus estudos de teoria moderna do conhecimento e meus estudos de teoria contemporânea do conhecimento, já que esta sempre (ou quase sempre) dialoga com as teorias modernas. Mais do que isso, boa parte dos textos que escrevi sobre filosofia contemporânea ou mesmo de reflexão pessoal estão diretamente baseados em meus conhecimentos de filosofia moderna. Num certo sentido, creio que é impossível, em filosofia, dissociar plenamente o que cabe a um estudo histórico e o que cabe a uma reflexão mais sistemática, já que os dois ingredientes estão sempre presentes. Nos meus primeiros anos de docência, eu ainda dava alguns cursos sobre filosofia contemporânea, buscando corrigir aquilo que me parecia como uma deficiência em minha formação.

Nesse sentido, cabem, ainda, algumas palavras sobre o pós-doutorado na Universidade de Oxford, de março de 1997 a fevereiro de 1998. Oxford era uma boa escolha por duas razões: primeira, eu poderia estudar Wittgenstein com Gordon Baker e Peter Hacker, com quem eu já havia entrado em contato em visita anterior, e eu poderia discutir ceticismo antigo com Michael Frede, que ainda ensinava lá; segunda, e mais óbvia, o ambiente acadêmico era muito propício para os estudos. De fato, Gordon Baker e Katherine Morris (sua esposa e também professora da Universidade de Oxford) foram os principais interlocutores durante o estágio pós-doutoral. Nos últimos meses, encontrávamo-nos semanalmente para discutir Wittgenstein e também Descartes. Segui aulas de Hacker sobre Wittgenstein e várias vezes encontrei-me com ele. Acompanhei diversos cursos. Nesse ano, Frede ministrou um curso de pós-graduação sobre Plotino; Myles Burnyeat, um sobre Platão; Dominik Perler, sobre a noção de "realidade objetiva" de Tomás de Aquino a Descartes; Tom Stoneham, sobre Berkeley; e Quassim Cassam, sobre Kant. Participei, ainda, de um colóquio sobre argumentos transcendentais em Sheffield, onde conheci Barry Stroud. Entre as leituras, estava o longo e minucioso debate entre Arnauld e Malebranche. Atualizei-me sobre Hume, lendo artigos e livros a seu respeito. Conheci Anita Avramides e discuti com ela capítulos de seu livro *Other Minds*, naquela época ainda em preparação, em particular os capítulos sobre ceticismo antigo e Malebranche. Creio que o término de meu pós-doutorado marcou o fim de minha (longa) formação.

Em suma, há dois momentos distintos na minha formação. Num primeiro momento, recebi uma formação de historiador da filosofia, desde a graduação até o doutorado. Em seguida, procurei adquirir, já por conta própria, uma formação em filosofia contemporânea, preparando-me para o filosofar, mas sem jamais deixar de lado meu trabalho como historiador da filosofia. Uma formação mais sólida em filosofia exige, portanto, não somente o conhecimento histórico e a capacidade de interpretação, mas também o domínio das questões atuais e a capacidade de reflexão e avaliação de teses e argumentos filosóficos. Sem esses dois lados bem desenvolvidos, parece-me, haverá alguma deficiência importante na formação de um filósofo.

Como se pode ver, minha formação exigiu uma mudança importante de perspectiva e um esforço complementar que me custou anos. Eu gostaria de poder dizer a meu respeito o que Borges, ainda na sua *Autobiografia*, ao terminar o capítulo anterior ao capítulo sobre a maturidade, disse de si mesmo: "Para resumir esse período de minha vida, sinto-me em total desacordo com o jovem pedante e um tanto dogmático que fui." Mas não posso. E não somente porque o desacordo comigo mesmo não foi total, já que se tratou mais de adquirir novos conhecimentos e desenvolver novas capacidades, mas também (e sobretudo) porque sempre tive a tendência a ser muito afirmativo.

Docência

Bento Prado Jr., que estivera em minha banca de doutorado, convidou-me para fazer um pós-doutorado em São Carlos. Em 1992, obtive uma bolsa de recém-doutor do CNPq. Entusiasmado, comecei a dar aulas, auxiliando Bento, para cerca de dez alunos de pós-graduação. No primeiro semestre, as aulas versavam sobre as *Meditações* de Descartes e, no segundo, sobre a *Crítica da razão pura* de Kant. Nós dávamos aulas a quatro mãos. Eu passava a semana preparando a aula, ia a São Carlos de véspera, discutia a aula com Bento e depois íamos juntos de carro. Às vezes, eu dava aula sozinho, às vezes só ele, às vezes cada um ficava com uma metade da aula; o fato é que um sempre fazia comentários durante a exposição do outro e a responsabilidade das aulas eram divididas. Essa foi uma experiência excelente. Sou muito grato a Bento. De um lado, em nossas longas e constantes conversas, Bento me ensinou muita filosofia, com seu espírito aberto, inteligente e investigativo; de outro, com seu exemplo, ensinou-me a atitude fundamental num professor, a de escutar pacientemente um aluno, procurando entender qual seria sua dificuldade, antes de tentar respondê-la. Talvez se possa dizer de Bento o que Borges, em sua *Autobiografia*, disse de Macedonio Fernández: "O verdadeiro Macedonio estava na conversa." Pouco adiante, continua Borges: "Antes de Macedonio eu sempre havia sido um leitor crédulo. O maior presente que me deu foi ensinar-me a ler com ceticismo." Como eu já tinha aprendido ceticismo com Porchat, posso dizer que o maior presente que Bento me deu foi aprender a ouvir os alunos. Esse esforço para colocar-me no lugar deles antes de poder oferecer-lhes uma resposta, esse cuidado para entender a perspectiva deles e essa atenção para suas necessidades foram fundamentais para minha vida docente e para minhas concepções sobre o ensino da filosofia. Depois de terminada a bolsa, voltei com prazer muitas vezes a São Carlos. Até hoje gosto de me lembrar desse período de minha vida.

Após um ano de bolsa de pós-doutorado em São Carlos, prestei concurso na UFPR, fui aprovado e obtive a vaga de professor. Mudei-me no começo de 1993. Naturalmente, a atividade mais importante na UFPR foi ter lecionado por muitos anos para alunos de graduação: planejar um programa, preparar aulas, coordenar seminários, corrigir trabalhos e provas. Os programas das disciplinas foram muito variados. A primeira disciplina tratou de Descartes. Depois, vieram disciplinas sobre um autor específico, como Montaigne, Berkeley e Hume, ou sobre filosofia moderna em geral, incluindo autores como Malebranche e Locke, ou sobre um tema da filosofia moderna, como percepção e conhecimento do mundo exterior, de Descartes a Kant. Mas também ministrei disciplinas sobre filosofia e epistemologia contemporâneas: Wittgenstein; filosofia da mente; introdução à filosofia analítica (Carnap, Ryle, Austin, Strawson); o problema do conhecimento e da justificação. Voltando do pós-doutorado em Oxford, lembro-me de ter dado um curso sobre ceticismo antigo.

Em 2001, a Universidade São Judas Tadeu (USJT) convidou-me para implementar aquele que viria a ser o seu primeiro Programa de Pós-graduação *stricto sensu*. Os programas das disciplinas que ministrei na graduação da USJT incluem: Hume; a presença do ceticismo na filosofia moderna; Kant; Leibniz; a filosofia moderna: empirismo e racionalismo; Wittgenstein e o argumento da linguagem privada; teoria analítica do conhecimento; Austin, Strawson, Quine e Davidson.

Em 2009 voltei à universidade pública, tornei-me professor de Teoria do conhecimento da UNIFESP. De fato, tanto minha formação como historiador da filosofia moderna, quanto meus estudos sobre filosofia analítica contemporânea sempre giraram em torno das principais questões da Teoria do Conhecimento: o problema do mundo exterior, das outras mentes, da indução, da percepção, da justificação (fundacionismo e coerentismo), da verdade etc. Passei a ensinar regularmente a disciplina obrigatória Teoria do Conhecimento. A princípio, de um ponto de vista mais histórico, os alunos deveriam estudar sobretudo o surgimento da ciência moderna e as reflexões filosóficas a seu respeito, em particular em filósofos como Bacon, Descartes e Hume. Em seguida, fiel à ideia de uma disciplina temática, insisti mais nas questões básicas da Teoria do Conhecimento: o que é conhecimento, as teorias da verdade, as teorias da justificação, holismo, epistemologia naturalizada, relação entre enunciados teóricos e observacionais, entre outras.

Eu gostaria de tecer algumas reflexões sobre minha atividade de docência e de como fui abandonando certas ideias e substituindo-as por outras com base nessa minha experiência descrita sumariamente nos parágrafos anteriores.

Há uma longa tradição na filosofia de discutir seu ensino. Os estoicos, por exemplo, debatiam qual a melhor ordem para ensinar seu sistema, composto de três partes: a lógica, a física e a ética. Infelizmente, já há algum tempo, parece haver um divórcio entre a preocupação pedagógica com a filosofia e a preocupação filosófica com o ensino. Como bem notou Hannah Arendt,

> a Pedagogia transformou-se em uma ciência do ensino em geral a ponto de se emancipar inteiramente da matéria a ser ensinada. Um professor, pensava-se, é um homem que pode simplesmente ensinar qualquer coisa; sua formação é no ensino, e não no domínio de qualquer assunto particular.

Arendt tem completa razão em insistir que a competência pedagógica é inseparável do conteúdo a ser ensinado. Somente quem conhece, por exemplo, matemática ou biologia pode tornar-se professor de matemática ou biologia. A meu ver, o mesmo vale para a filosofia: somente quem conhece filosofia pode ser um bom professor de filosofia.

De outro lado, também se acreditou que somente o conhecimento da matéria a ser ensinada seria suficiente para garantir o bom professor. Se alguém domina um determinado assunto, então esse domínio do conteúdo bastaria para dar uma aula de qualidade. Esse parece-me o erro inverso e complementar daquele apontado por Arendt. A meu ver, essa crença está disseminada em nosso meio filosófico. A separação entre conteúdo e forma, portanto, se daria dos dois lados: a pedagogia pensa a forma sem o conteúdo; a filosofia pensaria o conteúdo sem a forma. Entretanto, esses divórcios das preocupações pedagógicas com o conteúdo e das preocupações filosóficas com o ensino não contribuíram para uma discussão aprofundada do ensino da filosofia entre nós. Creio que seria útil e importante refletirmos filosoficamente sobre nossas experiências docentes para contribuirmos para a melhoria da formação de nossos alunos.

Quando cheguei a Curitiba, a grade curricular da graduação estava defasada e exigia mudanças, mas essas demoraram alguns anos para acontecer. De fato, só puderam ocorrer quando o corpo docente mudou. O Departamento constituiu, então, uma comissão para formular uma nova proposta, da qual faziam parte Bento Prado Neto, Paulo Vieira Neto, eu e mais três alunos. De fato, a comissão durou mais ou menos dois anos, de forma de que tivemos tempo para amadurecer nossas ideias. Essa experiência me ajudou a elaborar *uma* concepção do ensino de filosofia e, consequentemente, *uma* proposta para estruturar um curso de graduação em filosofia (naturalmente, outras concepções também são possíveis).

Antes de discutir a concepção à qual cheguei, eu gostaria de tecer uma consideração genérica sobre a perspectiva da qual devemos, a meu ver, tratar desse assunto. Educar é fundamentalmente interferir num processo e ignorar que essa interferência pode produzir resultados piores do que a intervenção consciente e deliberada. Segundo Chersterton, "há, realmente, em cada criatura viva uma coleção de forças e funções, mas a educação significa produzi-las em formas particulares e treiná-las para propósitos particulares ou não significa nada." Definidas as formas e fixados os propósitos, cabe discutir os melhores meios para atingi-los. Ainda segundo Chesterton, "educação é uma palavra como 'transmissão' ou 'herança': não é um objeto, mas um método." Qual o melhor método para formar nossos alunos segundo um certo propósito? Embora falando da educação de crianças, Arendt parece insistir na mesma ideia. O primeiro pressuposto da crise na educação seria

> o de que existe um mundo da criança e uma sociedade formada entre crianças, autônomos e que se deve, na medida do possível, permitir que elas governem. Os adultos aí estão apenas para auxiliar esse governo. A autoridade que diz às crianças

individualmente o que fazer e o que não fazer repousa no próprio grupo de crianças.

Substitua-se "criança" por estudante universitário e "adulto" por professor universitário, e creio que isso pode servir de diagnóstico para muitos de nossos problemas atuais nas universidades públicas. É preciso voltar à ideia de que o professor tem *autoridade*, não o aluno, e que compete ao professor dizer o que o aluno *deve* fazer para aprender. Sujeitar-se ao grupo tem implicações graves para o indivíduo imaturo. Prossegue Arendt: "Assim, ao emancipar-se da autoridade dos adultos, a criança não foi libertada, e sim sujeita a uma autoridade muito mais terrível e verdadeiramente tirânica, que é a tirania da maioria." Esvaziar o lugar do professor de sua autoridade é um primeiro passo para arruinar o processo educacional, mesmo na universidade. Voltemos à ideia de que ensinar é interferir com consciência num processo.

A pergunta principal é saber quais são as *necessidades do aluno* e *como o professor deve interferir no processo de aprendizado* pelo qual o aluno passa para chegar aonde deve chegar. Assim, parece-me correto dizer que as perguntas fundamentais são: o que é preciso garantir quando o aluno se forma? Quais capacidades ele deve adquirir? Quais habilidades ele deve desenvolver? Que conhecimentos ele deve ter? Devemos partir de trás para a frente: primeiro, concebendo o objetivo e, depois, pensando a melhor maneira de alcançá-lo. Embora isso seja óbvio, custou-me aquele par de anos da comissão descobrir o óbvio.

A meu ver, um aluno, ao receber seu diploma, deve ter adquirido quatro coisas: 1) domínio da história da filosofia, isto é, ter adquirido certos conhecimentos históricos e a capacidade para interpretar o passado; 2) conhecimento de algumas discussões filosóficas recentes, com a respectiva capacidade para avaliar as teses e os argumentos propostos; 3) capacidade de tratar tematicamente de certos conceitos (por exemplo, em filosofia política, o conceito de liberdade ou o de Estado; em teoria do conhecimento, o conceito de verdade ou o de justificação); e 4) instrumental analítico para

298 PLÍNIO JUNQUEIRA SMITH

desenvolver novas pesquisas e redigir com precisão e rigor um texto filo-sófico. Esses são os quatro tipos básicos de necessidades que um aluno de graduação tem.

Consequentemente, tendo em vista essas necessidades do aluno, um curso de graduação deveria girar em torno de quatro tipos de disciplinas: 1) disciplinas sobre a história da filosofia; 2) disciplinas sobre a filosofia con-temporânea; 3) disciplinas temáticas; 4) disciplinas que forneçam instrumen-tos metodológicos de leitura e redação. É preciso pensar a grade curricular em torno desses quatro eixos. Algumas disciplinas devem ensinar ao aluno a história da filosofia; outras devem tratar de questões atuais; algumas devem ser temáticas; e, finalmente, duas ou três disciplinas podem focalizar a reda-ção de textos filosóficos. (Deixo de lado a distinção entre obrigatórias e op-tativas, que é essencial. Tudo o que digo vale sobretudo para as obrigatórias; no caso de optativas, sempre se deve admitir mais flexibilidade.)

Como ensinar história da filosofia? Várias concepções são possíveis e não vejo uma clara superioridade de nenhuma delas sobre as demais. Por exemplo, poder-se-ia ensiná-la segundo sua ordem cronológica, começando com os pré-socráticos e terminando no século XX. A vantagem é que o alu-no percebe como os filósofos posteriores vão retomando o que se disse antes e reelaborando esse material à sua maneira. Em suma, é uma perspectiva que mantém claramente seu caráter *histórico*. Mas pode acarretar um tratamento muito superficial e genérico por ter de apresentar muitas filosofias rapi-damente. Além disso, nada garante que a ordem cronológica seja a ordem *pedagógica* mais adequada. Afinal, os gregos estão tão distantes no tempo que talvez o mais difícil seja começar com filosofias numa cultura, numa socieda-de e numa língua tão diferentes das nossas; talvez fosse melhor começar com filósofos mais acessíveis a alunos que pouco ou nada conhecem de filosofia e, mesmo, da história, da sociedade e cultura ocidental.

Alguns preferem concentrar-se num *sistema* filosófico e estudá-lo com mais vagar. A vantagem é que se pode examinar detalhada e profun-damente um pensamento. Dessa perspectiva, não seria preciso ensinar os sistemas filosóficos em ordem cronológica, pois o que mais importaria seria entender sua estrutura interna e argumentação rigorosa, cabendo escolher filosofias mais acessíveis para alunos dos primeiros anos (Descartes e Hume, comumente, são tidos como autores mais "acessíveis") e menos acessíveis para alunos nos últimos anos (Kant e Hegel seriam menos "acessíveis"). No entanto, corre-se o risco de a história da filosofia perder seu caráter histórico. E ainda gera-se o problema de saber quais filósofos comporiam a lista dos filósofos clássicos a serem ensinados (embora, para ser franco, eu ache este último um problema menor e, com um pouco de boa vontade, contornável).

Passemos ao segundo conjunto de disciplinas. Eu gostaria de começar com uma reflexão sobre um tópico aparentemente menor. Durante muitos anos, achei que a expressão "história da filosofia contemporânea" era um oxímoro: se a filosofia pertence à "história da filosofia", então ela perdeu o caráter de contemporaneidade; se a filosofia é "contemporânea", ainda não adquiriu o caráter de "histórica", de pertencer a um passado. E preferia chamar as disciplinas desse eixo simplesmente de "filosofia contemporânea", e não de "historia da filosofia contemporânea". Assim, ao lado de disciplinas tradicionais como "História da filosofia antiga", "História da filosofia medieval" e "História da filosofia moderna", eu achava que deveríamos rebatizar "História da filosofia contemporânea", chamando-a de "Filosofia contemporânea"; e não deveria ser só uma disciplina, mas várias, para que o aluno pudesse travar conhecimento com várias filosofias contemporâneas.

Recentemente, entretanto, mudei um pouco de opinião. Quanto mais passa o tempo, mais as filosofias contemporâneas têm sua história. Por exemplo, a tradição analítica tem sua história, que começa com Frege, Moore, Russell, Wittgenstein, Carnap. Não há por que não falar de uma "história da filosofia analítica". O mesmo vale para outras tradições, como a marxista, fenomenológica, hermenêutica etc. Por que, então, não falar com propriedade da "história das filosofias contemporâneas"? Além disso, a distinção entre filosofia e história da filosofia é tênue e, muitas vezes, mais causa confusão do que nos ajuda a esclarecer certos pontos. Há demasiados preconceitos em jogo e os termos já estão excessivamente carregados de carga teórica e emocional. Hoje, prefiro deixar de lado a distinção entre "filosofia" e "história da filosofia" e parece-me mais útil traçar uma distinção entre filosofar e interpretar, isto é, entre a reflexão por conta própria, na qual se avançam teses em nome próprio e o entendedimento de uma filosofia defendida por outro filósofo. O que importa, parece-me agora, é distinguir entre a atividade de pensar por conta própria e a atividade de interpretação do pensamento alheio.

Se essa distinção for aceitável, então algumas disciplinas para ensinar o aluno a pensar por conta própria deveriam compor boa parte da grade curricular, ao lado das disciplinas de história da filosofia, que devem ensinar o aluno a interpretar pensamentos alheios (seja de Platão ou Malebranche, seja de filósofos recentes, como Wittgenstein e Quine, ou mesmo ainda vivos como John McDowell e Barry Stroud). Não me parece equivocado distribuir de maneira equitativa as disciplinas entre as "históricas" e as "contemporâneas". Em todos os anos da graduação, o aluno deveria cursar uma disciplina de interpretação e outra de reflexão, pois ambas as dimensões da filosofia (o filosofar e o interpretar) são, a meu ver, igualmente importantes.

Alguns acham que não há mais o que dizer em filosofia ou que, ao menos, vale mais a pena interpretar um filósofo do passado do que dizer novamente algo já dito. Mas, como disse Montaigne, "a verdade e a razão são comuns a todos, e não pertencem a quem as disse primeiramente mais do que a quem as diz depois." Strawson não defendeu coisa muito diferente, expressando essa ideia à sua maneira: "Se não há novas verdades a serem descobertas, há velhas verdades a serem redescobertas, pois, embora o assunto central da metafísica descritiva não mude, o idioma crítico e analítico da filosofia muda constantemente." De acordo com essa concepção, pode-se filosofar hoje em dia, ainda se tem o que dizer em filosofia e é falso (ao menos para muitos filósofos) que a filosofia acabou e que só nos restaria interpretar as filosofias do passado. E, se se disser que mais vale a interpretação de um grande filósofo do que um filosofar tosco, deve-se lembrar que nem sempre a interpretação de um grande filósofo é uma grande interpretação... O aluno deve adquirir a capacidade de fazer as duas coisas, ambas na medida de suas forças.

Como ensinar a filosofar? Sobre esse assunto não tenho opinião muito clara. Acho que é mais ou menos como aprender a nadar ou jogar futebol: é preciso mergulhar na água e sair nadando; pegar uma bola e sair chutando. A tarefa do professor é saber dar-lhe os exercícios adequados, aumentando progressivamente seu grau de dificuldade. Segundo Montaigne,

> é bom que ele [o professor] o [aluno] faça trotar à sua frente para julgar-lhe a andadura, e julgar até que ponto deve conter--se para se acomodar à sua força. Por falta dessa proporção estragamos tudo; e saber escolhê-la e conduzir-se compassadamente é uma das tarefas mais árduas que conheço; e é ação de uma alma elevada e muito forte saber condescender com seus passos infantis e guiá-los.

Como é óbvio na natação e no futebol, também é óbvio na filosofia que se vai melhorando aos poucos. E melhoramos conforme vamos aprendendo certas técnicas e métodos. Este ponto merece um pouco mais de reflexão.

Seja para interpretar uma filosofia, seja para desenvolver uma reflexão filosófica própria, é preciso dispor de certos *métodos* que nos ajudem. É preciso, portanto, certas disciplinas de formação que ensinem o aluno a interpretar textos filosóficos e a pensar e redigir seus próprios textos. O método a ser ensinado aos alunos para que eles possam se tornar bons historiadores da filosofia não é necessariamente o mesmo método no qual eles devem ser treinados para se tornarem bons filósofos. (Essa é outra razão pela qual entendo ser importante distinguir dois conjuntos de disciplinas, um interpretativo, outro reflexivo.) Em verdade, sequer cabe falar em um único método em história da filosofia, o ideal sendo que os alunos aprendam ao menos dois ou três métodos diferentes em história da filosofia, como por exemplo o método estruturalista, o método contextualista e o método analítico. E o mesmo vale para o tratamento temático das questões filosóficas: o aluno deve saber que diferentes filósofos empregam diferentes métodos para construir suas filosofias. Um método, no entanto, a meu ver, merece destaque, é o método da argumentação pró e contra. A meu ver, toda investigação filosófica deve examinar sem *parti pris* os diversos argumentos propostos pelos filósofos. Cursos de reflexão própria devem favorecer a discussão de textos que apresentem visões contrárias sobre o assunto em pauta. Alguns poucos artigos seminais, em geral, bastam para fazer o aluno começar a refletir sobre alguns temas importantes da filosofia atual. Há muitos bons livros que permitem fazer esse exercício de reflexão. Como dizia Montaigne, no capítulo sobre a educação das crianças: "Que lhe proponham essa diversidade de opiniões; ele escolherá se puder; se não, permanecerá em dúvida." Mais adiante, voltarei sobre a questão dos métodos no filosofar e no interpretar uma filosofia.

Com relação às disciplinas temáticas, o grande problema é evitar que elas se tornem exclusivamente históricas, como é muito comum. Parece-me empobrecedor reduzir todas as disciplinas a uma perspectiva histórica, como se a filosofia somente pudesse ser tratada dessa perspectiva. Já argumentei que as disciplinas de filosofias contemporâneas merecem um tratamento específico. Agora, procurarei defender que também devemos considerar as disciplinas temáticas de uma maneira específica. A meu ver, as disciplinas temáticas devem ser tratadas em torno dos seus... temas! A filosofia divide-se em várias áreas, cada uma das quais com suas questões próprias e com seus conceitos específicos, embora naturalmente essas questões e conceitos possam estar interligados. No caso de Teoria do Conhecimento, por exemplo, a disciplina deve tratar de alguns dos seus principais problemas e conceitos: a definição de conhecimento, as teorias da verdade, os tipos de justificação de nossas crenças, os problemas da indução e do mundo exterior, os debates entre fundacionismo e coerentismo, bem como entre internismo e externismo etc.

Essa maneira temática de lidar com a filosofia (por meio de um exame dos seus problemas ou conceitos fundamentais) não se confunde, nem com a perspectiva histórica (como vimos, o estudo de um período ou de um sistema filosófico), nem com a perspectiva da reflexão pessoal (como vimos, o desenvolvimento de uma posição filosófica própria), embora possa combinar elementos dessas duas perspectivas. É preciso, consequentemente, oferecer ao aluno também essa perspectiva temática. Talvez seja mais conveniente tratar dos grandes tópicos e, onde couber, voltar a alguns textos fundamentais, seja da história do tema, seja da discussão recente sobre ele. Assim, as disciplinas temáticas devem ensinar ao aluno como tratar de um tema, comparando diferentes épocas ou sistemas e refletindo sobre o estado atual da discussão. Noutras palavras, devem mostrar ao aluno outra maneira igualmente legítima de fazer filosofia.

Talvez se deva insistir na especificidade e importância das disciplinas temáticas. Afirmei que interpretar uma filosofia e filosofar por conta própria são atividades diferentes que envolvem métodos diferentes. Sustentei ainda que a filosofia é indissociável de sua história. A indissociabilidade entre a filosofia e sua história pode parecer incompatível com a diferença entre ambas e entre seus métodos, mas não é. A meu ver, são complementares. Quando discuti como vi minha formação e apresentei o que me parecia a ideia de uma formação completa, defendi que a formação do filósofo exige esses dois lados, a capacidade de interpretar uma filosofia e a capacidade de pensar por conta própria. Embora diferentes, não são excludentes; ao contrário, um contribui para o outro. As disciplinas temáticas são as disciplinas privilegiadas para articular de maneira explícita essas duas capacidades. Ao apresentar os argumentos e as análises contemporâneas sobre uma questão, seria útil dar a dimensão histórica a essa questão. Combinar a discussão atual com uma história da discussão enriquece a percepção que o aluno tem da questão.

Não é difícil pensar em como essa combinação poderia ocorrer. Por exemplo, ao ensinar o que é conhecimento, examinando a definição tripartida (conhecimento é crença verdadeira justificada), pode-se voltar ao *Teeteto* de Platão. Ou, apresentando o fundacionismo, discutir o prefácio dos *Princípios* de Descartes. Ou ainda, discutindo o problema da indução, ler com os alunos trechos da primeira *Investigação* de Hume. Os exemplos poderiam se multiplicar nessa e em outras disciplinas temáticas. A ideia básica do que estou defendendo é que, ao darmos um tratamento temático ao ensino da filosofia, temos uma boa ocasião para tentarmos articular o lado histórico da filosofia com a reflexão sistemática e pessoal. Por essa razão, vejo as disciplinas temáticas como especialmente importantes na formação de nossos alunos.

O último conjunto de disciplinas é mais técnico, ensinando o aluno a ler e redigir textos filosóficos. Parece-me indispensável ensiná-lo não somente a ler um texto filosófico segundo a técnica mencionada, mas também a redigir de maneira estruturada um texto. Também me parece altamente desejável ensinar nossos alunos a usar adequadamente comentadores, isto é, não apenas ter o costume de lê-los, mas sobretudo mostrar-lhes como aproveitar dessa leitura para aprofundar a compreensão, discussão e interpretação das filosofias. A prática da redação de um texto, por não ser fácil, constitui-se em algo essencial a ser ensinado. Em suma, seria bom se ao menos três disciplinas se encarregassem dessa faceta do ensino de filosofia na grade curricular: a primeira deve ensinar a ler um texto de um filósofo clássico, de acordo com a técnica acima mencionada que aprendi com Porchat; a segunda deve ensinar a usar os comentadores; a terceira deve focalizar a redação de textos filosóficos.

Hannah Arendt identificou ainda um terceiro pressuposto causador de uma crise na educação (os outros dois já foram considerados acima): "substituir, na medida do possível, o aprendizado pelo fazer." No entender de Arendt, o pragmatismo estaria na origem mesma dessa concepção de ensino. O professor, destituído de sua autoridade, perderia, agora, seu conhecimento. Ele não transmitiria mais um conhecimento adquirido, que seria "petrificado", mas somente facilitaria o aprendizado mostrando "como o saber é produzido". Não interessaria mais o que o professor sabe e pode transmitir, mas somente o que o aluno poderia aprender por si mesmo, de alguma refazendo a descoberta de algum gênio do passado e "construindo" o seu próprio saber. Arendt critica corretamente, a meu ver, esse pressuposto nocivo à educação básica. Mas essa crítica ainda conserva seu valor para o ensino superior?

Creio que a resposta deve ser matizada. Talvez essa observação crítica mantenha seu valor para o caso da história da filosofia e, em parte, para disciplinas temáticas. Nesses dois casos, há, certamente, um saber constituído ou, ao menos, certas tradições consolidadas, certos conceitos fundamentais, um conjunto de problemas e argumentos mais ou menos bem estabelecidos e que são indispensáveis para a boa formação do aluno. Consequentemente, o professor é uma autoridade, no sentido de deter um conhecimento e ter a função de transmiti-lo aos seus alunos. Não se pode ter uma formação em filosofia política sem ter ideia da polêmica entre liberdade positiva e liberdade negativa, entre as diferenças fundamentais de tipos de governo; não se pode fazer teoria do conhecimento sem conhecer a definição tripartida, sem ter noção das teorias da verdade, sem conhecer as principais teorias da justificação, sem conhecer alguns problemas recorrentes como o do mundo exterior, das outras mentes e da indução. O aluno poderá não conhecer tudo o que seria indispensável, mas deve aprender uma gama razoavelmente ampla de teorias e conceitos que sempre estão no horizonte da pesquisa. No entanto, nas disciplinas que têm por finalidade a reflexão pessoal e aquelas que visam a ensinar técnicas de leitura e redação, parece-me que a ideia de uma prática é essencial. Deve-se ensinar o aluno a fazer certas coisas, como ler, escrever e, sobretudo, pensar. Afinal, a meu ver, a filosofia é uma atividade.

Assim, aprender a fazer também é importante no caso da filosofia. Para usar o vocabulário de Ryle: a filosofia envolveria tanto um saber que, quanto um saber como; haveria tanto um saber proposicional, em que o aluno deve aprender certos conhecimentos razoavelmente estabelecidos e fundamentais, como um saber prático, em que o aluno deve aprender a fazer certas coisas tipicamente filosóficas.

Pesquisa

a) Apresentação geral

Ao longo de todos esses anos, publiquei extensamente sobre diferentes filósofos, períodos e assuntos. Nesta breve apresentação, somente esboçarei o sentido mais geral de minhas pesquisas e, nos itens seguintes, tentarei explicar com algum detalhe o essencial de minha produção científica de maneira razoavelmente ordenada e acompanhada de alguma reflexão metodológica sobre o sentido mesmo dessas pesquisas.

O eixo de minhas investigações é o ceticismo. Esse eixo tem duas linhas de pesquisa principais: de um lado, a história do ceticismo e, de outro, as questões céticas atuais. Essas duas linhas de pesquisa têm seus próprios ramos.

Com relação à história do ceticismo, o primeiro e principal ramo é o ceticismo moderno. Como já dito, meu primeiro objeto de pesquisa foi o ceticismo de Hume. Dediquei-me, ainda, com algum afinco, a alguns outros céticos modernos, como Montaigne e Bayle. Muito tempo depois, também estudei um pouco os céticos franceses do século XVII: La Mothe Le Vayer, Simon Foucher e Pierre-Daniel Huet. Para compreender o ceticismo moderno, é preciso compreender também suas fontes antigas. Consequentemente, o segundo ramo trata do ceticismo antigo, isto é, do pirronismo e do ceticismo acadêmico. Também é indispensável entender como os filósofos modernos dogmáticos reagiram à retomada do ceticismo antigo na época moderna. Sem entender essa reação não é possível entender o próprio ceticismo moderno. Por isso, há ainda um terceiro ramo nesta primeira linha de pesquisa: os estudos sobre a filosofia dogmática moderna. Os filósofos aos quais me dediquei, num primeiro momento, em função de minha pesquisa sobre Hume, foram Descartes, Malebranche, Berkeley e Kant. Com exceção de Malebranche, todos os outros três lidam com o ceticismo de maneira importante, meditando longamente sobre ele e oferecendo respostas muito originais. Posteriormente li, com alguma atenção, outros filósofos modernos importantes, como Bacon e Pascal, que dão destaque ao ceticismo, e Locke e Leibniz.

Com relação às questões céticas atuais, eu comecei por estudar o *Sobre a certeza*, de Wittgenstein, pois era um contraponto ao ceticismo cartesiano e ao idealismo moderno. Esse estudo inicial abriu a porta para diversos ramos. Sendo Wittgenstein um autor muito difícil, passei a estudar outros filósofos, mais compreensíveis para mim, que gravitam em torno do filósofo austríaco. Primeiro, debrucei-me sobre a filosofia da linguagem ordinária (Moore, Ryle, Austin e Strawson) e, depois, sobre a filosofia analítica americana (Quine e Davidson). Esse é, portanto, um primeiro ramo: alguns autores clássicos da filosofia analítica, sobretudo aqueles que desenvolveram uma crítica ao ceticismo moderno e ao dualismo cartesiano. Outro ramo lida com os epistemólogos analíticos que discutem minuciosamente o ceticismo, como por exemplo Barry Stroud, Robert Fogelin e Michael Williams. Como se sabe, a epistemologia é frequentemente considerada uma resposta aos desafios céticos: os filósofos precisaram elaborar teorias do conhecimento para fazer frente aos desafios lançados pelos céticos. Essa ideia também se faz presente na teoria analítica do conhecimento. Um terceiro ramo, que resultou dos dois anteriores, é a filosofia analítica da linguagem, pois, a partir da interpretação de Wittgenstein feita por Kripke e dos trabalhos de Quine, surgiu uma nova forma de ceticismo: o ceticismo semântico, que põe em xeque a noção de significado. Um quarto e último ramo foi a filosofia da mente, já que a filosofia analítica contemporânea critica duramente o dualismo cartesiano e sua concepção da mente, que infectaria toda (ou quase toda) filosofia moderna. Na verdade, todas essas áreas da filosofia (teoria do conhecimento, filosofia da mente, filosofia da linguagem) estão estreitamente vinculadas, uma tendo implicações sobre as demais, e sua distinção é mais didática do que real. Assim, estes dois últimos ramos de minhas pesquisas refletem apenas as conexões existentes entre essas áreas, derivadas de meu

308 PLÍNIO JUNQUEIRA SMITH

interesse principal no ceticismo, na filosofia moderna e na teoria analítica do conhecimento.

b) A primeira linha de pesquisa:
a história da filosofia moderna e do ceticismo

Ao longo dos anos, o foco de minhas pesquisas oscilou: ora sobre a história da filosofia (moderna e do ceticismo), ora sobre questões contemporâneas. Nos últimos anos, em função de minha bolsa de produtividade do CNPq, o tema central foi o método cético de oposição na filosofia moderna. Como a maior parte dos artigos publicados (embora não todos) sobre esse tema compõem a tese de livre docência, creio que não é preciso apresentá-los aqui. Em vez de resumir o conteúdo dessas pesquisas, tecerei algumas considerações sobre o método em história da filosofia e, em seguida, sobre o valor da história da filosofia.

i) Métodos em história da filosofia

Talvez valha a pena fazer uma reflexão sobre a atividade mesma da pesquisa em história da filosofia. Mais especificamente, eu gostaria de tecer algumas considerações sobre um tema que me é muito caro: o *método em história da filosofia*, embora raras vezes eu tenha me detido sobre esse assunto com o cuidado que ele merece. Eu disse, nas observações iniciais deste memorial, citando Sócrates, que a filosofia exige o exame da própria vida; ora, parte importante de minha vida (a vida acadêmica) foi dedicada à atividade de historiador da filosofia; portanto, parece-me indispensável buscar o sentido exato dessa atividade. Uma das maneiras de fazer isso (certamente não a única) é tentar refletir sobre os métodos e procedimentos dessa atividade. No final, farei uma reflexão sobre *o valor da história da filosofia* (essa é outra maneira de refletir filosoficamente sobre a atividade do historiador da filosofia).

Porchat deu-me, como já disse, a prática do método estrutural; a teoria, eu só vim a conhecê-la muito tempo depois e mesmo assim sem muitos detalhes. A meu ver, as regras fundamentais desse método resumem-se a três. De acordo com a primeira regra, não se deve julgar um filósofo, mas somente buscar compreendê-lo. Essa primeira regra tem duas dimensões: de um lado, o intérprete deve deixar de lado suas próprias crenças filosóficas e, de outro, ele também não deve julgar as inferências feitas pelo filósofo, não lhe cabendo examinar se são válidas ou meras falácias, nem se as premissas são verdadeiras. A segunda regra do método estrutural é jamais dissociar uma tese filosófica do contexto em que se insere, da argumentação que a ela conduziu, das razões explicitamente alegadas pelo filósofo que a sustentam e lhe dão sentido. Finalmente, o método estrutural propõe como terceira regra buscar a maior unidade e coerência possível num sistema filosófico. Pascal expressa de maneira concisa e exata, embora talvez extrema, o núcleo mesmo do método estrutural: "Para entender o sentido de um autor, é preciso fazer concordar todas as passagens contrárias. Todo autor tem um sentido em que todas as passagens contrárias concordam, ou ele não tem absolutamente sentido nenhum." O método estrutural certamente deitou raízes profundas em meu pensamento.

Continuo a entender que o método estrutural é muito útil para orientar a atividade do historiador da filosofia. Essas três regras são muito boas. Não são, entretanto, as únicas, nem devem ser seguidas à risca em todas as ocasiões. Há situações nas quais outras regras podem ser tão ou até mais adequadas. Jacques Brunschvig, por exemplo, recomenda o método das pequenas diferenças, isto é, o historiador deve concentrar-se em pequenas passagens, ignorando deliberadamente o resto do texto, para poder elucidá-las. Às vezes, sem ter o foco concentrado numa pequena passagem e entendendo-a segundo o contexto mais amplo, pode-se perder seu significado preciso. Eu, sem o saber, vinha me utilizando desse método de Brunschvig justamente para interpretar o pensamento de... Porchat! Seu estilo conciso e as mínimas variações com que expressa suas mudanças de opinião favorecem a ideia de que o intérprete deve focalizar certas passagens e, comparando-as com outras passagens similares, deve explorar e amplificar as "pequenas diferenças". Os resultados são notáveis, como espero poder mostrar em breve. Eu já havia feito algo similar quando escrevi um texto sobre a discussão que Kripke faz dos ceticismos semânticos de Quine e Wittgenstein. Lendo as considerações de Brunschvig sobre o método em história da filosofia, ganhei mais consciência sobre minha atividade de historiador da filosofia.

Outra regra do método de Brunschvig consiste em fazer bom uso dos comentadores. De fato, na minha experiência docente e, sobretudo, na de examinador de dissertações e teses, constato que a grande maioria de nossos alunos simplesmente não sabe usar comentadores. Em geral, usam-se os comentadores para se livrar de um problema de interpretação: basta citar um autor e o problema estaria resolvido! O comentador vira uma autoridade que nos daria a verdadeira interpretação. Outros usos pobres de comentadores são: para indicar que a ideia não é nova; para indicar uma interpretação diferente. Poucos usam adequadamente comentadores. "O bom uso dos conflitos de inerpretações," diz Brunschvig, "seria, antes, em meu entender, o de servir-se de seu poder de incitação intelectual para tentar remontar à raiz do conflito, e ver em que e por que os textos sobre os quais versa o desacordo puderam engendrá-lo." Mais uma vez, eu já tinha seguido essa regra metodológica de Brunschvig sem o saber. Ainda na UFPR, eu dei um curso em que gastei algumas aulas para ensinar os alunos a ler e usar um comentador. Até hoje insisto na ideia de que é preciso não somente ensinar os alunos a lerem e interpretarem um filósofo, mas também a lerem e usarem um comentador. Por ser uma atividade tão difícil, a história da filosofia exige o bom uso dos comentadores. A meu ver, o conflito das interpretações abre o caminho para os prinicpais problemas de interpretação, lança luz sobre passagens obscuras, chama a atenção para passagens aparentemente sem importância, focaliza conceitos que necessitam de elucidação, permitem aprofundar o nível de discussão e compreensão, entre outros benefícios para o historiador que pacientemente se dispõe a ler muitas das principais interpretações de um filósofo.

Em 1996, li as *Fundações do pensamento político moderno*, de Quentin Skinner. Fiquei impressionado com a erudição e clareza da obra. Alguns anos depois, tive a ocasião de ler seu livro sobre o método em história da filosofia. Surpreendeu-me ver como ele extraía, das lições de Wittgenstein e

O MÉTODO CÉTICO DE OPOSIÇÃO NA FILOSOFIA MODERNA   311

Austin sobre a noção de significado, um método contextualista para a história da filosofia muito diferente do método estrutural no qual eu fora treinado. Como eu admirava Wittgenstein e Austin e como eu já conhecia alguns dos resultados de seu método contextualista, fiquei inclinado a aceitá-lo ou, pelo menos, incorporar algumas de suas ideias e regras básicas.

A primeira regra seria a de situar uma obra em seu contexto histórico, social, econômico e, sobretudo, cultural. Em vez de focalizar os argumentos, seria indispensável entender o debate no qual a obra se insere: examinar os significados dos termos naquele contexto cultural e filosófico, conhecer as posições a serem combatidas, entender o problema comum a que se tenta responder. Skinner elaborou uma tipologia das mitologias produzidas por aqueles que praticam o que ele chama de "método textualista", os que "leem e releem" incansavelmente um mesmo texto para compreendê-lo. Entre esses mitos, estariam o da "doutrina", da "coerência", da "prolepsis" e do "paroquialismo". Creio que Skinner tem razão em criticar muitos intérpretes, denunciando esses "mitos".

O tom excessivamente polêmico, no entanto, faz com que, às vezes, ele pareça ir longe demais. Assim, é preciso entender precisamente sua ideia, para que o tom polêmico não prejudique o que há de correto em sua posição. Por exemplo, minha formação no método estrutural e talvez uma certa lentidão de espírito não me permitiram aceitar a crítica de Skinner ao método que preconiza ler repetidas vezes um texto filosófico. Confesso francamente que eu preciso ler e reler um mesmo texto diversas vezes para começar a entendê-lo. Para começar a entender o próprio método skinneriano eu precisei ler seus textos com atenção mais de uma vez! Mas é certo, por outro lado, que a releitura exaustiva da obra, isolada de seu contexto filosófico, não permite desvendar seus enigmas. Outro exemplo: é preciso reconhecer, de um lado, com Skinner, que muitos intérpretes tentam suprir uma "ausência" de doutrina, inventando-a para o autor, ou dar mais "coerência" à doutrina do que ela de fato tem; mas, de outro lado, contra o tom polêmico de Skinner, deve-se reconhecer que toda filosofia tem doutrinas importantes para o sistema, embora talvez pouco desenvolvidas pelo autor, bem como um alto grau de coerência e articulação, que devem ser compreendidos pelo intérprete. Não consigo imaginar um método que desvalorize a leitura frequente de um texto ou a importância dos argumentos e da coerência interna. O próprio Skiner, em texto menos polêmico, enfatiza que o intérprete deve buscar a coerência de uma filosofia.

Skinner tem razão em dizer que o significado filosófico de um texto não pode ser apreendido sem inseri-lo no seu contexto. Mas é preciso distinguir dois métodos contextualistas diferentes, um problemático, outro aceitável. Além de criticar o "método textualista", ele critica o "método contextualista" em sua versão problemática. A distinção entre motivo e intenção permite a Skinner tratar desse ponto de modo particularmente feliz. Criticando aqueles que acham que explicar filosoficamente uma obra é explicá-la a partir dos motivos que levaram à sua produção (por exemplo, os marxistas, mas talvez não só eles), Skinner diz que é preciso levar em conta a intenção do autor. O método contextualista de Skinner resiste à tentação simplificadora de "explicar" as teses filosóficas a partir de suas causas externas; isso equivaleria a suprimir a autonomia da reflexão filosófica e negar o privilégio que o contexto cultural e filosófico goza na interpretação skinneriana; o contexto social e econômico tem a sua importância numa interpretação, mas devemos prestar especial atenção ao contexto cultural e filosófico.

A esse respeito, a crítica de Skinner é muito parecida à crítica dos estruturalistas ao "método genético" (ou "método científico"). Nos dois casos, trata-se de mostrar a insuficiência filosófica de uma certa perspectiva de interpretação e de insistir na ideia de que o autor tem uma intenção a que, de alguma maneira, é indispensável recorrer, se quisermos entender seu significado filosófico. Skinner, no entanto, oferece uma distinção conceitual para recorrer ao contexto que o método estrutural não oferece, complementando-o. É um erro pensar que o método estrutural prescinde do contexto. Os estruturalistas entendem que o método genético ou científico é indispensável, mas insuficiente. No entanto, eles nada têm a propor para ajudar a entender um texto a partir do que lhe é externo, contentando-se com o que esses outros métodos (genéticos, científicos) propõem. Skinner abriria uma concepção metodológica contextualista, externa ao texto que não se resumiria numa explicação causal (ou pelos motivos).

Outra das ideias de Skinner que me parece correta é a de que um problema filosófico não é formulado no interior de uma dada filosofia, como se cada filosofia tivesse seus próprios problemas, mas essa filosofia tenta resolver um problema que faz parte do contexto no qual ela se insere e para o qual diversas filosofias tentam dar a sua resposta, dialogando entre si e contribuindo para o desenvolvimento cultural, político, filosófico, científico etc. da sociedade na qual o filósofo vive. Como se sabe, o estruturalismo pensa a autonomia da filosofia como uma autonomia de cada sistema filosófico, de modo que cada filosofia particular colocaria seus próprios problemas, no interior de seu sistema. Entre outras vantagens, o método contextualista de Skinner permite uma integração mais adequada entre filosofia e vida, que o método estrutural parece impedir.

Skinner apresenta, ainda, uma concepção de filosofia muito diferente daquela apresentada pelo método estrutural. Em vez de falar de "lógica interna", "ordem das razões", "estrutura" etc. para tentar caracterizar o objeto mesmo que deveria ser interpretado, passa-se a falar de um ato de fala num diálogo, de um lance num jogo jogado com outros filósofos. Um texto filosófico, longe de ser uma unidade fechada em si mesma, seria somente um uso da linguagem num contexto com suas regras, seria um "imenso ato de fala". Dei-me conta, então, de que a própria descrição da filosofia feita pelo método estrutural ia muito além de suas regras, apresentando uma imagem da filosofia sujeita a discussões e críticas. A concepção estruturalista de filosofia não faz parte do método estrutural, mas da filosofia estruturalista e, enquanto tal, é uma concepção dogmática. Embora uma filosofia certamente tenha sua articulação interna, nem por isso ela deixa de ser um diálogo com outras filosofias, isto é, parte importante de seu sentido filosófico provém desse debate que lhe é essencial.

Gordon Baker também desenvolveu um método, cuja elaboração está dispersa em vários textos, para a história da filosofia, baseado nas considerações de Wittgenstein sobre a noção de significado. Por isso, a meu ver, seu método tem algumas semelhanças com o método contextualista de Skinner. Por exemplo, a insistência no *uso* dos conceitos tem como finalidade evitar o anacronismo de muitas interpretações. Uma diferença, entretanto, diz respeito à dimensão, por assim dizer, do uso, ou à abragência dos usuários das palavras. Enquanto Skinner pensa o uso na sua dimensão social e intersubjetiva, recorrendo à noção de uma matriz cultural e filosófica de uso na qual os filósofos se inserem, Gordon insistia na ideia de que o intérprete, para compreender o significado de uma filosofia e dos seus conceitos, tem de atentar para o uso desses conceitos que o *filósofo* faz. Creio que essa diferença é mais de ênfase do que uma divergência de fundo, pois, com a noção de intenção, Skinner preserva espaço para esse uso individual de um conceito.

Meus estudos sobre a filosofia moderna também apontavam em direções diferentes daquelas que a formação estruturalista apontava. Donald Rutherford expõe claramente as aquisições da nova historiografia sobre a filosofia moderna. Primeiro, os historiadores não se concentram mais somente nas grandes obras dos grandes filósofos, mas consideram indispensável o estudo detalhado de figuras "menores" como Bacon, Arnauld, Malebranche, Pascal, Bayle, Hutcheson e Reid. Segundo, certas dicotomias tradicionais, como "empirismo versus racionalismo", foram abandonadas, por serem inadequadas para entender as relações entre os filósofos modernos, e a ênfase excessiva na epistemologia e na metafísica deu lugar a uma revalorização da ética, da política e da teologia. Ryle, aliás, numa conferência sobre Locke de 1956, já dizia que as categorias de empirismo e racionalismo eram muito inexatas para serem úteis, dizendo que, de certo ponto de vista, Descartes seria um empirista e Locke, um racionalista. Surgiu, assim, uma imagem muito mais complexa da filosofia moderna. Meus estudos posteriores à tese sobre Hume acompanharam claramente

O MÉTODO CÉTICO DE OPOSIÇÃO NA FILOSOFIA MODERNA 315

essa tendência da historiografia recente, pois não somente me pus a ler muitos desses filósofos "menores" como passei a prestar antenção a outros aspectos que, do ponto de vista dos filósofos modernos, eram mais relevantes do que a epistemologia ou metafísica, como fica evidente no debate entre Arnauld e Malebranche (um diálogo fecundo quando tratou de epistemologia e metafísica, mas que se tornou ácido quando passou a assuntos éticos e teológicos, como a graça divina).

Algumas considerações de Pierre Hadot sobre a filosofia antiga também atrairam minha atenção e forneceram subsídios para pensar a questão da interpretação dos textos filosóficos. Michael Frede recomendou-me a leitura de Hadot, quando eu seguia um curso dele sobre Plotino em Oxford. Hadot propõe que consideremos os textos antigos, não como teorias abstratas sobre as coisas, mas como uma espécie de "exercícios espirituais" ou como fazendo parte de uma prática filosófica que visa transformar a pessoa ou promover um progresso espiritual. Pareceu-me que tal tese sobre os textos de filosofia antiga é mais adequada a algumas filosofias do que a outras, mas que, pelo menos, ele ajuda a lançar luz sobre o que muitos filósofos estavam fazendo, inclusive, em alguma medida, os céticos antigos. E, sobretudo, pareceu-me que essa maneira de ler os textos filosóficos permitia, de uma perspectiva original para mim, aproximar a filosofia da vida. Hadot apresentava, ainda de outra maneira (que não a de Skinner), a ideia de que a filosofia é uma atividade integrada na vida.

O próprio Hadot teceu considerações muito instigantes sobre o método em história da filosofia a partir dessa perspectiva. Uma dessas ideias é a de que a filosofia consistiu em boa parte na exegese das filosofias prévias, porque se acreditava que essas filosofias prévias continham a verdade e que era preciso extrair delas, por meio da exegese, essas verdades. Eis mais uma maneira de ligar a filosofia com a história da filosofia ou o filosofar com o interpretar. Infelizmente, hoje se interpreta um texto sem nenhuma preocupação com sua possível verdade, mas apenas por mera curiosidade histórica.

E, para mim, Hadot apresentou ainda outra concepção de filosofia, que deveria ser contraposta à concepção estruturalista que eu herdara de Porchat.

Assim, todos esses outros métodos me levaram a progressivamente reavaliar a formação estruturalista que recebi. Porchat escreveu que ele não se preocupou "em conhecer muitas filosofias, mas em conhecer bem algumas delas" e que sempre teve "uma enorme desconfiança da erudição." Não há como não dar razão, ao menos em parte, a Porchat, pois de fato a mera erudição pode ser vazia e o conhecimento de um excessivo número de filosofias pode significar não conhecer nenhuma em particular: o risco de ser um intérprete superficial é evidente. Mas, de outro lado, ele talvez tenha razão somente em parte. Hoje, acho que um verdadeiro trabalho histórico exige um tal conhecimento do contexto que é difícil não conhecer muitas filosofias, mesmo que não muito bem, nem deixar de ter um grau razoável de erudição. E, como já foi dito anteriormente, esses outros métodos tinham, para mim, a vantagem de inserir a filosofia tanto na vida e na sociedade como no debate com outros filósofos também imersos na vida e na sociedade, de abolir esse abismo entre o sistema filosófico com sua lógica interna e o mundo exterior, seja o contexto mais amplo da vida, seja o contexto mais específico da filosofia. Para o estruturalismo, toda filosofia comenta e incorpora à sua maneira o mundo vivido, as ciências e as demais filosofias; para esses outros métodos, o mundo vivido contém as filosofias e estas não se desvinculam do contexto social, cultural, científico e filosófico a que pertencem.

Em suma, minhas pesquisas em história da filosofia sofreram, ao longo do tempo, uma mudança de perspectiva. Sem jamais abandonar uma certa prática de leitura, rigorosa e seguindo as regras do método estrutural, procurei acrescentar-lhe outras dimensões. De fato, essas regras todas me parecem mais complementares do que incompatíveis; em vez de levarem a práticas contraditórias, somente exigem que o intérprete se esforce ainda mais e multiplique suas perspectivas sobre o texto, resultando em interpretações mais complexas, ricas e detalhadas.

ii) Por que ser um historiador da filosofia?

Como se viu, boa parte da minha carreira de pesquisador foi dedicada à história da filosofia moderna, com ênfase nas questões epistemológicas. Qual o sentido de dedicar tanto tempo à história da filosofia? Inicialmente, esse foi o único caminho que se abriu para mim. Minha formação era de historiador da filosofia, praticamente todos os meus colegas se dedicavam à história da filosofia e mesmo aqueles que estudavam autores contemporâneos eles os estudavam como se estuda qualquer filósofo do passado: somente tentando compreendê-lo. Então, para mim, naquele momento, fazer história da filosofia equivalia a fazer filosofia. Mas não no sentido estruturalista, o de estudar um sistema de valor indestrutível e, portanto, eterno. Porchat, referindo-se à época de seus estudos sobre Aristóteles, disse que "a única maneira de fazer filosofia corretamente era fazer história da filosofia. Portanto, eu pretendia estar fazendo filosofia, e não história da filosofia." Essa pretensão nunca me ocorreu, pois eu fazia história da filosofia sem nenhuma pretensão de estar filosofando. Mas a equivalência permaneceu, e, para piorar, de forma inconsciente. Um resquício de dogmatismo do qual não nos damos conta.

Lembro-me quando, em Oxford, assistindo uma aula de Frede, este se perguntou: "por que estudar Plotino?" Ele disse que todos nós entendíamos o valor intrínseco da história da filosofia, de estudar uma filosofia como a de Plotino, e sequer argumentou, como se esse valor intríseco fosse evidente para todos os seus alunos; noutras palavras, se estávamos lá estudando com ele era porque a todos nós deveria parecer que as filosofias passadas tinham um valor intrínseco. Embora nada me pareça evidente, e muito menos a ideia de um valor intrínseco, eu concordava com ele sobre o valor intrínseco dessas filosofias e que valia a pena todo o esforço em entendê-las e explicá-las. Alberto Alonso Muñoz se referiu ao valor estético dos estudos em história da filosofia: "a história da filosofia pode ter como resultado conduzir-nos a uma apreciação estética dos sistemas filosóficos", alguém pode voltar-se "para a história da filosofia como o faria se se voltasse para a história da arte."

De minha parte, confesso que tenho grande prazer em ler e interpretar as grandes filosofias do passado e que esse prazer pouco ou nada deve ao prazer que aufiro da leitura dos grandes escritores da literatura clássica.

Mas isso não significa que somente o valor intrínseco de uma obra e o gozo estético que ela propicia justificam as atividades de um historiador da filosofia. Com o passar do tempo outras razões foram se tornando claras para mim. Uma razão importante pela qual o estudo da história da filosofia tem um significado filosófico parece-me a seguinte. Gordon Baker e Katherine Morris insistiram na ideia de que os limites do sentido variam de época para época e que a transgressão dos limites do sentido também varia: acusar um filósofo de violar os limites do sentido pode simplesmente significar que não se foi capaz de apreender as conexões conceituais desse filósofo e, mesmo, de compreender o significado de seus conceitos.

> Nós gostaríamos de promover uma imagem diferente da história da filosofia. Deveríamos ver os próprios filósofos não somente como espectadores, mas também como agentes de mudança conceitual, e deveríamos olhar a evolução de uma tradição filosófica particular menos como a acumulação de conhecimento sobre conceitos imutáveis, mais como uma série de mudanças conceituais *motivadas*.

Essa nova imagem traria consigo algumas vantagens. Primeira, a falta de imaginação filosófica que nos faz criticar um filósofo do passado pode ser substituída por uma capacidade imaginativa maior, segundo a qual seríamos capazes de perceber diferentes configurações conceituais; adquiriríamos a capacidade de ver aspectos de conceitos para os quais antes éramos cegos. Segunda, esse esforço constante de entender um outro ponto de vista conceitual pode acarretar uma maior autoconsciência; somos, com frequência, vítimas de "doutrinas obsoletas", de "preconceitos" de nossa época etc. Uma história da filosofia bem feita pode tornar-nos conscientes de nosso dogmatismo e preconceito. Não se deve imaginar que a história da filosofia tem valor porque os problemas são eternos. Gordon Baker dizia que, para

O MÉTODO CÉTICO DE OPOSIÇÃO NA FILOSOFIA MODERNA 319

o historiador, para um problema ser permanente basta que tenha dois mil e quinhentos anos, não é preciso ser eterno...

Quentin Skinner atribui um valor similar à história da filosofia. Primeiro, o fato de que textos de outras épocas tratam de outros problemas, longe de torná-los desinteressantes para nós, é o que pode conferir-lhes significado especial. Afinal, em vez de revelar a eternidade dos mesmos problemas, esse fato revela a variedade dos pressupostos e dos compromissos filosóficos. E é precisamente nessa variedade que reside o valor filosófico da história da filosofia. Em vez de nos vermos numa posição superior, deveríamos esforçar-nos por compreender uma perspectiva diferente. E a compreensão de um outro ponto de vista é algo extremamente difícil e custoso. Aprendemos que não há "conceitos atemporais", nem uma estrutura fixa de conceitos, mas que esses conceitos e suas articulações variam de acordo com as diversas sociedades diferentes. Não se trata de extrair uma lição relativista (como também não se tratava no caso de Gordon Baker), mas de libertar-nos na medida do possível das amarras e restrições que prendem nossa imaginação. "Merece, portanto, tornar-se um lugar comum que o estudo histórico das crenças de outras sociedades deveria ser realizado como um dos meios indispensáveis e insubstituíveis de colocar limites nessas restrições."

Finalmente, acho que a história da filosofia tem ainda um outro valor. É um esforço gigantesco e antinatural conseguir entender um ponto de vista diferente do nosso e perceber a força e coerência desse outro ponto de vista. Fazer história da filosofia tem um valor inestimável para nossas vidas, pois nos ensina e nos dá a prática de tentar entender uma perspectiva alheia. Aquele que está habituado a entender diferentes pontos de vista, apreendendo seu significado e compreendendo seu valor, pode conviver e lidar melhor com os inevitáveis conflitos que permeiam as relações humanas. Devemos nos tornar mais ponderados, menos apressados, mais capazes de entender outra perspectiva.

c) Segunda linha de pesquisa:
a teoria analítica do conhecimento e o ceticismo

Tenho estudado alguns autores de filosofia analítica e alguns temas da teoria analítica do conhecimento com mais regularidade e, nos últimos dez anos, diversos artigos vieram à luz. A esse respeito, pode-se distinguir entre os estudos de compreensão da história da filosofia analítica e da teoria analítica do conhecimento e os estudos em que eu tento desenvolver, embora de maneira tímida e pouco sistemática, uma reflexão pessoal. Apresentarei, inicialmente, uma reflexão sobre o método em filosofia; em seguida, esboçarei a evolução do meu ceticismo.

i) A pesquisa em filosofia

Como no item anterior, eu gostaria de tecer algumas considerações preliminares sobre o método em filosofia antes de passar ao conteúdo de minhas pesquisas filosóficas. E, como no caso anterior, essa reflexão metodológica permite *atribuir um sentido explícito às minhas atividades acadêmicas.* Creio que vale a pena insistir nesse ponto: se, como eu disse nas observações iniciais, a filosofia exige que se examine a própria vida e se parte importante de minha vida é filosofar, então é indispensável que eu examine as minhas atividades filosóficas.

A filosofia estruturalista distingue entre o método do historiador da filosofia e o método do filósofo. E, de alguma maneira, o método do historiador se justificaria, ao menos em parte, porque deveria nos levar a apreender o método do filósofo, pelo qual este engendraria suas teses de maneira articulada, segundo uma lógica interna e numa ordem de razões, produzindo uma estrutura peculiar inerente à sua filosofia. Cada filósofo teria, assim, o seu próprio método. Estaria eu, caso quisesse filosofar, condenado a elaborar uma lógica própria que me guiasse na construção de um sistema filosófico? Nunca me pareceu que, para filosofar, eu precisaria ter uma concepção elaborada e específica de um método próprio, implícita ou explícita, prévia ou contemporânea ao ato de filosofar. Mas penso que há uma diferença entre os possíveis métodos em história da filosofia e os possíveis métodos para filosofar. E penso que ter consciência dos possíveis métodos filosóficos é um ganho para quem se dispõe a filosofar.

De fato, muitos filósofos têm discussões explícitas sobre a questão do método. Bergson, por exemplo, tem reflexões sobre a intuição como método; Sartre tem um texto famoso, *Questão de método*; há o método fenomenológico; a hermenêutica discute amplamente a questão do método; na filosofia analítica, o método é um assunto privilegiado; para os filósofos modernos, como Bacon e Descartes, definir um método era absolutamente crucial. Boa parte desses métodos propostos pelos filósofos não atrairam especialmente minha atenção, nem cativaram meu intelecto. Eu mais estudei os métodos propostos como objeto de investigação e compreensão do que usei esses estudos como matéria para reflexão própria. Mas isso não implica que minhas reflexões filosóficas se dessem de maneira inteiramente casual ou aleatória. Dois métodos que encontrei ao longo de minha trajetória intelectual serviram, ao menos, para orientar minhas reflexões.

O primeiro método filosófico que sempre me pareceu importante para filosofar é o método de analisar o uso comum da linguagem, seja à maneira de Wittgenstein, seja à maneira de Austin. Ernst Tugendhat e Jacques Bouveresse entendem que a principal contribuição das *Investigações filosóficas* é fornecer um método para o filosofar. Alguns extraem dessa obra lições filosóficas (para não dizer "teses"), como a de que o cartesianismo está errado, pois isso teria sido mostrado pelo assim chamado argumento da linguagem privada. Mas sempre me pareceu que Tugendhat e Bouveresse enfatizaram o que se pode aprender de mais precioso com Wittgenstein: *uma maneira de pensar filosoficamente*, mais do que aprender "verdades". Também as considerações de Austin sobre o método parecem indicar uma boa maneira de filosofar sem preconceito e sem muita ambição: escolher tópicos precisos, examinar o vocabulário comum e, depois, um vocabulário mais técnico. Além disso, os resultados da assim chamada filosofia da linguagem ordinária sempre me pareceram muito fecundos e ricos. O livro de Ryle, por exemplo,

O conceito de mente, exibe uma análise dos conceitos psicológicos bastante fina e instigante. As análises de Austin sobre percepção, em *Sentido e percepção*, também são extremamente cuidadosas e detalhadas.

Esse método tem diversos méritos. Guardar uma certa modéstia não está entre os menores de seus méritos. Os filósofos costumam ser muito ambiciosos e, confiando na sua própria razão, julgam que podem rapidamente resolver as mais intrincadas questões. Com uns poucos argumentos, não raro pretendem resolver problemas aparentemente profundos. Antes de definir arbitrariamente um conceito, no entanto, talvez valesse a pena investigar como as palavras são comumente usadas; antes de tentar responder a uma questão, se perguntar se a questão está bem formulada; antes de produzir uma teoria geral, examinar dificuldades mais específicas. Outro mérito é o de inserir a linguagem filosófica no contexto mais amplo da vida. O significado dos conceitos filosóficos deve ser entendido também tendo referência às práticas sociais e intelectuais das quais fazem parte. E não se deve achar que tal método implica um dogmatismo da linguagem ordinária. Essa crítica ignora que a linguagem comum não é a última palavra sobre uma questão filosófica, é somente a primeira. E, dessa perspectiva, sequer haveria uma "palavra final". Esse é um mito do qual temos de nos livrar, o mito de que a filosofia produziria uma palavra final sobre seus problemas. Não somente se deve investigar usos técnicos das palavras, mas também, e sobretudo, se devem examinar os argumentos empregados para defender uma tese filosófica. Passamos, aqui, ao segundo método em filosofia que me parece indispensável.

O método cético de oposição sempre me pareceu uma maneira óbvia e correta de proceder. Argumentar dos dois lados de uma questão, examinar o que se diz de diferentes ângulos, defendendo diferentes posições é o mínimo que se pode esperar de alguém que quer seria e verdadeiramente pensar um problema filosófico. Entendo mesmo que é o que todos os filósofos dignos desse nome efetivamente fizeram ou fazem. Não é privilégio do cético estar atento às diferentes vozes (à *diaphonía*) da razão filosófica. O que caracteriza o método cético é equilibrar os dois lados de uma questão. Mas, claro, não necessariamente os dois lados estarão equilibrados e é preciso estar aberto a essa possibilidade de desequilíbrio de forças entre os argumentos. A minha experiência intelectual, entretanto, é a de que, quanto mais leio todos os argumentos envolvidos, tanto mais hesitante eu fico: quando examino o que se alega de um lado e de outro, quando acompanho no detalhe as mais diferentes propostas, acabo enredado em mais problemas e dificuldades do que o assunto parecia comportar num primeiro momento. Diversas vezes eu tive essa experiência de ficar cada vez mais desnorteado com a abundância de considerações, às vezes técnicas, às vezes de meros detalhes, e com a progressiva quantidade de novos problemas aos quais o problema original levava. É comum dizer-se que a filosofia analítica contemporânea se perde em minúcias irrelevantes; isso, de um lado, pode ser verdade, mas, de outro, também revela que qualquer aparente solução precisaria resolver tantos "probleminhas" num quadro geral que parece impossível alcançarmos qualquer solução simultaneamente abrangente e persuasiva para todos os filósofos que se debruçaram sobre essa questão.

Esse método de oposição, a meu ver, tem um valor fundamental não somente para a atividade filosófica, mas também para nossas vidas, que é similar a um dos valores que tem a história da filosofia: a compreensão de uma perspectiva diferente da nossa. Julgo que a capacidade de entender outro ponto de vista, de analisar uma questão de ângulos diferentes, de enxergar aspectos diversos, de compreender a força de um argumento contrário à nossa posição, de ser sensível a uma crítica pertinente, de suspeitar que há problemas, e problemas sérios, em nossa posição é um ganho intelectual e moral. O método cético de oposição é um exercício racional indispensável, tanto quanto é um aprendizado moral. Ele nos ensina a ser mais modestos e cautelosos, bem como a termos mais paciência e sermos menos precipitados em nossos julgamentos.

ii) O ceticismo depurado e outros ceticismos: conhecimento, mente, significado

Em 1993, quando minha bolsa de recém-doutor sobre Wittgenstein foi transformada em bolsa de produtividade em pesquisa, aventurei-me a escrever textos de reflexão pessoal, que esboçavam uma visão própria do ceticismo e da filosofia, sem me ater às exigências acadêmicas, mas mantendo o rigor conceitual e argumentativo que me fora ensinado. Parte da idéia era experimentar um gênero literário novo para mim. Escritos de maneira informal e com tom autobiográfico, dois textos complementares ficaram engavetados por um bom tempo. "Do começo da filosofia", o primeiro texto, só seria publicado quatro anos depois, em 1997. O segundo, "Terapia e vida comum" conheceu a luz mais cedo, em 1995. Esses artigos foram realmente importantes porque marcaram uma certa distância de minhas posições filosóficas diante do neopirronismo de Porchat. Tratava-se de começar uma lenta elaboração de meu próprio ceticismo, com a independência e autonomia que a filosofia exige. Embora eu o tenha chamado de "ceticismo terapêutico", Roberto Bolzani, com muito mais acerto, batizou esse meu primeiro ceticismo de "ceticismo depurado".

À medida que eu lia outros filósofos analíticos, algumas idéias wittgensteinianas perderam a força, em particular a de que a filosofia buscava somente dissolver pseudo-problemas e que a filosofia tinha uma natureza radicalmente diferente das ciências empíricas. A leitura de filósofos como Quine, Davidson, Putnam, Kripke, David Armstrong, Jaegwon Kim, entre outros, me inclinaram pelo menos a ver que a filosofia poderia ser contínua em relação à ciência. Resultado dessa reflexão e das novas discussões foi o artigo "São os problemas filosóficos tradicionais confusões lingüísticas ou investigações legítimas sobre as coisas?" (1996). Embora longo e confuso, eu estava buscando novas direções para meus pensamentos filosóficos.

Nesse processo de amadurecimento, de conhecimento da filosofia analítica contemporânea, de elaboração de uma posição pessoal, o artigo "Uma solução cética para o problema do mundo exterior" (1999) ocupa um lugar privilegiado, pois alia a reflexão pessoal sobre dois temas tradicionais da teoria do conhecimento (a percepção e a existência do mundo exterior) às leituras que fiz da filosofia moderna: Descartes, Malebranche, Arnauld, Berkeley, Hume e Kant. Além disso, esse artigo marca claramente uma evolução em minhas posições filosóficas, ao esboçar um itinerário cético diferente do itinerário que simplesmente aponta o conflito insolúvel das filosofias. Outro artigo segue esse modelo novo de ceticismo: "Filosofia cética da mente" (2001), que também trata de temas tradicionais da teoria do conhecimento (o conhecimento das outras mentes e de si mesmo), mas sob essa nova roupagem cética.

Os dois artigos mostram como as dificuldades filosóficas de uma teoria conduzem a outra teoria, com novas dificuldades, que geram uma terceira teoria, com suas dificuldades específicas, e assim por diante, até que, num dado momento, volta-se à teoria original e percebe-se sua força. Como, entretanto, as dificuldades dessa teoria original não foram resolvidas, estamos diante de uma aporia ou de um impasse, sem jamais chegar a resultado nenhum. Assim, a finalidade não era somente apontar um conflito insuperável das filosofias, cada uma considerada como um sistema independente e sem diálogo entre si, mas mostrar, *discutindo os argumentos específicos*, como esse conflito é gerado pelos próprios argumentos filosóficos numa sutil e complexa discussão entre as diversas filosofias. Nessa versão de ceticismo, as filosofias não são como mônadas ou sistemas fechados e incomensuráveis entre si, mas estão todas articuladas umas com as outras numa discussão em que as mútuas referências são indispensáveis para serem bem compreendidas. O ceticismo esboçado nesses artigos não se associa a uma visão estruturalista da filosofia, em que não há diálogo verdadeiro entre os sistemas filosóficos, mas descreve, ao contrário, *um intenso debate entre os filósofos*.

O texto "Sobre a distinção mente-corpo" (2000) apresentava ainda outro esforço de formular uma versão pessoal do ceticismo. Mais uma vez, procurei não me apoiar no tradicional argumento da *diaphonía* ou do conflito das filosofias, mas em outros modos argumentativos. Tentei explorar uma estratégia diferente, como a da denúncia de pressuposições filosóficas inaceitáveis. Essa estratégia é comum entre wittgensteinianos: trata-se de examinar se não haveria um pressuposto comum aceito pelas diversas partes em conflito e rejeitar esse pressuposto. Não estou seguro, hoje, se essa é uma boa estratégia filosófica, pois sempre se pode argumentar a favor e contra esse pressuposto; sua mera rejeição pode parece dogmática e arbitrária. Além disso, tentei esboçar minimamente uma concepção da percepção que fosse compatível com o ceticismo. Essa concepção apoiava-se não somente em Wittgenstein, mas em Austin e Ryle e, ao menos em parte, em Bergson. Esse foi um primeiro e tímido passo em direção de concepções filosóficas mais positivas; infelizmente, nunca fui muito adiante nessa direção.

Barry Stroud é, talvez, o filósofo contemporâneo mais importante sobre ceticismo. Stroud, na esteira de Davidson, Putnam e Strawson, propõe uma versão do argumento transcendental para barrar o ceticismo. Segundo Stroud, uma versão forte desse tipo de argumento não logra seu objetivo, mas uma versão moderada promete mais êxito. Toda a questão é saber se essa versão moderada do argumento transcendental serve para afastar a ameaça cética ou se, no fundo, não é uma forma velada de ceticismo. Esse tópico foi objeto do artigo: "Razão, invulnerabilidade e ceticismo" (2004). Pensar sobre Stroud ajudou-me a elaborar uma posição cética em face da teoria analítica do conhecimento, sem referência explícita ao neopirronismo de Porchat. Aliás, as considerações críticas de Stroud sobre o argumento transcendental, em particular sobre a proposta de Davidson, levou-me a escrever "Davidson, externalismo e ceticismo" (2004), argumentando que a triangulação proposta por Davidson não resolveria o problema do ceticismo. Nenhum dos três argumentos principais de Davidson é persuasivo, nem mesmo o famoso argumento do intérprete onisciente.

A essa altura eu estava profundamente envolvido com a teoria analítica do conhecimento. Reflexo desse envolvimento é o artigo "Conhecimento, justificação e verdade" (2006). Uma tentativa de refutar o ceticismo é defender uma concepção externista da justificação. Essa tentativa goza de muito prestígio atualmente e é uma das versões do externismo. Uma concepção internista da justificação é aquela que diz que quem tem a crença deve justificar sua crença. Para muitos epistemólogos analíticos, essa concepção desembocaria no ceticismo: aquele que tem a crença jamais conseguirá garantir a verdade de sua crença por meio de uma justificação. Mas haveria uma saída: a justificação (ou seu equivalente) pode ser dada por uma pessoa que observa quem tem a crença. Assim, de um ponto de vista externo (a quem tem a crença), poder-se-ia garantir a verdade da crença por meio da descrição de um processo causal confiável. Mais uma vez, os teóricos analíticos contemporâneos atribuem uma concepção internista à teoria moderna do conhecimento e pretendem opor-lhe uma concepção externista, que seria dominante no cenário contemporâneo.

O debate entre externismo e internismo também trata de questões semânticas. Segundo os internistas, o significado de uma palavra é dado por uma representação mental. Mas, para boa parte dos filósofos analíticos contemporâneos, o significado "simplesmente não está na cabeça", na famosa expressão de Putnam. Parte do significado de uma palavra depende do mundo natural e/ou do mundo social. Esta é a concepção externista em semântica, muito em voga nos dias de hoje. Para os externistas, o internismo conduz diretamente ao ceticismo, já que jamais saberemos se nossas representações mentais e o que dizemos correspondem à realidade. A adoção do externismo suprimiria a lacuna entre o que está em nossas mentes e o mundo à nossa volta, de forma a garantir o conhecimento das coisas. Mas, naturalmente, há argumentos para mostrar que o externismo está sujeito a dúvidas semelhantes. Em "Hesitações filosóficas" (2007), procurei dar um tratamento cético ao debate entre o externismo e o internismo semântico, no qual o externismo enfrentaria dificuldades tão sérias quanto o internismo. Eu propunha a suspensão do juízo sobre essas duas formas de dogmatismo.

Aproveito para fazer uma autocrítica: jamais consegui organizar minhas ideias sobre o ceticismo num texto claro, ordenado, abrangente. Infelizmente, sempre apresentei minhas ideias de modo fragmentado, ainda insuficientemente amadurecidas. Um dia, eu gostaria de conseguir organizá-las num todo coerente e com força suficiente para suscitar debates mais precisos e que me permitam continuar desenvolvendo algumas ideias que me são caras.

Alguns debates são importantes em minha produção, como os artigos em que debato as posições filosóficas de amigos e colegas. Aprendi a pesquisar e filosofar sempre em diálogo com outros pesquisadores e filósofos. Essa é, a meu ver, a melhor maneira de aprofundar e tornar mais rigorosos e exatos nossos próprios trabalhos. É preciso submetê-los à discussão com outros especialistas, ouvir suas críticas e sugestões, incorporá-las e retomar as pesquisas em outro patamar. Além disso, o debate, não se limitando à discussão oral, mas prolongando-se em textos escritos, ajuda a criar uma tradição entre nós.

No contexto deste memorial, o debate mais importante é com Roberto Bolzani Filho. Em meu artigo "Ceticismo dogmático e dogmatismo sem dogmas" (2006), propus uma articulação dos vários artigos de Roberto Bolzani Filho numa visão coerente e apresentei algumas objeções. Posteriormente, Roberto respondeu a esse artigo. Em 2004, Roberto entendeu que meu artigo "Terapia e vida comum" merecia uma resposta e escreveu um artigo criticando a forma de ceticismo proposta por mim, que ele acertadamente chamava de "depurado". Nossa colaboração vai além do debate que nos estimula e nos obriga a reformular nosso pensamento ou tornar nossas ideias mais precisas, pois escrevemos um artigo a quatro mãos: "Filosofia e história da filosofia" (2009). Num *Book symposium* da revista *Sképsis*, Eleonora Orlando, Roberto Bolzani e Waldomiro José da Silva Filho comentaram artigos meus contidos no livro *Do começo da filosofia e outros ensaios*. Escrevi, em resposta aos três, o texto "Algumas retratações".

Também debati por escrito com vários outros amigos e filósofos. Mencionarei somente dois que têm relação direta com minhas reflexões filosóficas. Num artigo ("Verdad, ontología y deflacionismo", 2007), procuro mostrar que a distância entre a concepção neopirrônica da verdade, que

O MÉTODO CÉTICO DE OPOSIÇÃO NA FILOSOFIA MODERNA   329

Porchat apresentou em artigo muito instigante, e a concepção cético-deflacio-
nista que Eduardo Barrio (UBA, Argentina) lhe opõe é menor do que parece
à primeira vista. De fato, se tivermos uma interpretação minimalista da teoria
correspondencialista da verdade, como tem Porchat, e não adotarmos uma
interpretação sintática do deflacionismo, então não há diferença substantiva
entre as duas posições. Apresentei uma crítica às reflexões de Renato Lessa
sobre ceticismo e política em "Ceticismo político, crenças e vida comum"
(2005). Nesse artigo, procuro encontrar um eixo que vincula os cinco artigos
que compõem o seu livro *Agonia, aposta e ceticismo* e, em seguida, discuto criticamente sua posição.

Observações finais

Recordando-se de seu período de formação, diz Borges: "Aqueles
foram anos felizes porque as amizades abundavam... Os amigos ainda estão
muito presentes e muito próximos. De fato, são uma parte indispensável
de minha vida." As amizades são o que torna suportável viver numa cidade
como São Paulo. E, refletindo sobre toda a sua vida e antevendo o futuro,
Strawson encerra sua *Autobiografia intelectual* da seguinte maneira: "Até agora
cada década foi melhor do que a década anterior, embora eu reconheça que,
na natureza das coisas, isso não pode continuar indefinidamente."

Quando disse, na epígrafe inicial deste memorial, que seu espírito estava cheio de hesitação e de dúvida, Pessoa tinha em mente coisas sombrias:
"Nada é ou pode ser positivo para mim... Toda a minha vida tem sido de
passividade e de sonho. Todo o meu caráter consiste no ódio, no horror, na
incapacidade que invade tudo quanto em mim existe, física e mentalmente,
para atos decisivos, para pensamentos definidos." Sinto-me, de fato, bastante
distanciado dessa atitude diante da vida: meu caráter não é espiritualista ou
intimista; estou mergulhado no cotidiano. Embora não seja uma referência
erudita, mas popular (ou, talvez, por isso mesmo), vem-me à cabeça uma
música de Moraes Moreira e dos Novos Baianos, também cantada por Gal
Costa: "Não se assuste pessoa/ Se eu lhe disser que a vida é boa."

Referências bibliográficas

Agostinho. *Contra los académicos*, Madrid: BAC, volume III, 1982.

Al-Azm, S. J. (1972) *The Origins of Kant's Arguments in the Antinomies*, Oxford, Oxford University Press.

Alexandrescu, Vlad. (1997) *Le paradoxe chez Blaise Pascal*. Paris, Peter Lang.

Allison, Henry. (1983) *Kant's Transcendental Idealism: An Interpretation and Defense*, New Haven and London: Yale University Press.

Ayers, Michael and Garber, Daniel (eds.). (1998) *The Cambridge History of Seventeenth-Century Philosophy*, Cambridge: Cambridge University Press.

Bacon, Francis. (1987) *Récusation des doctrines philosophiques et autres opuscules*, Didier Deleule (ed.), Paris, Presses Universitaires de France.

Bacon, Francis. (2008) "A escada do entendimento ou o fio do labirinto" em *Sképsis*, número 3-4, tradução: Luiz A. A. Eva, p. 197-203.

Bacon, Francis. (NO) *Novum Organum* in *Selected Philosophical Works*, ed. by Sargent, R.-M., Indianapolis/Cambridge: Hackett Publishing Company, 1999.

Bacon, Francis. *The Works of Francis Bacon*, [1861-1864] (1976) collected and edited by James Spedding, Robert Leslie Ellis and Douglas Denon Heath, 15 vols., Boston: Taggard and Thompson (Michigan: Scholarly

Press, 1976). As referências indicam o volume e a página, exceto no caso do *Novum Organum*, quando se cita o livro e o aforismo. As referências entre parêntesis são às traduções consultadas. (ADV) *Of the Proficience and Advancement of Learning Divine and Humane.* (CV) *Cogitata et Visa.* (DSV) *De Sapientia Veterum.* (HVM) *Historia Vitae et Mortis.* (IM) *Instauratio Magna (Praefatio e Distributio Operis).* (NO) *Novum Organum.* (RP) *Redargutio Philosophiarum.* (SI) *Scala Intellectus sive Filum Labyrinthi.* (TPM) *Temporis Partus Masculus.* (VT) *Valerius Terminus.*

Bayle, Pierre. (DHC) *Dictionnaire historique et critique*, USA : Elibron Classics, 2005, facsimile da edição de Paris : Dsoer, 1820. (Cinquième édition, Amsterdam, Leyde, La Haye, Utrecht; 4 vols in-folio, 1740.) (Gros, J.-M. (org.) *Pierre Bayle: Pour une histoire critique de la philosophie*, Paris : Honoré Champion, 2001.)

Beiser, Frederick (1987) *The Fate of Reason: German Philosophy from Kant to Fichte*, Cambridge: Harvard University Press.

Beiser, Frederick (2002) *German Idealism: The Struggle against Subjectivism, 1781-1801*, Cambridge: Harvard University Press.

Benitez, Miguel, e Paganini, Gianni (2002) "Introduction" em Benitez, Miguel, Paganini, Gianni e Dybikowski, J. (eds.) (2002) *Scepticisme, Clandestinité et Libre Pensée*, Paris: Honore-Champion.

Benitez, Miguel, Paganini, Gianni e Dybikowski, J. (eds.) (2002) *Scepticisme, Clandestinité et Libre Pensée*, Paris: Honore-Champion.

Bernier, Marc-André e Charles, Sébastien. (eds.) (2005) *Scepticisme et modernité*, France: Université de Saint-Étienne.

Bird, Graham. (2006) *The Revolutionary Kant*, Chicago and La Salle, IL: Open Court.

Bird, Graham. (ed.) (2005) *A Companion to Kant*, Oxford, Blackwell.

Bosley, R. N. e Tweedale, M. (eds.) (1997) "Skepticism" in *Basic Issues in Medieval Philosophy*, Canada: Broadview Press, p. 439-498.

Bouchilloux, Hélène. (2000) "Vértié phénoménale et vérité essentielle chez Pascal" in Pécharman, Martine, *Pascal: Qu'est-ce que la vérité?*, Paris: PUF, 2000.

Bouchilloux, Hélène. (2004) *Pascal: la force de la raison*, Paris: Vrin.

Brahami, Frédéric. (2001a) "Des *Esquisses* aux *Essais*. L'enjeu d'une rupture" em *Le scepticisme au XVIe et au XVIIIe siècle: Le retour des philosophies antiques à l'âge classique*, tome II, ed. Pierre-François Moreau, Paris: Albin Michel, p. 121-131. (Tradução: "Das *Hipotiposes* aos *Ensaios*: o que está em jogo numa ruptura" em *Sképsis*, 8, tradução: Plínio Junqueira Smith, p. 66-77.)

Brahami, Frédéric. (2001b) *Le travail du scepticisme: Montaigne, Bayle, Hume*, Paris: PUF.

Burnyeat, Myles (ed.). (1983) *The Skeptical Tradition*, Berkeley: University of California Press, 1983.

Carraud, Vincent e Marion, Jean-Luc (eds.). (2004) *Montaigne: scepticisme, métaphysique, théologie*, Paris: PUF.

Charles, Sébastien e Malinowsli-Charles, Syliane (eds.). (2011) *Descartes et ses critiques*, Canada: Presses de l'Université Laval.

Charles, Sébastien e Smith, Plínio J. (eds.). (2013) *Scepticism in the Eighteenth Century: Enlightenment, Lumières, Aufklärung*, Dordrecht: Springer.

Charles, Sébastien. (2003) *Berkeley au siècle des lumières: immaterialisme et scepticisme au XVIIIe siècle*, Paris: Vrin.

Charles, Sébastien. (2013) "Introduction: What is Enlightenment Scepticism? A Critical Rereading of Richard Popkin" em Charles, Sébastien e Smith, Plínio J. (eds.). (2013) *Scepticism in the Eighteenth Century: Enlightenment, Lumières, Aufklärung*, Dordrecht: Springer.

Cicero (Ac) *Academica*, Cambridge, Massachusetts/London, England: Harvard University Press, 1994.

Conche, Marcel. (1996) *Montaigne et la philosophie*, Paris: PUF.

Deleule, Didier. (2009) "Prologue" em Bacon, F. *Récusation des doctrines philosophiques et autres opuscules*, Paris: Hermann Editeurs, 1987.

Delpla, I. e de Robert, P. (2003) *La raison corrosive. Études sur la pensée critique de Pierre Bayle*, Paris: Honoré Champion.

Diógenes Laertius (1995) *Lives of Eminent Philosophers*, vol. 1, Cambridge/Massachusetts: Harvard University Press.

Eva, Luiz A. A. (1994) "Montaigne e o ceticismo na Apologia de Raymond Sebond: a natureza dialética da crítica à vaidade" em *O que nos faz pensar*, Rio de Janeiro: PUC-RJ, p. 106-117.

Eva, Luiz A. A. (1996) "Ceticismo e fideísmo em Montaige" em *Kriterion*, 94, Belo Horizonte: UFMG.

Eva, Luiz A. A. (2004) *Montaigne contra a vaidade: um estudo sobre o ceticismo na "Apologia de Raimond Sebond"*, São Paulo: Humanitas.

Eva, Luiz A. A. (2007) *A figura do filósofo: Ceticismo e subjetividade em Montaigne*, São Paulo: Loyola.

Eva, Luiz A. A. (2008) "Francis Bacon : ceticismo e doutrina dos ídolos" em *Cadernos de História e Filosofia da Ciência*, Campinas, Série 3, v. 18, n. 1, jan.-jun., p. 47-84.

O MÉTODO CÉTICO DE OPOSIÇÃO NA FILOSOFIA MODERNA 337

Eva, Luiz A. A. (2011) "Bacon's 'Doctrine of the Idols' and skepticism" em Machuca, D. (ed.) *Pyrrhonism in Ancient, Modern, and Contemporary Philosophy*, Dordrecht: Springer, p. 99-129.

Farr, Wolfgang. (org.). (1982) *Hume und Kant: Interpretation und Diskussion*, Fribourg und Munich: Verlag Karl Alber.

Floyd, Juliet. (2003) "The Fact of Judgement: The Kantian Response to the Humean Condition", em J. Malpas (dir.) *From Kant to Davidson: Philosophy and the Idea of the Transcendental*, Londres et New York, Routledge, p. 22-47.

Forster, Michael N. (2008) *Kant and Skepticism*, Princeton and Oxford: Princeton University Press.

Foucher, Simon. (D) *Dissertations sur la Recherche de la Vérité, contenant l'Histoire et les Principes de la Philosophie des Academiciens*, Paris: chez Jean Anisson, 1693.

Franks, Paul. (2005) *All or Nothing: Systematicity, Transcendental Arguments, and Skepticism in German Idealism*, Cambridge, MA, Londres: Harvard University Press.

Gardner, Sebastien. (1999) *Kant and the* Critique of Pure Reason, London and New York: Routledge.

Garrett, Don. (1997) *Cognition and Commitment in Hume's Philosophy*, Oxford and New York: Oxford University Press.

Gassendi, Pierre. (2006) *Vie et moeurs d'Épicure*, 2 vols. Paris: Les Belles Lettres.

Giocanti, Sylvia. (2001) *Penser l'Irresolution. Montaigne, Pascal, La Mothe le Vayer, Trois itinéraires philosophiques*, Paris: Honoré Champion.

338   PLÍNIO JUNQUEIRA SMITH

Giovanni, George di e Harris, H. S. (2000) *Between Kant and Hegel: texts in the developmente of post-kantian idealism*, Indianapolis: Hackett.

Gouhier, Henri. (1986) *Blaise Pascal. Conversion et apologétique* Paris, Vrin. (Tradução: *Blaise Pascal: Conversão e apologética*, São Paulo: Paulus e Discurso Editorial, 2006, tradução: Éricka Marie Itokazu e Homero Santiago.)

Granada, Miguel A. (2006) "Bacon and Scepticism" in *Nouvelles de la République des Lettres*, 1.

Grier, Michelle. (2001) *Kant's Doctrine of Transcendental Illusion*, Cambridge: Cambridge University Press.

Guyer, Paul. (1995) *Kant and the Claims of Knowledge*, Cambridge: Cambridge University Press, 1987.

Guyer, Paul. (2006) *Kant*, Londres and New York: Routledge.

Guyer, Paul. (2008) *Knowledge, Reason, and Taste: Kant's Response to Hume*, Princeton and Oxford: Princeton University Press.

Hamlin, William M. (2005) *Tragedy and Scepticism in Shakespeare's England*, New York: Palgrave Macmillan.

Hammond, Nicholas. (ed.) (2003) *The Cambridge Companion to Pascal*, Cambridge: Cambridge University Press.

Hartle, Ann. (2000) "Montaigne's Scepticism", *Montaigne Studies*, volume XII, number 1-2, p. 75-90.

Hegel, Georg W. F. (1986) *La relation du scepticisme avec la philosophie*, Paris, Vrin.

Henrich, Dieter. (2003) *Between Kant and Hegel: Lectures on German Idealism*, Cambridge, MA, and London: Harvard University Press.

Hoyos, Luis Eduardo. (2001) *El escepticismo y la filosofía trascendental: estudios sobre el pensamiento alemán a fines del siglo XVIII*, Bogota: Universidad Nacional de Colombia.

Huet, Pierre-Daniel. (TF) *Traité Philosophique de la Foiblesse de l'Esprit Humain*, Londres: Chez Jean Nourse, 1741.

Hume, David. (A) *Abstract* in *A Treatise of Human Nature*, ed. By Norton, D. F. and Norton, M. F., Oxford: Oxford University Press, 2004. (Tradução: *Resumo*, São Paulo: Editora UNESP/Imprensa Oficial, 2000, tradução de Déborah Danowski.)

Hume, David. (DNR) *Dialogues concerning Natural Religion and The Natural History of Religion*, ed. by Gaskin, J. C. A., Oxford: Oxford University Press, 1998.

Hume, David. (E) *Essays: Moral, Political, and Literary*, New York: Cosimo Classics, 2006

Hume, David. (EHU) *Enquiry concerning Human Understanding*, eds. Selby-Bigge and P. H. Nidditch, Oxford: Clarendon Press, 1986.

Hume, David. (EPM) *Enquiry concerning the Principles of Morals*, eds. Selby-Bigge and P. H. Nidditch, Oxford: Clarendon Press, 1986.

Hume, David. (T) *A Treatise of Human Nature*, David fate Norton and Mary J. Norton (eds.) Oxford: Oxford University Press, 2004 (tradução: *Tratado da natureza humana*, São Paulo: Editora UNESP/Imprensa Oficial, 2000, tradução de Déborah Danowski.

James, Susan. (1985) "Spinoza the Stoic" em Sorell, Tom (ed.). (1995) *The Rise of Modern Philosophy: The Tension between the New and Traditional Philosophies from Machiavelli to Leibniz*, Oxford: Clarendon.

340 PLÍNIO JUNQUEIRA SMITH

Jardine, Lisa. (1985) "EXPERIENTIA LITERATA ou NOVUM ORGANUM? Le dilemme de La méthode scientifique de Bacon" em Malherbe, Michel e Pousseur, Jean-Marie (eds.) *Francis Bacon: Science et Méthode*, Paris:Vrin, 1985, p. 135-157.

Kant, Immanuel. (Prol.) *Prolegomena to Any Future Metaphysics*, edited by Gary Hatfield, Cambridge: Cambridge University Press, 1997.

Kant, Immanuel. (A/B) *Kritik der reinen vernunft*, Frankfurt: Suhrkamp, 1974. (*Critique of Pure Reason*, translated and edited by Paul Guyer and Allen Wood, Cambridge: Cambridge University Press, 1998. *Critique of Pure Reason*, translated by Norman Kemp-Smith, Macmillan, Hong Kong, 1929.)

Kant, Immanuel. (*Lógica*) *Lógica*, Tradução Guido Antonio de Almeida, Rio de Janeiro:Tempo Brasileiro, 1992.

Kuehn, Manfred. (1983) "Kant's Conception of Hume's Problem", *Journal of the History of Philosophy*, nº 21, p. 175-193.

La Mothe le Vayer, François. (D) *Dialogues faits à l'Imitation des Anciens*, France: Fayard, 1988.

La Mothe le Vayer, François. (VP) *De la vertu des Païens*, em Prévot, J. (ed.), *Libertins du XVIIe siècle*, Pairs: Gallimard, 2004.

Lammenranta, Markus. (2013) "The Role of Disagreement in Pyrrhonian and Cartesian Skepticism" in Machuca, D. (org.) *Disagreement and Skepticism*, London: Routledge, p. 46-65.

Larmore, Charles. (1998) "Scepticism" em Ayers, M. and Garber, D. (eds.). *The Cambridge History of Seventeenth-Century Philosophy*, Cambridge: Cambridge University Press.

Larmore, Charles. (2004) "Un scepticisme sans tranquillité: Montaigne et ses modèles antiques" in V. Carraud et J.-L. Marion (eds.) *Montaigne: scepticisme, métaphysique, théologie*, Paris: PUF, p. 15-31.

Larrère, Catherine. (2001) "Droit naturel et scepticisme", em P.-F. Moreau (ed.) *Le scepticisme au XVI ^{e} et au XVII ^{e} siècle: Le retour des philosophies antiques à l'âge classique*, Paris: Albin Michel.

Lebrun, Gérard. (1983) *Blaise Pascal: voltas, desvios e reviravoltas*, São Paulo: Brasiliense.

Limbrick, Elaine. (1977) "Was Montaigne really a Pyrrhonian?", *Bibliothèque d'Humanisme et Renaissance*, 39, p. 67-80.

Long, Antony. (2003) "Stoicism in the Philosophical Tradition: Spinoza, Lipsius, Butler" em Miller, Jon and Inwood, Brad (eds.). (2003) *Hellenistic and Early Modern Philosophy*, Cambridge: Cambridge University Press.

Loque, Flávio F. (2012) *Ceticismo e religião no início da modernidade: A ambivalência do ceticismo cristão*, São Paulo: Loyola.

Machuca, Diego (ed.). (2011) *Pyrrhonism in Ancient, Modern, and Contemporary Philosophy*, Dordrecht: Springer.

Machuca, D. (org.) (2013) *Disagreement and Skepticism*, London: Routledge.

Maia Neto, José Raimundo e Popkin, Richard H. (eds.) (2005) *Skepticism in Renaissance and Post-Renaissance Thought: new interpretations*, New York: Book series and JHP.

Maia Neto, José Raimundo, Paganini, Gianni, and Laursen, John-Christian (eds.). (2009) *Skepticism in the Modern Age: building on the Work of Richard Popkin*, Leiden/Boston: Brill.

Maia Neto, José Raimundo. (1994) "De Montaigne a Pascal: do fideísmo cético à cristianização do ceticismo" em *O que nos faz pensar*, Rio de Janeiro: PUC-RJ, p. 62-71.

Maia Neto, José Raimundo. (1995) *The Christianization of Pyrrhonism: Skepticism and Faith in Pascal, Kierkegaard and Shestov*, Dordrecht: Kluwer.

Maia Neto, José Raimundo. (1996) "O ceticismo de Bayle" em *Kriterion*, número 93, Belo Horizonte: UFMG, p. 77-88.

Maia Neto, José Raimundo. (2005) "*Epoché* as Perfection: Montaigne's View of Ancient Skepticism" em Maia Neto, José Raimundo e Popkin, Richard H. (eds.), *Skepticism in Renaissance and Post-Renaissance Thought: New Interpretations*, New York: Humanity Books, p. 13-42.

Malebranche, Nicolas. (RV) *Recherche de la vérité*, Paris: Vrin, 3 vols., 1965, 1967, 1976.

Malherbe, Michel, e Pousseur, Jean-Marie (eds.) (1985) *Francis Bacon: Science et Méthode*, Paris: Vrin.

Malpas, Jeff (ed.). (2003) *From Kant to Davidson: Philosophy and the idea of the transcendental*, London: Routledge.

Manzo, Silvia. (2009) "Probability, Certainty and Facts in Francis Bacon's Natural Histories. A Double Attitude towards Skepticism" em Maia Neto, José Raimundo, Paganini, Gianni and Laursen, John-Christian (eds.). *Skepticism in the Modern Age: building on the Work of Richard Popkin*, Leiden/Boston: Brill, p. 123-137.

McKenna, Antony. (2001) "*Les Pensées de Pascal: une ébauche d'apologie sceptique*" in Moreau, P.F. (ed.) *Le scepticisme au XVIe et au XVIIe siécle: Le retour des philosophies antiques à l'âge classique*, tome II, Paris, Albin Michel, 2001.

Melnick, Arthur. (2005) "The Second Analogy", em G. Bird (ed.), *A Companion to Kant*, Oxford, Blackwell.

Miller, Jon (2003) "Stoics, Grotius, and Spinoza on Moral Deliberation" em Miller, Jon and Inwood, Brad (eds.). (2003) *Hellenistic and Early Modern Philosophy*, Cambridge: Cambridge University Press.

Miller, Jon and Inwood, Brad (eds.). (2003) *Hellenistic and Early Modern Philosophy*, Cambridge: Cambridge University Press.

Montaigne, Michel de. (E) *Essais*, ed. Villey, 2 tomes, Paris: PUF, 1978 (tradução brasileira: *Ensaios*, 3 volumes, trad. Rosemary Costhek Abilio, São Paulo: Martins Fontes, 2000).

Moreau, Pierre-François (org.). (1999) *Le stoïcisme au XVIe et au XVIIe siècle: le retour des philosophies antiques à l'âge classique*, France: Albin Michel.

Moreau, Pierre-François (org.). (2001) *Le scepticisme au XVIe et au XVIIe siècle: le retour des philosophies antiques à l'âge classique*, France: Albin Michel.

Norton, David F. (1982) *David Hume: Common-Sense Moralist, Skeptical Metaphysician*, Princeton and Oxford: Princeton University Press.

Oliveira, Bernanrdo J. e Maia Neto, José Raimundo. (2009) "The sceptical evaluation of *techné* and baconian science" em *Renaissance Scepticisms*, Paganini, G. and Maia Neto, J. R. (eds.), Netherlands, Springer, p. 249-273.

Oliveira, Bernardo J. (2002) *Francis Bacon e a fundamentação da ciência como tecnologia*, Belo Horizonte: UFMG/Humanitas, 2010.

Osler, Margaret J. (1985) "Ancientes, Moderns, and the History of Philosophy: Gassendi's Epicurean Project" em Sorell, Tom (ed.). (1995) *The Rise of Modern Philosophy: The Tension between the New and Traditional Philosophies from Machiavelli to Leibniz*, Oxford: Clarendon.

344   PLÍNIO JUNQUEIRA SMITH

Osler, Margaret J. (2003) "Early Modern Uses of Hellenistic Philosophy: Gassendi's Epicurean Project" em Miller, J. and Inwood, B. (eds.) *Hellenistic and Early Modern Philosophy*, Cambridge: Cambridge University Press, 2003.

Paganini, Gianni and Maia Neto, José Raimundo (eds.). (2009) *Renaissance Scepticisms*, Netherlands: Springer.

Paganini, Gianni. (2005a) *Les philosophies clandestones à l'âge classique*, Paris: PUF.

Paganini, Gianni. (2005b) "Scepticisme, véracité et omnipotence divine à l'aube des Lumières: las cas de Pierre Bayle", em M.-A. Bernier et S. Charles (eds.) *Scepticisme et modernité*, Saint-Étienne, Université de Saint- Étienne, p. 25-64.

Paganini, Gianni. (2008) *Skepsis. Le débat des modernes sur le scepticisme*, Paris: Vrin.

Paganini, Gianni. (ed.) (2003) *The Return of Scepticism: From Hobbes and Descartes to Bayle*, Dordrecht/Boston/London: Kluwer Academic Publishers.

Pascal, Blaise. (1670) *Pensées*, ed. Port-Royal. Essa edição está disponível em: ftp://ftp.bnf.fr/005/N0057715_PDF_1_-1DM.pdf

Pascal, Blaise. (EG) "De l'esprit géométrique" em *De l'esprit géométrique, Ecrits sur la Grâce et autres textes*, Paris: Flammarion, 1985.

Pascal, Blaise. (ES) *Entretien avec M. de Saci*, em Œuvres complètes, éd. Louis Lafuma, Paris, Seuil, 1963. (*Entretien avec Sacy sur la philosophie*, ed. Richard Scholar, France: Actes Sud, 2003.)

Pascal, Blaise. (L) *Pensées* em Œuvres complètes, éd. Louis Lafuma, Paris: Seuil, 1963.

Pascal, Blaise. (TV) "Traité du vide" em *De l'esprit géométrique, Écrits sur la Grâce et autres textes*, Paris: Flammarion, 1985.

Passmore, John. (1980) *Hume's Intentions*, London: Duckworth, 1952.

Pécharman, Martine (ed.). (2000) *Pascal: Qu'est-ce que la vérité?*, Paris: PUF.

Peltonen, Markku (ed.). (1996) *The Cambridge Companion to Bacon*, Cambridge: Cambridge University Press.

Phillips, Henry. (2003) "The inheritance of Montaigne and Descartes" em Hammond, N. (ed.) *The Cambridge Companion to Pascal*, Cambridge: Cambridge University Press.

Popkin, Richard H., Olaso, Ezequiel de, Tonelli, Giorgio (eds.). (1997) *Scepticism in the Enlightenment*, Dordrecht: Kluwer.

Popkin, Richard H. (1997a) "Scepticism in the Enlightenment" em Popkin, Richard H., Olaso, Ezequiel de, Tonelli, Giorgio (eds.). (1997) *Scepticism in the Enlightenment*, Dordrecht: Kluwer.

Popkin, Richard H. (1997b) "New Views on the Role of Scepticism in the Enlightenment" em Popkin, Richard H., Olaso, Ezequiel de, Tonelli, Giorgio (eds.). (1997) *Scepticism in the Enlightenment*, Dordrecht: Kluwer.

Popkin, Richard H. (ed.). (1996) *Scepticism in the History of Philosophy: a Pan-American Dialogue*, Dordrecht: Kluwer.

Popkin, Richard H. (1979) *The History of Scepticism: from Erasmus to Spinoza*, 2nd edition, Berkeley/Los Angeles/London: University of California Press. (Tradução: *História do ceticismo: de Erasmo a Spinoza*, tradução de Danilo Marcondes, Rio de Janeiro: Francisco Alves, 2000.)

346   PLÍNIO JUNQUEIRA SMITH

Popkin, Richard H. (1980) *The High Road to Pyrrhonism*, ed. By Richard A. Watson and James E. Force, Indianapolis, Cambridge: Hackett Publishing Company, 1993.

Popkin, Richard H. (1993) "Skepticism and Anti-Skepticism in the Latter Part of the Eighteenth Century", em *The High Road to Pyrrhonism*, R. A. Watson et J. E. Force (eds.), Indianapolis, IN, Hackett Publishing Company, 1980 e em Popkin, Richard H., Olaso, Ezequiel de, Tonelli, Giorgio (eds.). (1997) *Scepticism in the Enlightenment*, Dordrecht: Kluwer.

Popkin, Richard H. (2003) *The History of Scepticism: from Savonarola to Bayle*, 3rd edition, Oxford: Oxford University Press.

Prior, Moody E. (1968) "Bacon's Man of Science" em *Essential Articles for the Study of Francis Bacon*, Vickers, B. (ed.), Connecticut: Archon Books, reprinted from the *Journal of the History of Ideas*, vol. 15, 1954, p. 348-370.

Rossi, Paolo. (2006) *Francis Bacon: Da magia à ciência*, Paraná: EDUEL/ EDUFPR.

Rutherford, Donald. (2006) "Introduction" em Rutherford, Donald (ed.). (2006) *The Cambridge Companion to Early Modern Philosophy*, Cambridge: Cambridge University Press.

Rutherford, Donald (ed.). (2006) *The Cambridge Companion to Early Modern Philosophy*, Cambridge: Cambridge University Press.

Ryan, Todd (2009) *Pierre Bayle's Cartesian Metaphysics: Rediscovering Early Modern Philosophy*, London: Routledge.

Schaefer, David L. (1990) *The Political Philosophy of Montaigne*, Ithaca and London: Cornell University Press.

Schiffman, Zachary. (1984) "Montaigne and the Rise of Skepticism in Early Modern Europe" in *Journal of the History of Ideas*, 45, p. 499-516.

Schmitt, Charles B. (1972) *Cicero Scepticus: a Study of the Influence of the* Academica *in the Renaissance,*

Schmitt, Charles B. (1983) "The Rediscovery of Ancient Scepticism in Modern Times" em Burnyeat, Myles (ed.). (1983) *The Skeptical Tradition*, Berkeley: University of California Press, 1983.

Sève, Bernard. (1995) "Antithèse et isosthénie chez Pascal" em *Hermès* 15, p. 105-118.

Sève, Bernard. (2000) "Vérité au-delà du pyrrhonisme, erreur en deçà? La triple vérité du pyrrhonisme dans les Pensées de Pascal" em Pécharman, Martine (ed.) *Pascal: Qu'est-ce que la vérité?*, Paris: PUF, 2000.

Sève, Bernard. (2007) *Montaigne: Des règles pour l'esprit*, Paris: PUF.

Sextus Empiricus (AM) *Against the Dogmatists*, em *Works* in four volumes, Loeb, London: William Heinemann, Cambridge, Massachusetts: Harvard University Press, 1987.

Sextus Empiricus (HP) *Outlines of Pyrrhonism*, Loeb, London: William Heinemann, Cambridge, Massachusetts: Harvard University Press, 1993. (Translated by Annas, J. and Barnes, J., Cambridge: Cambridge University Press, 1994.)

Sorell, Tom (ed.). (1995) *The Rise of Modern Philosophy: The Tension between the New and Traditional Philosophies from Machiavelli to Leibniz*, Oxford: Clarendon.

Smith, Plínio J. (2007) "Bayle e o ceticismo antigo" in *Kriterion*, 48, p. 249-271.

Smith, Plínio J. (2011a) "A dívida de Hume com Pascal" in *Kriteron*, 124, Belo Horizonte: UFMG, 2011, p. 365-384.

Smith, Plínio J. (2011b) "Hume on Skeptical Arguments" em Machuca, Diego (ed.). (2011) *Pyrrhonism in Ancient, Modern, and Contemporary Philosophy*, Dordrecht: Springer, p. 171-189.

Smith, Plínio J. e Wrigley, Michael B. (orgs.) (2003) *O filósofo e sua história*, Smith, P. J. e Wrigley, M. B. (orgs.), Campinas: UNICAMP.

Solère, Jean-Luc. (2003) "Bayle et les apories de la raison humaine" in Delpla, I. e de Robert, P. *La raison corrosive. Études sur la pensée critique de Pierre Bayle*, Paris : Honoré Champion, 2003.

Strawson, Peter F. (1995) *The Bounds of Sense*, London and New York: Routledge, 1966.

Terrel, Jean. (2001) "Hobbes et la crise sceptique", em P.-F. Moreau (ed.) *Le scepticisme au XVI ^{e} et au XVIIe siècle: Le retour des philosophies antiques à l'âge classique*, Paris, Albin Michel.

Tournon, André. (2000) "*Suspense* philosophique et ironie: la zététique de l'*essai*", *Montaigne Studies*, volume XII, number 1-2, p. 45-62.

Tuck, Richard. (1993) *Philosophy and Government: 1572-1651*, Cambridge: Cambridge University Press.

Villey, Pierre. (1923) *Les sources et l'évolution des Essais de Montaigne*, Bibliolife.

Villey, Pierre. (1973) *Montaigne et Francis Bacon*, Genève: Slaktine.

Villey, Pierre. (1978) *Les Essais de Montaigne*, Paris: PUF.

Watson, Richard A. (1987) *The Breakdown of Cartesian metaphysics*, Indianapolis: Hackett, 1998.

Wilson, Margaret D. (1972) "On Kant and the Refutation of Subjectivism" em L. W. Beck (ed.) *Proceedings of the Third International Kant Congress*, Dordrecht, Hollande, D. Riedel, p. 597-606.

Yolton, John W. (1956) *Locke and the Way of Ideas*, Bristol: Thoemmes Press.

Zagorin, Perez. (1999) *Francis Bacon*, Princeton: Princeton University Press.

Esta obra foi impressa em São Paulo
na gráfica Renovagraf na primavera
de 2016. No texto foi utilizada a fonte Bembo em corpo 11,5 e entrelinha
de 17 pontos.